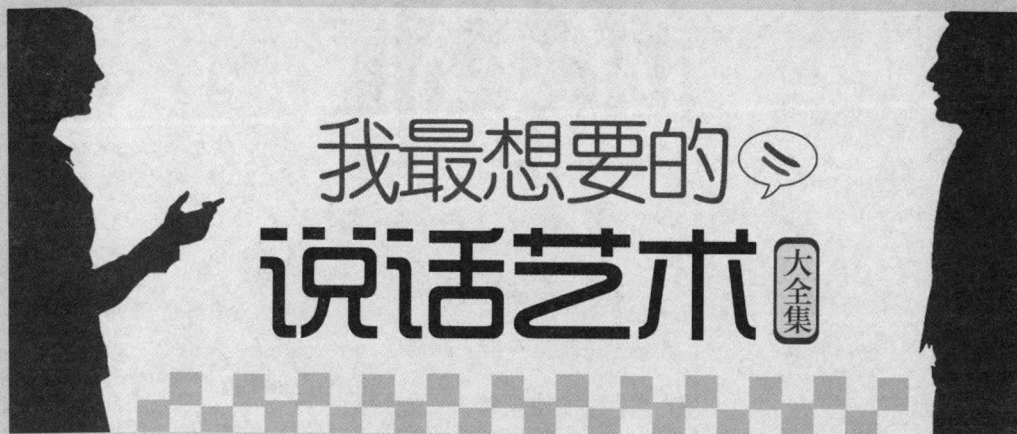

我最想要的 说话艺术 大全集

说话的能力是一项重要的能力。它能使一个人的才学充分扩展，业绩卓著；它能使人显赫，鹤立鸡群。能言善辩的人，往往使人尊敬，受人爱戴，得人拥护。

我最想要的说话艺术 大全集

教你成为领导身边的大红人

韩　焘◎编著

语言能力是人们驾驭人生、改造生活、追求事业成功的无价之宝，
是通往成功之路的法宝。

黄河出版传媒集团
宁夏人民出版社
全国百佳出版社
中央编译出版社
CCTP　Central Compilation & Translation Press

图书在版编目(CIP)数据

我最想要的说话艺术大全集/韩焘编著. —银川：

宁夏人民出版社；北京：中央编译出版社，2011.12

ISBN 978 - 7 - 227 - 05036 - 0

Ⅰ.①我…　Ⅱ.①韩…　Ⅲ.①语言艺术 – 通俗读物　Ⅳ.①H019 – 49

中国版本图书馆 CIP 数据核字(2011)第 280565 号

我最想要的说话艺术大全集　　　　　　　　　　　　　　　　韩焘　编著

责任编辑　康景堂　王　艳
封面设计　许　炜
责任印制　李宗妮

黄河出版传媒集团
宁夏人民出版社　出版发行
中央编译出版社

地　　　址　银川市北京东路 139 号出版大厦　（750001）
网　　　址　http://www.yrpubm.com
网上书店　http://www.hh – book.com
电子信箱　renminshe@ yrpubm.com
邮购电话　0951 – 5044614
经　　　销　全国新华书店
印刷装订　天津旭丰源印刷有限公司

开　本　710mm×1000mm　1/16　　　印　张　23.5　　　字数　456 千字
印刷委托书号　（宁)0008748　　　　　印　数　4000 册
版　次　2012 年 3 月第 1 版　　　　　印　次　2018 年 12 月第 2 次印刷
书　号　ISBN 978 – 7 – 227 – 05036 – 0

定　价　49.80 元

前言

"一言足以兴邦，一言可以亡国。"古人已充分认识到了会说话的重要性。今天，会说话作为一种必备的个人素质，其重要性已不言而喻，它对于个人的成败荣辱具有至关重要的作用。美国人类行为科学研究者汤姆士指出："说话的能力是成名的捷径。它能使人显赫，鹤立鸡群。能言善辩的人，往往使人尊敬，受人爱戴，得人拥护。它使一个人的才学充分拓展，熠熠生辉，事半功倍，业绩卓著。"他甚至断言："发生在成功人物身上的奇迹，一半是由口才创造的。"美国著名政治家、外交家富兰克林也说过："说话和事业的进步有很大的关系。你如出言不慎，你如无理跟别人争吵，那么，你将不可能获得别人的同情、合作和帮助。"

的确，一个人是否有能力，以及这种能力能否发挥出来，其中重要的因素之一就是他说话的技巧高明与否。会说话的人，即便口若悬河，滔滔不绝，听者也不以为苦；语言真是神奇，一句话说得好，就可能福从口入；一句话说得不好，也可以祸从口出。一句话可化友为敌，引发一场争论，甚至导致一场战争；一句话也可以化敌为友，冰释前嫌，带来非凡的荣誉和成功。

事实就是如此，语言能力是人们驾驭人生、改造生活、追求事业成功的无价之宝，是通往成功之路的必要途径。拿破仑的一席话，能迅速调动军队的士气，一鼓作气取得胜利；林肯的一席话，能让反对他的政敌哑口无言，肃然起敬；比尔·盖茨的一席话，能促使信息业走进一个全新的领域；格林斯潘的一席话，能令纳斯达克的股价疯狂飙升。

说话水平高，能说会道，你就会广结良缘，拥有很多朋友，他们会在关键时刻助你一臂之力，为你排忧解难，让你办起事来游刃有余。

其实，人生就像一场戏，时时都会遇到需要你不得不表演的"戏"。职场中，求职时你要演好这个情景的"戏"，才能赢得好工作。工作中，你要与同事、上司、下属相处好关系，工作才能蒸蒸日上。商场上，说服得了顾客，销售才能成功。生活中，夫妻、婆媳相处得好了，才能无后顾之忧。社交中，拜访他人、朋友沟通、面对异性、参加宴席、探望病人、宴请宾客、劝架息事，这一个个的场景，都要处理好，才能在社会上游刃有余。

遇到需要你主持一场晚会、一个会议时，该怎么样说，说什么？作为一个企业，该如何应对媒体的采访？演讲和辩论场上，如何充分展示自己，赢得观众……这一个个情景该如何应对？

为此，我们特别收集了演讲战线上佼佼者的精彩发言，为广大读者编写了本书。书中凝结着他们的成果，他们的宝贵经验将给阅读此书的每一位读者带来收益。

书中没有讲述玄妙高深的道理，而是引用了大量生动有趣的事例，用通俗易懂的语言，对在某种特定的情景中，如何说话，说什么话进行了较全面而具体的说明。同时，我们还在口才常用素材库中准备了经典警句、谚语等，将来遇到不同情景时，可随时查找需要的素材。不论你是静坐下来潜心研读，还是随意翻阅，本书都会带给你有益的启迪。

本书的最大目的，旨在使读者通过阅读此书，能够掌握说话技巧、修炼说话能力、提高说话水平，做到说话滴水不漏，来为成功插翅，为事业奠基，为幸福添彩。

编　者

2012 年 1 月

目录

职场情景口才 事业立于不败之地的谈话技巧

职场是我们人生重要的大舞台，我们表演的好坏和取得成就的高低，在很大程度上取决于职场中的口才。掌握了职场口才技巧，可以使我们的事业立于不败之地。

商场情景口才 生意场上谈判的重要筹码

"货卖一张皮"，其实，口才就是一张最好的"皮"，商海横流，尽显口才本色。

主持情景口才　控制各种场合的语言艺术

　　听众或观众像一群不听话的孩子，主持人只有掌握一些口才技巧，才能使他们"规规矩矩"，成为最听话的和最合作的"孩子"。总之，一张名嘴可以走遍天下，秀出自己的"声音名片"至关重要。

幸福情景口才　家庭幸福情感表达的润滑调节剂

　　一句话可以说得亲朋好友"双脚跳"，同样，一句话也可以说得他们"哈哈笑"。对待生活中的喜怒哀乐需要我们去巧妙地说。

社交情景口才　社会交往中的表达艺术

　　社交口才是人的一项重要的处世能力，一句不恰当的话可以让祸从口出，一句恰到好处的话也可以使不可能成为可能，即福从口入。在很多的社交情况下，好命运就掌握在"口"中。

演讲情景口才　大庭广众之下的语言魅力

　　拿破仑说："一枝笔，一条舌，能抵上三千毛瑟枪。"演讲可以成为一种无形的武器，谁掌握了这种技能，谁就掌握了话语权，谁就拥有奔向自身目标的主动权。

辩论情景口才　所向披靡的舌枪唇剑

辩时是辩，不辩时也是辩。辩时，舌战群雄，惊心动魄；不辩时，大直若屈，大巧若拙，大辩若讷。此间方显辩才本色。

即兴情景口才　生活"现场直播"中的口头发挥

在生活的"现场直播"中，我们一般没有时间未雨绸缪，只有靠谈话技巧和机智风趣的表达才能展示人格魅力并给对方留下深刻的印象。

【职场情景口才】

事业立于不败之地的谈话技巧

职场是我们人生重要的大舞台，我们表演的好坏和取得成就的高低，在很大程度上取决于职场中的口才。掌握了职场口才技巧，可以使我们的事业立于不败之地。

情景 *1* 面试交谈，成功把握

面试是应聘者为了展示自己的资格和能力与招聘者进行的谈话活动。在这个情景中，你能否表达出你的气质、修养、文化内涵及工作能力，从而打动面试官，在众多的竞争者中脱颖而出，实现自己的求职目标，这是你求职能否成功的最关键的一步棋。而要成功走好这步棋，需要把握好以下三个要点。

（1）恰当地陈述自己的情况

面试中，应聘者遇到的第一个问题是如何做自我介绍。介绍自己一般包括以下几个方面。

①一般情况。如姓名、年龄、民族、籍贯、政治面貌、健康状况、工作或学习单位、家庭住址等。

②学历及工作经历。学历为最高学历；工作经历为在哪些单位做过什么工作，应按时间顺序介绍。将所从事工作的内容、时间、职务、业绩、评价等一一说清楚。

③其他情况。如家庭成员、经济收入、住房情况等，也可专门介绍你的爱好和特长。

应聘者在坚持实事求是的基础上，全面地向招聘单位介绍自己，不仅包括介绍自己的知识、技能、品德等方面已达到的程度，还要介绍自己的潜能和发展趋势以及经过短期努力可以具备的才干。

此时，应聘者要注意的是：应努力运用语言技巧去打动面试官，学会有条不紊地表达自己的意图，突出自己的能力和工作才干。包括选择适当的话语，安排妥当的介绍内容和顺序；充分注意对方的反应，灵活地调整自己的话语；不要使用有可能损害话语影响力的语言；注意少用不过、可能、大概之类的模糊词；少用或不用容易使人产生疏离感的专门术语，更不应该用玩笑的口气述说正经事等。不恰当的用语会使面试官觉得你不诚实或讨人嫌，并影响到应聘的效果。面试时，在向面试官展示自己的知识、才能的同时，还要展现出你对这份工作极大的热忱和兴趣。因为无论哪一家公司的经理，聘用员工的第一标准应是能踏踏实实地竭诚为公司服务。因此，我们在介绍自己的时候，应用最短的语言让招聘者了解我们的基本情况。给人留下踏实、思路清晰的印象。例如：

我叫王兵，今年33岁，北京人，毕业于北京大学，高级工程师职称，具有8年的工作经验，自己设计的建筑工程曾5次获得建设部的表彰。

虽然只有寥寥数语，但把应聘者的大部分信息清楚地表达完毕，同时还突出了自己丰富的工作经验和高超的技术水平。表达快速而简洁。

（2）展示出自己与众不同

每个人都有自己与众不同的地方，即具有不同的性格和各种特点，特别是自己的性格或有优势的一面，如果通过说话把自己与众不同的优势表达出来，面试官往往会对你产生比较大的兴趣。这不仅能给面试官留下深刻的良好印象，而且能够有效增加面试成功的几率。如以下几点就能充分地表达出自己的特别之处。

①坚持己见

面试时不附和、不随俗、不从众是有主见的表现，也是胜过别的应聘者的有力武器之一。请看下面这个例子：

戴尔·卡耐基在实践了一段时间推销教学课程的工作之后，想再找一份推销员的工作。

阿摩尔公司的总裁洛佛斯·海瑞斯工作认真负责的态度是卡耐基所钦佩的，所以他来到了阿摩尔公司。

"年轻人，我不管你以前干过什么工作，因为在我这里你还没有开始，你必须接受一个月的职前训练。"海瑞斯两道深邃的目光审视地看了戴尔·卡耐基一眼，他对这个精神抖擞的年轻人印象不错。

"抱歉，先生，我宁愿另寻他处。"戴尔·卡耐基尽管急需一份工作，但年轻人的血气方刚似乎不能容忍海瑞斯这种独断专行的指令方式。他一边说着话，一边转身准备离开。

"等一等，年轻人！"海瑞斯扔掉烟头站起来挽留戴尔·卡耐基，"年轻人。不，卡耐基先生，我不得不告诉你，通常我公司的求聘者只能按我的旨意行事，但这次我破例，愿意先听一下你的意见。坐下来谈吧。"

海瑞斯听完卡耐基的解释，提起笔，迅速写下一行连体字，递给他。那行字是：戴尔·卡耐基，南达克达区西部。

这就意味着卡耐基凭借着自身的自信说服了海瑞斯，找到了工作。

另一个例子：

有一家公司招聘办事处人员，老总对每位通过初试者都说了这样一句话："如今像我们这样条件好的单位不多，你运气真好，已经跨进了一只脚。"大多数应聘者都表示了点头或默认，但只有一个女孩子例外，她说："其实我并不觉得贵公司条件有多好，只是感到比较适合我的专业，而且觉得最后能不能入选，关键在实力而不在运气。"

公司总经理对她大加赞赏，认为像这样有主见、敢于提出不同看法的应聘者，难能可贵。结果所有赞同此话的应聘者均被淘汰，只有这位持不同意见者反倒入选。

②亮出你的新创意

在面试中，好的创意不仅可以体现自己的机智，还能使自己脱颖而出，加深在面试官心中的印象，无异于增加了自己应聘成功的机会。

小芳去海南一家电子公司应聘时，穿的是一袭雅致的连衣裙。老板问她，为什么愿意离开家，从遥远的齐齐哈尔来海南打工。

小芳微笑着说："在海南一年四季都可以穿裙子！"这出乎意料的回答，令老板十分欢喜。他马上笑着站起来，走过去握着她的手说："好，我们欢迎你，你有一颗纯真质朴的心。"

小芳用一句轻松的调侃，就将一个很难的问题轻松化解，表现了较高的应变能力。再如：

小刘南下深圳，第一次到一家广告公司参加应聘面试，他到达该公司时，已有30个求职者排在他前面，他是第31位。

怎么能引起面试官的特别注意而赢得职位呢？小刘很快拿出一张纸，在上面写了一些东西，然后折得整整齐齐，走向秘书小姐，恭敬地对她说："小姐，请你马上把这张纸交给老板，这非常重要！"秘书小姐把那张纸条很快送到老板的桌上，老板看后笑了起来，纸条上写着："先生，我排在队伍的第31位，在你看到我之前，请不要急于作决定。"

小刘最终得到了工作，这是他善于创新的结果。

确实，一个会动脑筋的人，一定是个富有创意的人，而从事广告业务所要的人才不仅要求其想象力丰富，还要有出人意料的创意。

③把握主动权

对于大多数应聘者来说，主动权好像永远掌握在面试官手里，面试者只能处于不利的被动地位。在面试中把主动权掌握在自己的手里，先入为主，有时反而能收到奇效。

小刘去市中心参加一个大型的人才招聘会，他来到一家心仪已久的公司招聘台前，自信地说："这么大的人才招聘会，我只注意两个公司。最后还是把简历投给贵公司。"小刘在递上简历的同时，对面试官说了这番话。

面试官立即有了兴趣，说了一句："你对我们的期望别太高。"

小刘接着说："我从事这么久的培训，从第一家到最后一家，经典案例始终是你们。现在，我想亲眼看看我听说过的经典案例到底是怎样运作的。"

最终，小刘赢得了这次机会。

④诚实赢得机遇

诚实的美德往往是打开成功之门的金钥匙，面对诱惑，敢于说实话，并不是件容易的事。请看下例：

美国某公司在中国招聘工作人员，不少人前去应试。

最后一关是面试，一个个进去与洋老板直接交谈，但没有一个成功的。后来，当阿明走进老板的办公室时，老板突然惊喜地站了起来，径直向阿明走过来，握住他的手，兴奋地说："想不到在这里见到你。那一次，我陪女儿在白藤湖划船，她不小心掉进水里。你奋不顾身跳下水，把她救了起来。当时忙着救女儿，也忘了问你的名字！世界真小，想不到在这里见到你！"

阿明被他这一大段激动人心的话弄糊涂了，心想准是洋老板认错人了！于是坚定地说："先生，我没有救过人，你认错人了吧！"

但老板仍一口咬定是阿明，千真万确。而阿明依然坚定不移地否认，口气坦然真诚。

这时，洋老板大笑起来，拍了一下阿明的肩膀，说："好样的！你是诚实的，面试通过了。"

原来，这是老板想出的一个面试绝招，他根本没有女儿。阿明终于明白前面的人失败的原因了。

（3）巧应妙答

在面试过程中，应聘者常常会遇到一些很难回答的问题，这些问题有的看起来很简单，实则处处是"陷阱"：你回答是也不行，回答否也不合理，一不小心就会陷入面试官设下的"陷阱"中。最常见的是以下3类问题。

①如何评价自己的优缺点

陈述自己的缺点，就等于在说自己的弱点，特别是一些关系到工作的"致命"弱点，如果我们如实陈述就不可取了。我们对自己的缺点进行评价时，最好选择那些就工作而言可以成为优点的弱点。例如：

"我一专心工作就无法停止，一直到完成而且令人满意为止。"你传达给面试官的意思是：你对待工作不达目标绝不罢手，而且为自己的工作感到骄傲。

对于别人认为的缺点，自己觉得有些牵强时，不妨率直地附加说明：

朋友们认为我有些浮躁，我不知道这样的批评是否正确，但我的确希望自己以后能再稳重一点，多听听别人的建议。任何长处到了极限也会成为短处。比方说，我能和别人合作得很好，这无疑是个优点，但我特别需要别人的帮助，不善于单独工作，现在我意识到了这个缺点，并努力克服。我可以高兴地告诉您，我已经在这些方面取得了一些进步。

②如何看待工作中的压力

在这个快节奏的时代，无论是在企业内部还是在同行业之间，竞争都很激烈。面试时，如果你动不动就说原单位的工作压力太大，很难适应，这会让面试官对你失去信心。因此，你面对面试官述说压力时，绝不要"述苦"，应该表示一定的决心，变压力为动力，面试官会很欣赏一个勇于挑战压力的人的。

张豪原来是经济报专刊部记者，该报社不仅要求记者一个月完成多少字的文稿，还要负责拉广告。而学中文的他对家电、电脑市场行情一窍不通，要写好这方面的文章，使张豪感到力不从心，压力很大。于是他才来到一家日报社应聘新闻记者。当面试官问他："你是否觉得在经济报的工作压力太大？"张豪说："弹簧没有压力弹不起来，我想人也一样。越有压力，工作起来越有干劲。"结果，张豪如愿以偿地进了这家日报社。

③是不是因为工资太低才离开原单位的

如果你直截了当地回答这个问题，面试官一定会认为你是单纯地为了个人的收入，才跳槽的。如果这种想法一旦在面试官心里形成，他就会对你的印象大打折扣，甚至是不理不睬了。

小李原来在一家效益较差的企业搞宣传工作，到现在的单位面试时，面试官问他："你是不是因为原来的工资太低，才跳槽到我们公司的？"小李说："我的工资在原单位还算是最高的，关键我学的是财会专业，又有会计师职称，来应聘会计职位是最合适不过的了。"

在回答这类问题的时候，既要表明你对原单位工资的不满，也要证明这并不是你离开原单位的主要原因。这样既有利于你在新单位获得更高的薪金，又让面试官觉得你不是因为工资问题才离职的。

（4）应对面试官的具体方法

做什么事情都有方法，应聘者面对面试官刁钻的难题，同样有方法解决。下面的五种方法就可以很好地解决面试难题。

①旁敲侧击法

有些问题如果正面回答等于是否定自己，因此要设法将可能否定自己的话，转化成肯定自己的话。例如：

你去某家报社应聘，面试官问你是否曾在报社工作过，如果你之前只在杂志社工作过。你要据实回答这个问题，答案只能是"没有"。但是你可以转换成另一种方式，这样说："我没在报社工作过，但我在杂志社工作多年，我认为报社与杂志社在采访、编辑上有相似之处，而且报纸与杂志的工作方式应该是相通的。"这等于是变否定为肯定的回答。

②倒打一耙法

有些面试官提的问题太刁钻，而且无法回答，不妨倒打一耙，反问对方，也能起到意想不到的效果。例如：

民国时期，某主考面试一位考生，该考生知识渊博，思维敏捷，各类问题对答如流，而主考却突发异想，出了一道偏题："《总理遗嘱》，每次纪念大会上都要诵读，请你回答一共多少字？"这可真把这位考生难住了。他暗想，主考出此题目未免脱离常规，既然他有意刁难，我也就不管一切了。于是大胆反问："主考官的尊姓大名，天天目睹手写，也已烂熟，请问共有几笔？"主考官想不到这位考生竟会如此反问，一时愣住。事后，主考官十分赏识他的才能和胆识，录用为县长。

③单刀直入法

应聘者如果说话单刀直入，表明自己完全能够胜任所应聘的工作，以打消面试官的各种疑虑，就很容易使应聘成功。比如：

在一次大学生供需见面会上，公安局研究所的招聘桌前，围满了前来求职的男性公民。一个年轻的女大学生硬是挤到招聘桌前，向招聘人员表明自己渴望从事刑事检验分析研究工作。

招聘人员面露难色，因为这个研究所从来没有女工作人员。可是，面对着姑娘恳求的目光，招聘人员决定破例给她一次机会。他说："工作人员需要亲临案件现场，遇到的全是血淋淋的场面，姑娘家哪敢去呢？"

"我就敢去，"姑娘毫不含糊地说，"让我抬死人，我也不怕。"

"你可别说大话，干这行没黑夜，没白天，得随叫随到。"

"嘿！我假期打工就是给人家开车，跑起路来没点儿胆量行吗？"说着，她掏出了驾驶证。

面试官一下被她说服了，这样泼辣能干的姑娘比有的小伙子还能干呢！这个研究所的人事干部当场拍板，与之签订了招聘合同。

三言两语，坦率直陈自己的优点和长处。使面试官确信其能力与品质，面试成功不足为奇。

④绵里藏针法

说话时柔中有刚、绵里藏针，可以充分显示出一个人的与众不同，这也是个人面试成功的一大法宝。

一家外贸公司举行了一次别开生面的宴会招聘考试，有一位小伙子表现良好，深深吸引了面试官。在宴席上，小伙子走到这家公司的人事经理面前，举杯说道："刘经理，能结识你很荣幸，我十分愿意为贵公司效力。但如果确因名额有限我不能梦想成真，我也不会气馁的，我将继续奋斗，我相信，如果不能成为你的助手，那我就一定会当你的对手……"

小伙子言语得体，柔中有刚，充满自信，意志坚强。这是外贸工作最宝贵的性格。他的谈话彬彬有礼，不卑不亢，机智敏捷，性格开朗，具备了搞外贸的优良素质。最后那句话提醒了这家外贸公司的人事经理：如果因为录取名额的限制，让这位优秀人才流失到别的公司，岂不是一大损失。最后，公司录取了小伙子。

⑤随机应变法

面试官有时会出些尴尬情境中的难题，看应聘者怎样应答。应聘者如果表现出色，就能在一时之间赢得面试官的好感。

国外一家旅馆老板测试三名男性应试者，问："假如你无意推开房门，看见女房客正在淋浴，而她也看见你了，这时，你该怎么办？"

甲答："说声'对不起'，然后关门退出。"乙答："说声'对不起，小姐'，然后关门退出。"丙答："说声'对不起，先生'，然后关门退出。"

结果，丙被录用了。

为什么呢？甲的对答无称呼，虽简洁，但不符合侍者的职业要求，而且也没使双方摆脱窘境。乙的称呼准确，但不合适，反而加深了旅客的窘迫感。丙这种故意误会的说法，不但维护了客人的体面，还非常得体、机智，关键是表现出了一个侍者应该具有的职业素质和应变能力。

情景 2 自我介绍，详略得当

在职场中，如果你是刚进入一个单位或刚调到一个新的公司，互不相识的同事见面总免不了要作一番自我介绍。自我介绍包括对姓名、年龄、职业、住址、经历及特长等几个方面的介绍，应根据场合和需要的不同来决定其繁简。

（1）巧言姓名

加深印象是自我介绍的目的。自我介绍首先要介绍自己的名字，并对"姓"和"名"加以解释，你解释得越巧妙，别人对你的印象就越深。这可以反映一个人的知识水平和性格修养，也可以体现一个人的口才。例如：

在全国"荣事达"杯节目主持人大赛中，一个名叫潘望的主持人是这样自我介绍的："我叫潘望，早在孩提时代，我那只有小学文化的军人爸爸和教小学的妈妈就轮番地叮嘱我：'望儿，你可是咱们家的希望啊！'为了不辱使命，肩负着双亲的重托，我脚踏实地、一步一个脚印地走来，直到今天，走到这个国家级的最高赛场。但愿老师们能给我这只盼望飞翔的鸟儿插上奋飞的翅膀。"

一个人的姓名，往往有丰富的文化积淀，或折射出凝重的史实，或反映时代的乐章，或寄寓双亲对子女的殷切厚望。因此，巧解姓名有时也令人动情，加深印象。

（2）独具特色

只是简单地介绍姓名留给人的印象非常平淡，使自己的自我介绍独具特色才能给他人留下深刻的印象。

谭飞是一个个子不高，戴着眼镜的电视节目主持人，他在向同事介绍自己时是这样说的："单看咱这形象，不如在电视中那么闪闪发亮，眼不大还有点近视，但这丝毫不影响我的睿智与远见；耳朵虽小，更提醒我要耐心倾听观众的心声；嘴巴也不够大，正说明我不夸夸其谈。唢呐和号角的孔都不大，但同样能怒吼与呐喊，个子虽然矮小了点，可潘长江先生说过：'浓缩的都是精品。'有人说'缺点在一定条件下也会成为优点'，这话难免有些夸张，但'缺点在一定条件下会成为特色'则是毋庸置疑的。"谭飞借容貌自嘲这种介绍技巧给他人留下了深刻的印象。

掌握了自我介绍的艺术，你就等于打开了与同事交往的大门，完美精彩、独具特色的自我介绍，能在领导和同事们的脑海中打下深刻的强烈的烙印。

（3）自知之明的睿智

在介绍自己时，有自知之明的人能够摆正自己的位置，正确地认识和估价自己，在各种情况下保持清醒的头脑，往往在人们的心目中留下真诚的印象。

我就是王景愚，表演《吃鸡》的那个王景愚。人称我是多愁善感的喜剧家，实在是愧不敢当。我只不过是个"走火入魔"的哑剧迷罢了。

您看我这40多公斤的瘦小身躯，经常要负荷许多忧虑与烦恼，而这些忧虑与烦恼，又多半是自找的；我不善于向自己所敬爱的人表达敬与爱，却善于向所憎恶的人表达憎与恶，然而胆子并不大；我虽然很执拗，却又常常否定自己，否定自己既痛苦又快乐，我就生活在痛苦与快乐的交织网里，总也冲不出去；在事业上，人家说我是敢于拼搏的强者，而在复杂的人事关系面前，我又是一个心无灵犀、千点不通的弱者。因此，在生活中，我是交替扮演着强者和弱者的角色。

要说起《吃鸡》，那可要追溯到久远的年代了。吃"低标准"时期，我随剧团到南方的一个城市演出。宾馆的饭桌上只见些鸡脖子、鸡爪子，没有点牙口，实在啃不动……新年联欢会上，我把吃鸡的体验编成小品，给大家逗个趣，凑个热闹。没想到，后来，就是这个《吃鸡》竟成了"大气候"。"史无前例"的时候，它成了我"肆意丑化社会主义"的"罪状"与"铁证"。近几年以来，它又成了我的"代表作"。

总之，生活就是悲悲喜喜，我的愿望是给大家带来更多的欢笑。愿我们以后在《吃鸡》中再见！

喜剧大师王景愚的这则自我介绍成功之处正在于，他没有借别人的赞誉之词大吹大擂，而是在自我介绍中严格剖析自己，历数着自己的弱点。这种自知之明的睿智和严于律己的品格，更能赢得人们的尊重和信任。

（4） 不显示出自我吹嘘

实事求是是可贵的精神品质，也是高素质的体现。面试时，应聘者如果吹嘘过火，很容易被面试官抓住"把柄"，不符实际的"露馅儿"，会使工作泡汤。因此，实实在在的经历介绍，更容易打动面试官。

我的经历非常简单。1985 年，18 岁的我高中毕业没有考上大学，招工进入某厂当上了一名车工。从此，我操刀切削十多年。其间 3 次参加全市车工岗位技术大比武，荣获两次第 3 名，一次第 2 名。去年企业破产，我下岗失业。下岗后参加过 3 个月的电脑培训，3 个月的英语培训，取得两个上岗证书，为我掌握现代化的数控车床打下了基础。现在，我在咱们公司一车间那批新的数控车床上开始了我的新工作。

介绍自己的经历中的成绩时，要注意口气，要巧妙地表露出来，不显示出自我吹嘘的痕迹，给人以自信、谦逊、不卑不亢的印象。

（5） 显示自己的优势

介绍自己时可以从参加工作时讲起，不要拉得太远。经历中要重点介绍自己从事什么工种，有何特长，凡与此无关的都可省略。能够显示自己优势的，可以讲详细些。

李伟的自我介绍就让人感觉不错。

我叫李伟，今年24 岁，是潮州市人。今年毕业于广州市商业学校，读市场营销专业。我一直生活在潮州，小时候就经常帮妈妈和奶奶做抽纱活，对于传统的抽纱工艺可以说是比较了解的。在商校学习的两年中，我掌握了营销方面的专业知识，这是我将来搞好业务的资本。我的口才较好，曾参加省属专科学校的演讲竞赛，得了二等奖，并且还具备一定的英语口语能力。我这个人的特点是头脑灵活，反应快，平时喜欢看报纸，对国内外的经济发展动态很感兴趣，喜欢从事具有挑战性的工作。

情景 *3* 同事相处，左右逢源

在与同事的交往中，良好的语言沟通是至关重要的。在这个情景中，如果不注意说话的场合、内容和分寸，往往容易招惹是非，授人以柄，影响自己的形象和与同事间的团结，给工作带来不利。因此，同事间的说话就显得特别重要，正确的说话方式不仅可以促进工作，而且还能左右逢源，增进彼此之间的关系。

（1）为同事打圆场

"打圆场"有别于"和稀泥"，它是从善意的角度出发，以特定的话语缓和紧张气氛、调节人际关系的一种语言行为，在日常工作中有着积极的意义。让我们看看下面的理发师傅是怎么做的吧。

有个理发师傅带了个徒弟。徒弟学艺 3 个月后，这天正式上岗。他给第一位顾客理完发，顾客照照镜子说："头发留得太长。"徒弟不语。

师傅在一旁笑着解释："头发长使您显得含蓄，这叫藏而不露，很符合您的身份。"顾客听罢，高兴而去。

徒弟给第二位顾客理完发，顾客照照镜子说："头发留得太短。"

徒弟不语。师傅笑着解释："头发短使您显得精神、朴实、厚道，让人感到亲切。"顾客听了，欣喜而去。

徒弟给第三位顾客理完发，顾客边交钱边嘟囔："剪个头花这么长的时间。"徒弟无语。师傅马上笑着解释："为'首脑'多花点时间很有必要。您没听说：进门苍头秀士，出门白面书生！"顾客听罢，大笑而去。

徒弟给第四位顾客理完发，顾客边付款边埋怨："用的时间太短了，20分钟就完事了。"徒弟心中慌张，不知所措。师傅马上笑着抢答："如今，时间就是金钱，'顶上工夫'速战速决，为您赢得了时间，您何乐而不为？"顾客听了，欢笑告辞。

故事中的这位师傅，真是能说会道。他机智灵活，巧妙地"打圆场"，每次得体的解说，都使徒弟摆脱了被动，让对方转怨为喜，高兴而去。他成功地"打圆场"的经验，给了我们在职场中游刃有余地处事提供了的诸多启示。

（2）在同事背后说几句好话

与当面称赞和表扬相比，背后的称赞和表扬更容易使人赢得友谊和帮助，因为这让听者觉得是真实信息的表达，心底里有一种感激。对说话者本人来说，在背后说别人的好话，既可以体现良好的人品，又可以调整好人际关系。

有一个员工，在与同事们午休闲谈时，顺便说了上司的几句好话："徐洋这人很不错，办事公正，对我的帮助尤其大，能为这样的人做事，真是一种幸运。"没想到这几句话很快就传到徐洋的耳朵里去了，这免不了让徐洋的心里有些欣慰和感激。同时，在上司的心目中，这个员工的形象也马上提升了。而那些"传播者"在传达时，也顺带对这个员工夸赞了一番："这个人心胸开阔，人格高尚，真不错！"

（3）回避敏感性的话题

对于一些敏感的话题，不回答有悖于对方的面子，如果回答等于改变了自己的立场。聪明的人往往转移话题来回避这类问题。

职场当中的有些问题，令你回答也不是，不回答也不是；肯定也不行，否定也不行，发问者几句话就把你僵在那儿了。难题归难题，你总是要回答的，如果生硬地拒绝不回答，或者回答得不妥当，恐怕你就会遇到更大的难题了。

有一位银行的总经理，知人善任。他以前担任分行经理时，现任的总务科长正是当时新进银行的一位职员，这位职员在银行工作半年后，对自己的工作有些厌倦了，想要辞职，于是写好了辞职书，就想找一个机会向经理辞职。

一天，经理邀他共进晚餐。该职员以为经理会对他的辞职加以挽留或给予批评意见。开始，餐桌上的他一言不发，默默地等待经理的谈话。奇怪的是，经理在整个用餐过程中，一直与他闲话拉家常，根本没有提辞职的事情，好像他根本不知道似的。

过了一个月，该职员打消了辞职的念头。

后来，该经理升为银行的总经理时，这位职员也被提升为总务科长，他经常为自己庆幸，幸亏自己当时没有辞职。

其实，这种例子处处可见。

（4）正确解决与同事之间产生的分歧

没有两个人的思维习惯是完全一样的，在工作中和同事产生意见分歧也是很正常的。此时，最重要的是如何来解决这个分歧。

有一位工厂厂长，姓赵，40多岁，以绝大多数选票当选，但在两年之后却失败了。除了其他因素外，言语的不慎，没有处理好与同事，特别是下属的关系是其重要的原因。如他在工厂报告中为了树立自己的形象，这样写道：

"上级曾十二次派工作组来厂扭转亏损局面，结果还是老样子。自从赵厂长接过这个烂摊子以后……"后面的内容可想而知。事情传开，全厂职工的积极性很受打击。再如有一天，赵厂长看见一位女工买饭没有排队，他当时脱口而出："你给我排到后面去，一点公德都不讲。"实际上那名女工并不是来买饭的，所以气愤地说："厂长您也应该把事情弄清楚再说话吧。"如果此时赵厂长及时认错还来得及，但他却接着说："有则改之，无则加勉嘛。再说，你站在队伍里，妨碍秩序，你还有理？"气得女工差点落下眼泪。就这样，到最后这位赵厂长已经再没有安身之处，只好自动辞职了。

这位赵厂长不懂得低调做人的道理，更不懂得口才艺术，这是他失败的原因之所在。

当要解决某些问题时，一般来说，被说服者都有一种防范心理，尤其是在危急关头，我们更要注意消除对方的防范心理。

(5) 拒绝同事的无理要求

每个人可能都有这样的感受：当对他人的意见和看法表示出不赞成的态度时，双方就很有可能会有矛盾和摩擦产生。但是，一个人不可能对所有人的意见和看法表示赞同，因此，我们要学会"拒绝"的艺术。

小张和小王是很好的同事，后来，小张当了质检科的科长，即使这样，两个人的关系丝毫没有疏远。有一次，小王请小张晚上到家里去喝两杯，小张知道这个同事无事不烧香，便问请的还有什么人。小王一开始支支吾吾不肯说，最后才说出他那位做包工头的亲戚。小张无意赴宴，又不好意思伤同事的面子，便说："你我同事一场，应该知道我的为人。若是你我几个凑个热闹，我一定会欣然前往。可正是由于我的特殊身份和你那位亲戚的关系，我才不好去喝这个酒。建筑工程百年大计质量为本，将来即使你那位亲戚承包的工程质量合格了，我公事公办问心无愧，人家也会对我们说三道四。你那位亲戚的心情我可以理解，其实工程质量不是某个人说了算的事，何必事先把事情弄得这样复杂呢？要是真的有什么闪失，到时我们见面多尴尬呀！"小王见小张说得在理，也就打消了这个念头。

(6) 机敏应对别人的攻击

身处窘境时，沉着稳重更有助于化解尴尬。在很多场合下，比如在会议或生意场上，或者是在与亲友谈正经事情时，我们会遇到对方突然自言自语或转移话题的情况。如果说话的另一方以为对方真的突然想起某事而中断话题，那就太天真了。

对方突然喃喃自语，往往当时的场面是正好不利于对方的时候，这很有可能是有心机的喃喃自语。谈话者如果受到干扰，脱离说话的主题，反问对方："您在说什么呢？"对方很可能搪塞说："没有说什么，我在说自己的私事……"

对方之所以这样说，是因为他想闪避对自己不利的情势，以故意中断话题来减弱谈话者的气势。举个例子就是，当我们在会话中占据优势时，如果对方顾左右而言了："停一停，现在几点了？我约总经理见面呢……对不起！对了，刚才，你讲到哪里了？"等等，这种"诡计"足以扰乱谈话者的思路。

因此，当我们在与别人交涉时，面对对方的突然中断，我们不要中断话题，而要若无其事地提醒，可以做一个表情或手势即可，比如咳嗽一声，手势示意停止，继续原来的话题。

情景 4 应对上司，大有技巧

在目前这个时代，几乎每个人都有上司，上司往往掌握着我们的去留大权，在公事上，免不了要与上司交谈，只有交谈得好，才能使我们"安然无恙"，否则，就会带来不愉快，甚至是丢了自己的饭碗。因此，如果你想在这个情景中做到得心应手，你就应该掌握各种技巧，与上司建立良好的关系。

（1）想要加薪，怎么办

说服老板给你加薪确实不是一件易事，万一操纵不好，就有可能破坏自己在老板心中的良好印象，影响日后的工作。因此，在开口向老板要钱时，最好先制定一个谈话要点，然后有理有据展开。当他意识到给你加薪有百利而无一害，甚至还有收获滚滚财源的预期，你的目的就达到了。

　　五年前，小金在南方一家公司打工，由于初来乍到，不懂规矩，每到发工资时，小金总爱向别人打听："哎，这个月你拿了多少？"谁知他们一个个都讳莫如深，三缄其口。后来，小金才明白个中奥妙，因为每个员工的工资是不一样的。但在一个偶然的机会里，小金还是发现自己的工资连续好几个月比与他做同一样事的同事少了好几百块钱。

　　于是，小金趁向老板送材料的机会向他作了一番"提醒"："老板，实在是不好意思，有一件事我一直没弄清楚，我发现这几个月我的工资比我的同事少了好几百块钱，是不是我的试用期已过而正式聘用的相关手续还没有办妥（其实，小金知道人事部门已经给他办好了手续）？"当时老板并没有什么特别的反应，而是很认真地答应替他过问一下。第二天，他正式通知小金说："真是不好意思，其实你的工资早几个月就应该加上去了，只是财务上一时没办好手续，以后有什么事如果我忘了可以提醒我一下，不要有什么顾虑，按劳分配嘛。"

　　从你自身来说，由于你的努力，公司近期业绩增长，或者你刚刚完成了某个大项目为公司增了光，这个时候，你向老板提出加薪要求，他就会慎重考虑你的要求。再者就是你看到同行业的许多员工都不同程度地加了薪，老板心里也有数，正在等待观望中，你适时地捅破这层纸，老板也会欣然接受，顺水推舟。

　　小王是公司里的业务骨干，同他一块出来打拼的一个同学在另一家公司干得有声有色，而且月薪比他多了近千元。他力邀小王加盟他们的公司，并说："我们老板已经给你留好了位置，承诺月薪一定比原单位多一千元。"

　　小王考虑到自己老板平时对他不薄，工作也干得很顺心，只要老板给他加五六百元，他就不想离开原公司。但薪水毕竟是个诱惑，不提出来也不行。于是他找个机会把同学的意思向老板说了，并说："如果老板有接替我的合适人选，我才会考虑离开，如果暂时还没有合适人选，我宁愿不要那份薪水继续留在公司干。"老板感动之余自然明白了小王的心思。过了一个月，小王的工资袋里就多了800元钱。

（2）如何让老板采纳你的建议

也许会有那么一天，你要带着你对公司的建议去见你的上司。在此之前，你已经酝酿好了你的这些计划，已经为此花费了大量的时间和精力，而且你也坚决相信：如果你的建议或是计划得到上司的赏识，那么这个建议或计划的实施很有可能会给公司原有的结构和功能带来新的改变。可是，怎样才能让上司采纳你的建议呢？

某IT公司的待遇很差，员工苦不堪言。公司经理之所以不肯改善员工的待遇，是因为他认为下级员工是庸才，对公司不够忠心，工作不努力，而且多数人兼职。当有员工拿其他同性质的公司作对比时，该经理说："他们公司的员工都是正途出身，不像我的下属是杂牌军。"

有一天，该公司的一位主管针对公司近来迟到人数逐渐增多这一现象，对经理说："初级员工简直没法到公司上班。"

"为什么？"经理奇怪地问。

"坐出租车吧，觉得车费太贵；坐公交车吧，又苦于挤不上去。而且每月所出的车费，也不胜负担，因此，他们常常迟到。让他们怎样才能解决这个问题呢？"这位主管说。

经理听了，若有所思。后来，果然不出主管所料，下个月的基层员工工资都增加了200元。员工的积极性得到了提高，而且很少有迟到的事情发生了。

向上司提出建议或构想时，员工可以引述一些成功的先例，或是一些哲理，让上司在无意之中采纳你的意见。另外，与上司谈话时的态度不要太过严肃，不妨以较轻松自然的口吻和对方讨论，并向上司请教这份提议是否有需要改进的地方。

李先生是一家网络公司的总经理助理，他的顶头上司王总是搞技术出身的，由于工作重点长期落在研究开发领域，因此王总对企业管理依然一知半解。出于对技术的钟爱，王总直接插手技术部门的事，把管理的层级程序搞得乱七八糟。其他部门虽然表面若无其事，但私下里无不怨声载道，让李先生与其他部门的沟通协调倍感吃力。

经过思考，李先生决定采用兼顾策略。他对王总说："真正意义上的领导权威包含着技术权威和管理权威两个层面，王总的技术权威牢固树立，而管理权威则有些薄弱。"王总听后，若有所思。李先生巧妙地兼顾了王总的立场，结果获得了成功。后来，王总果然越来越多地把时间用在人事、营销、财务的管理上，企业的不稳定因素得到了很好的控制，公司运营进入了高速发展的状态。

从李先生的经历中，我们可以得到很好的启发：兼顾上司的面子，的确不失为向上司提建议的上等策略。

（3）向老板汇报工作，要注意什么

向老板汇报工作时，下属不但要注意缩短时间，言之有物，还要注意语言要简洁，和汇报内容无关的事尽量不要说，否则会节外生枝。像美国历史上著名的总统林肯说的那样："当我派一个人出去买马的时候，我并不希望这个人告诉我这匹马的尾巴有多少根毛。我只要知道它的特点就可以了。"上司并没有兴趣知道你工作上的每一个细节，因为他很忙，职位越高的上司越是如此。如果你想得到上司的赏识，最好打消在汇报工作时滔滔不绝地表现自己的念头。

市建材公司的冯涛从一个用户那里考察回来后，敲响了经理办公室的门。

"情况怎样？"经理劈头就朝冯涛问道。

冯涛坐定后，并不急于回答经理的问话，显得有些心事重重的样子。因为他十分了解经理的脾气，如果直接将不利的情况汇报给他，经理肯定会不高兴，搞不好还会认为自己工作不力。经理见冯涛的样子，已经猜出了肯定是对公司不利的情况，于是改用了另一种方式问道："情况糟到什么程度，有没有挽救的可能？"

"有！"冯涛的这次回答倒是十分的干脆。

"那谈谈你的看法吧！"

冯涛这才把他考察到的情况汇报给经理："我这次下去了解到，这个客户之所以不用我们厂的产品，主要是因为他们已经答应从另一个乡镇建材厂进货。"

"竟有这样的事！那你怎么看呢？"

"我想是这样的，我们公司的产品应该比乡镇企业的产品有优势，我们的产品不但质量好而且价格还很公道，在我们全省已经具有了一定的知名度。"

"就是，一个小小的乡镇企业怎么能和我们相比呢？"经理打断了冯涛的汇报。

"所以说，我们肯定能变不利为有利。最重要的是，当地的建筑公司多年来一直使用我们公司的建材，我们有很好的合作基础，这是我们的优势所在。该客户答应与那个乡镇企业订货，主要是因为那个乡镇企业距离他们较近，而且可以送货上门。这一点，我们不如那家乡镇企业，我们可以直接到每个乡镇去走访，在每个乡镇找一个代理商，这样问题就解决了。"

"小冯，你想得真周到，不但找到了症结所在，还想出了解决的办法，要是公司里的员工都像你这样有责任心就好了。"

不久，冯涛被调到了销售科，专门从事产品营销。公司的建材销量节节上升，冯涛也越来越受到重视，很快成了公司的骨干。

（4）上司出现错误时，应该选样提醒

上司也会有做错事情的时候，他和我们一样有偏见和喜怒哀乐，当然也会有盲点，因此，如果上司犯了错误，千万不可当面指责，更不能在其背后取笑，以免引起上司的误会，对你心存成见。

有一家公司召开年终总结大会，老板讲话时出了个错，说错了一个数字。一个下属站起来，冲着台上正讲得眉飞色舞的老板高声纠正道："错了！错了！那是年初的数字，现在的数字应该是……"结果全场哗然，老板在全体员工面前大失颜面，顿时面红耳赤，情绪也低落下来，心中十分

恼火。事后，这名员工因为一点小错误就被解雇了。

当然，也有人做得很好。

有一家公司新招了一批员工，在老板与大家的见面会上，老板逐一点名。"杨克（兢）。"全场一片寂静，没有人应答。一个员工站起来，粗声大气地说："老板，我叫杨兢，不叫杨克。"人群中传出一阵低低的笑声和窃窃私语。老板的脸色阴了下来。"报告老板，我是打字员，是我把字打错了。"一个精干的小伙子站了起来，说道。"这次就算了，下次注意。"老板挥挥手，接着念下去。时隔不久，打字员被提升为公关部经理，杨兢则被解雇了。

（5）如何拒绝上司的骚扰

职场上，很多时候我们会被老板要求做一些工作范围以外的事情，这些事情并不是你心甘情愿的。当遭遇这些"骚扰"时，坦率直接地加以拒绝，肯定会引起一些不必要的麻烦，最好是采取委婉的方式拒绝。

有位经理，见本公司的公关小姐姿色美艳，一味令人肉麻地恭维："小姐，你是我遇见过的最漂亮的女孩子，令人神魂颠倒，我永远忘不了你！"

小姐厌烦至极，但职业本能使她必须有所克制。于是，她灵机一动，说："那我告诉你一件使你容易忘记我的事吧！"

"什么事？"

"我的男友是全市业余拳击赛冠军，他是个喝酒外行、喝醋内行的家伙！"

经理一愣，半信半疑地说："这么巧？"公关小姐意味深长地笑起来："信不信由你，说不定等一会儿您就能验证结果。"

这位存有非分之想的经理，只得干笑着退却了。

还有一个例子。

有一位女子，相貌出众，在一家公司负责产品销售策划。一次，跟另一家公司经理谈判之后，自己公司的经理悄悄主动邀请她："小姐，晚上陪我吃夜宵好吗？"她不得不按时赴约。见面后，经理喜出望外，情意绵绵。两人边吃边谈。女子竭力向经理劝酒，滔滔不绝地向他介绍公司的发展计划，并不时赞扬这位经理，称他是一位有修养、有气质、讲信用、受人尊敬的现代企业家。经理颇为得意，故作谦虚："你过奖了。"最后两人共舞一曲而告终。临别时经理握住女子的手，郑重地说："你是个自尊自爱的女子！我心里会永远记得你这个完美的女孩形象的。"

情景 5 相处下属，说话有方

作为领导，说话办事应该比下属成熟老练一些。有礼貌，做事不偏不倚，更能保持一个领导者的风度和尊严。一个会说话的领导总能赢得下属的爱戴和拥护，具有无穷的魅力。

（1）不要在下属面前诉苦、发牢骚

内心有痛苦、积怨、烦恼、委屈，虽需要找人诉说，但不宜随便在下属面前倾诉。一是对方可能没有多大兴趣；二是不了解你的实际情况，很难产生同情心；三是可能误解你本身有毛病、有缺点，所以才有这么多的麻烦。所以，要保持心理上的镇定，控制自己，力争同任何人的谈话都有实际意义。你的发泄若招致对方对你的不信任，怀疑你的能力，传扬出去，就会给你造成麻烦。

李经理与王主任谈完工作后，李经理叹了口气说："唉，我这几天呀，真是懂得了什么叫焦头烂额了。"没等王主任发问。李经理又说了下去："你说我那个老婆，什么事不好干，偏偏干上了传销这个让人可恨的工作。你说我们家根本就不缺她挣的那几个钱，何苦呢？可我不管怎么劝，她就是不听，就认准了这个工作，天天是饭也顾不上做，儿子也顾不上照顾，家也顾不上管……你说我这天天忙得什么似的，回到家里还得顾这管那的……"没几天，公司里就传遍了经理管不了夫人的笑话，搞得李经理非常难堪。

（2）如何对待工作失败的下属

处在得意日，莫忘失意时。下属向你表露失落感，倾吐心事，本意是想得到你的同情和安慰，你若无意中把自己的自满自得同他的倒霉、失意相对比，就会刺激对方的自尊，他也许会认为你是在嘲笑他的无能，这样的误会很难消除，所以讲话千万要慎重。

小张向赵经理汇报完最近推销工作的失败后，赵经理对他先是进行了一番语重心长的批评。小张以为批评之后，赵经理应该跟他谈谈改变这种处境的方法了，可赵经理没说这些，而是说起了自己当年的辉煌经历："那时候，我才不像你现在这么无能。我一心想着怎么才能把生意做大。我不但南下广州、深圳，我还北上哈尔滨、沈阳，真是工夫不负有心人，我的生意越做越大……"小张听了赵经理的这番话大受刺激，从此，再也没心情好好工作了。

（3）杜绝家长式指责

家庭和工作场所不同。家庭是有血缘关系的，由亲情紧紧维系着，这和以劳动契约为基础而结合的工作关系根本不一样，即使工作的气氛非常融洽，也不可能像一家人。在家庭中，再没有道理的指责，都会因为亲情而得到谅解，好管闲事也不会引起反感。工作中，不适当的指责给双方带来的伤害，日后不管你怎么苦心挽回，要恢复都是很困难的。

小王把一份报告交给科长，科长一看，便皱眉道："你的字怎么写得这个样子？蹩脚不说，还这么潦草。去，给我重抄一遍。一笔一画，端端正正地写。"小王满脸通红，拿着文件讪讪地走了。从此以后，小王远远看见科长就赶紧掉头走开，唯恐躲之不及，更不要说积极配合工作了。

下属不是孩子，不能像家长教育小孩儿那样过分严厉。科长如果对小王说："你的字写得太潦草了，打印起来有困难，希望你重新誊抄一下。另外，你经常要搞这类工作，有空的时候可以练练字。"这样，该表达的意思表达清楚了，又不至于让下属下不来台。

（4）拒绝绯闻

在办公室里，异性之间的微妙关系一旦有个蛛丝马迹，就会被敏感的好事者传遍各个角落，并一直是人们茶余饭后津津乐道的话题。

早晨你走进办公室，如果你的异性下属迎过来向你问好，并帮你整理办公桌，这是正常。如果不单是这些，可要回绝了。如帮你脱外衣，问寒问暖，还时不时看你一眼，不乏脉脉之情，你可要把握自己，不接受过分的殷勤，该自己办的事自己完成。你可说："噢！挺忙的，你忙你的，这些我自己来，不必麻烦你。"也可说一句笑话："你干这么多，不是发薪时以此向我多要工资吧？"或者说："我可没雇你当我的保姆，不该过问的事，就不要越俎代庖。否则耽误了工作，我可要扣你的工资。"如此一两句话，加上面带笑容，对方不会十分难堪，但也会明白你的用意。

（5）拍下属的"马屁"

下属对上级"拍马"的行为屡见不鲜。而要让领导拍下属的"马屁"，就有点儿让人难以接受了。其实，出于把工作搞好的目的，有时候也需要领导对下属的奉承。如果有一件任务是领导者和其他任何下属都做不到的，只有一位下属能胜任。那么，做领导的对这位下属奉承几句，鼓励鼓励他，又何尝不可呢？

一项较难的工作任务，你的下属保质保量的提前完成，千万不要忘了赞扬人家，或许下属正等着这一心理满足呢。哪一个下属都希望得到上司的肯定和认可，你可以说："哎呀！数你最棒，你的能力值得大家学习。"这样，不仅可以促发其他的竞争意识，而且被表扬者会更加努力地去干。

(6) 与下属谈心

运用个别谈心艺术，要采取商量讨论，启发诱导的方式，要以讨论商量的口气进行个别谈心，使双方在轻松和谐的民主气氛中，敞开心扉，辨明是非，讲清道理。个别谈心效果的好坏，关键看领导能否摆正位置，能否抱着平等的朋友式的态度。一些好的领导在谈心时常常给人以启发性、思考性的东西，留给对方长时间的回味，使之获得有益的启迪。

某公司业务主管刘清把自己负责的车间管理得井井有条，工人们严守纪律，自愿为公司效劳。每当他发现有人生产进度欠佳，或者在生产过程中出了什么差错时，他会在下班后，把那人叫到办公室，然后亲切地问他："最近你家里还好吧？在我的印象里，你一直都是严守纪律，工作热情高，而且技术不错的人。把工作交给你，我很放心，希望你能再接再厉。"话说到此，那位员工早已是满脸通红，非常诚恳地向刘清交代了原因并道歉，以后再没有出现过类似的毛病。

情景 **6** 竞职演讲，先声夺人

竞职演讲有很多的成功技巧可循。演讲开始以后快速进入主题，发挥自己的优势，显示出自己的干练，尽量把劣势转化为自己的优势，而且要善于鼓动听众的感情。如果一个参加竞职演讲的人能做好这些，就一定能立于不败之地。

（1）语言简练有力

老舍先生说："简练就是话说得少，而意包含得多。"竞聘演讲虽是宣传自己的好时机，但也决不可"长篇累牍"，应该用简练有力的语言把自己的思想表达出来。

湘南某村进行村民委员会换届选举，先后有五位候选人为竞选村委会主任登台发表演讲。其他四人都抛出诱人的"施政纲领"，唯有第五位郭姓竞选人上台后，只讲了两句话就顺利当选。他这样说："我只讲两句话。第一句，如果大家选我干，我一定玩命干，好好干，干好这三年。第二句，如果大家不选我，我屋里还有两万斤谷，四百只鸭，每年也有两万块钱的收入。我的讲话完了。"

这算得上最简练的竞职演讲了，第一句表明自己的决心，第二句说明自己的实力，显出竞选者的干练作风。

（2）自我简介真实具体

在竞职演讲中介绍个人简历，要特别讲求真实性。因为经历是指亲身

见过、做过或遭受过的事情，任何虚假的内容都不能称其为经历。演讲者只有以实事求是的态度，说真话、讲真事，才能以强烈的真实感赢得评委和听众的信任。曾经有位竞职人竞职经理时这样演讲：

我现年43岁，中共预备党员，大专文化程度，会计师专业技术职称。1985年在滨海市供销社参加工作，先后做营业员、市场部主任、统计员。1995年在滨海市总工会担任图书管理员、出纳员、会计、财务、办公室主任、计财科副科长。

演讲者在简要说明自己的年龄、政治面貌、文化程度和技术职称之后，着重介绍了自己的工作经历。无论是参加工作和调动工作的时间，还是工作单位和任职情况，都讲得既具体又确切，让评委和听众感到真实可信。

（3）主题要集中

所谓主题的集中，是指所表达的意思单一，不枝不蔓，重点突出。这就是说，在表达意思时，必须突出一个重点，围绕一个中心，而不要搞多重点、多中心，不能企图在一篇演讲中解决和说明很多问题，否则，会弄巧成拙。

在一次小学校长竞聘演讲会上，一位很有"希望"的老校长就由于谈得太面面俱到而让人产生了反感。他在介绍自己时，不仅详细介绍了自己大半生的经历，而且在说获奖情况时，把在某晚报征文比赛获纪念奖这样的与竞职条件无关的奖励都说上，罗列了不下20个，说得听众直笑。在说措施时，又从如何抓学生学习、体育、德育到如何开办校办工厂，从如何管理教学，到如何关心教师生活，其措施几乎是"全方位"的，结果造成了立意分散，让人听了好像什么都说了，而又摸不清他到底说了些什么。对比之下，另一位年轻的女教师，就围绕"如何把学校教学水平搞上去"这一中心问题讲，讲得有情有理，头头是道，给人们留下了深刻印象，使自己竞聘成功。

因此，在作竞聘演讲时，一定要"立主题""理头绪""镜头高度聚焦"，这样才能在听众心中燃起共鸣之火。

（4）任职后计划要切实可行

竞聘演讲是竞争，但并非比赛谁能吹，谁能用嘴皮子巴结人。听众边听你的演讲，边在掂量你的话是否能在现实中发挥作用，取得效果。比如，在讲措施时，那种只会喊"我上台后如何给大家涨工资，如何给大家建楼房"的演讲者，听众一般不买账，而那种发自肺腑讲实际措施的才是听众最欢迎的。

看一个竞聘厂长竞职演说时的实例：

恕我直言，我无力为你们迅速带来财富，提高你们的工资，增加你们的奖金，我能做到的只能是：第一，诚恳地倾听你们的呼声，热忱地采纳和奖励你们的合理建议，我准备成立一个由新老工人和技术人员一起参加的"智囊团"，让大家提出优良的改革方案和科学的管理措施。第二，现在咱厂瘫痪的原因是收不上来几百万的外欠款。我要是当了厂长，我一方面要用法律解决问题，一方面设立奖励制度，谁要是能完成任务，就奖励20%。当面点清，说话算数。第三，目前当务之急是把积压产品销出去。这就要调动全厂工人的积极性，要把专业推销员和业余的结合起来，按效益提成。第四，在扩大销路的同时，还要扩大生产，在资金短缺的情况下，我们要先拿出点资金让工厂的机器转起来，我先拿出准备给儿子娶媳妇的两万元进行集资入股。第五，在工厂扭亏为盈之前，我先不拿工资，盈利之后，我的工资和奖金也拿全厂平均数。我当厂长只有一个心愿，那就是和全厂工人们一起，让咱们厂起死回生、扭亏为盈！如果两年之内不能实现这个目标，我就立即自动下台。最后，我还要说，我平生最恨的就是贪污腐败，我要是当厂长，我保证捧着一颗心来，不带半根草去，如果发现我有一分钱不干净，大家可以把我家的全部东西都拿走。

因为他所讲的都是真诚的、切实可行的办法，所以工人们都投了他的票。

任职后的计划对竞聘成功与否关系很大，但这个计划要切实可行才行，不要空头许诺，或者过分地夸大任职后的计划，否则，听众不会买你的账。可操作性的任职计划才能打动听众。下面是竞聘老干部处副处长职务竞聘人的演讲：

总结我自身的情况，我认为我有条件、有能力胜任副处长的工作。如果我能竞聘成功，我将做好以下几项工作。首先，协助处长继续做好老干部工作。解决老干部急需解决的问题。例如，老干部的政治生活待遇问题，老干部的晚年教育问题。其次，积极组织老干部开展积极健康的文化和健身活动，使他们老有所乐。再次，积极开展家访工作，特别是要加强对孤寡老人的服务工作，安排工作人员与他们结成帮助对子，使他们感受到组织的温暖。最后，设立一处意见箱，了解老人的思想状况，了解他们的需求，并将了解到的情况，及时向局领导汇报，及时解决问题。

评选者更关心的还是竞聘者任职后的打算。因此，竞聘者在竞聘演讲时，一定要用简明扼要的语言亮明自己的观点，也就是说，要紧紧围绕着听众关心的热点、难点问题，提出明确的工作目标和切实可行的措施。

(5) 突出自己的优势

竞职演讲就是要显出优势，即竞职人要显示出自己的能力和素质，从而让听众相信你完全可以胜任这份工作，这样，听众才不会从能力上怀疑到你，那么，优势都从哪些方面来显示呢？

①从素质上突出

素质是能力的重要体现，一个具有高素质的人一定有着较高的思想觉悟，有着为大家当好"家长"的良心，往往会得到人们的认可。

一位会计师参加支行综合办公室经理岗位的竞职演讲，在介绍完自己的工作经历之后，说了这样一段体现自己较高素质和能力的话："几年银行工作的锻炼，使自己各方面的素质得以提高，去年我光荣地加入了中国共产党，荣幸地被三峡支行评为1998年先进工作者，在创先业务竞赛活动中，被分行授予'三收能手'称号。1999年，我实现了个人揽存余额

1300 万元的任务。几年的工作使我深深地感到机遇和挑战并存，成功与辛酸同在。"

②从经历上突出

由于个性习惯、家庭出身、学习环境以及社会际遇的差异，每个人的经历都有与别人有不尽相同之处，这种不同点其实就是一笔独特的人生财富。因此，竞职者在介绍个人情况的时候，一定要把自己与任职条件有关的特殊经历讲出来。这样做，不仅可以突出"人无我有，人有我特"的优势，而且能够以与众不同的新意引起评委和听众的特别关注和格外重视。

一名退伍军人在地方开发区干部竞选中将自己的经历突出出来说道："我当兵二十年，前十年从士兵到连队指挥员，后十年从参谋到参谋长。既靠组织的关怀培养，也靠自己的不懈奋斗。我在军校接受过系统的培训，完成了大专文化课程，多次参加大军区专业技术和参谋业务比赛，获得过特等坦克射手、优秀'四会'教练员称号，参加原武汉军区参谋业务考核夺得总分第一名。在边境自卫反击作战中，我带领尖刀排第一个驾车闯入敌阵，冲破敌人的层层封锁，提前到达指定位置，荣立战功，我们连被中央军委命名为'坦克英雄连'，由此培养了我不甘人后的精神。"

这位竞职者着重介绍了自己 20 年军旅生涯的特殊经历。无论是职务的晋升，还是荣誉的获得，都能体现一个军人"勇于进取的意识"和"不服人后的精神"，这正是一位开发区干部必须具备的思想意识和人格精神。特殊的经历突出了独特的优势，竞选成功，也就自然而然了。

有位竞职文娱委员的学生这样介绍自己：

我曾在小学和初中阶段长期担任班级文娱委员，有着"从政"的丰富经验。记得在小学三年级时，为迎接我县撤县建市，学校要求每班出几个节目。我组织全班同学积极投入，排演了大合唱《让我们荡起双桨》和小品《爷爷，过年了》，赢得了一致好评，我也因此而获得"最佳小导演"称号。初中阶段，我所组织的诗朗诵活动获学校评选的一等奖。

这就充分展示了竞选者的文艺才华，突出了竞争优势，显然会获得听众的信任和支持。

③从技巧上突出

做什么都要讲究方法，竞职更是这样，讲究技巧的应聘者往往能增加印象分，使竞职成功。

一位女大学生以《过一回官瘾》为题做了一次竞选学生会干部的演讲。她说："当官，多么诱人的字眼，有权可掌，有利可图。自古以来，为了它不顾骨肉情谊杀父害兄者有之；为了它，丧生殒命者也不乏其人，可谓使尽一切伎俩就是为了当官。当官有如此大的吸引力，坦白地讲，经过深思熟虑，我也想争取过一回瘾，过一回官瘾。然而，我要当的官却不是某些人所希望得到的那种官，而是一个清官。这个官无权可掌、无利可图，相反还要付出代价。那我图的是什么呢？能为大家庭中每一个成员服务，为一切愿意接受我的人服务，在咱们这个大家庭中能献出一份劳动将是我一生中最大的快慰。为了获得一次机会，我勇敢地站在这里，接受大家的挑选。"

(6) 用语言打动评选者

职位是自己用口才争取来的，良好的口才，往往能赢得选票。

某工厂倒闭后重组，召回员工实行竞聘上岗。一位竞选工会主席的老工人讲了一段令人感动的话，使其竞选成功。这段话是这样说的：

参加工作这些年，我们一直觉得自己是工厂的主人。可工厂倒闭了，我们成了下岗工人，这其中的酸、苦、涩真是难以言表。可有过这种切肤之痛后，我们也真正懂得了一个国家和企业对于我们每个生存着的人的意义。如今，工厂重组了，又让我们回来。有的人在这段日子里发掘出个人潜力赚到了钱，不肯回来；有的人对工厂重组没有信心，怕回来后再尝受二次下岗的苦果。虽然我也找到了新工作，可我决定回来，我回来的原因很简单，是因为我对我们厂有一种割不断的感情。前半辈子工厂给了我一切，我想我应该让自己的后半辈子为我们厂的复兴尽些绵薄之力。鲁迅先生曾赞美过一种"韧的战斗"精神，今天我们也需要同样的韧性精神来重塑自我和我们厂的主人！

这段和着理性思考和感情的平实肺腑之语，衬出了一个变革时代的主人翁形象。凭这几句话，工会主席的职位，可谓非他莫属。

（7）把劣势转化为优势

竞选演讲中常常会遇见很有优势的竞争对手，如何把自己的劣势变为优势，下面这个实例也许会给你一些启发。

美国南北战争后的一次国会议员的竞选中，士兵约翰与将军陶克在同一个选区竞争一个议员席位。从资格和经历上看，这是一个非等量级间的竞争。因为前者相对来讲年轻得多，而后者则是三次连任议员的老政治家。一个是名不见经传的普通士兵，一个是声名显赫的将领。从地位、功勋、知名度来说，无需竞争就已见胜负。出于这种情况，有人劝约翰退出竞争，约翰不允。

竞选演讲开始后，陶克将军先登台。他充满自信且煽情地发表了演说。演说中，他回顾了自己战争年代的功绩，特别描述了17年前的一场夜战的情景，如何带兵与敌人作战，又如何与士兵们在荒山野岭露宿了一个晚上。最后，他说："如果大家没有忘记那次艰苦卓绝的战斗，请在选举中，也不要忘了那个吃尽苦头而屡建战功的人！"陶克在一片掌声中结束了自己的演讲。

轮到约翰演说了，他从容不迫地走上讲台做了这样的演讲——

从大家的掌声中，可以看出，诸位对那次战斗记忆犹新。我也有幸参加了那次战斗，不过，我只是一个普通士兵，我和伙伴们坚守阵地，与敌人进行了殊死搏斗，很多弟兄都壮烈牺牲了，这真是一将功成万骨枯啊！我是那场残酷战争中的幸存者。当陶克将军在树林中安睡时，我却还拖着疲惫不堪的身子在站岗放哨，保卫他的安全。今天我能站在这里讲话，我充分相信诸位的判断力……

约翰的演讲被公众雷鸣般的掌声打断，最后他打败了陶克，竞选成功。

议员是民众的代言人，谁的心更贴近民众？显然是约翰。约翰的演讲始终提醒选民注意的就是这一点。这就是他成功的秘密。

情景 7 就职演讲，诚恳意切

一般来讲，无论是即兴式的还是有稿式的就职演讲均不宜太长，但一定要给人真实的感觉。给人准备立即投入工作的干练的感觉，比给人认真的感觉更重要。因此，就职演讲一般都要求简单明了、短小精悍，最忌讳拖泥带水、含混冗赘。

（1）顺听众希望而动

就职演讲一般属于政治演讲，"对症下药"往往能大获成功，"对症下药"就是满足群众的宿求，顺从他们的愿望，体现他们的利益，这样才能群情激昂，使听者感到有奔头。

湖南省一位乡长在就职演讲中就没有回避问题，他说："大家选我为乡长，我保证三不搞：一是在工作部署上，不搞'一个师公一道法'。过去是甲乡长栽树，乙乡长种瓜，丙乡长喂猪，丁乡长抓鱼。领导各取所爱，结果劳民伤财。我乡近几年整体发展建设规划已粗具雏形，势头较好，没有必要另起炉灶。因此，我要做到'新官'理'旧事'。"

因为他讲清了群众最担心的事和最希望听到的话，所以不少人听到这里时站起来为他叫好。接着他又说："二是在干部使用上，不搞'一朝天子一朝臣'，今后干部的调整也只能本着人尽其才，才尽其用的原则，决不会以个人恩怨为是非标准……"他的话令干部们听了感到欣慰，长舒了一口气，高兴地鼓起掌来。"三是不搞'新官上任三把火'，我主张脚踏实地，一口一口吃饭，一个堡垒一个堡垒地去攻，做到在任一天，奋斗不止。"讲完之后，群情振奋，大家感到很有希望，庆幸选出了一个好乡长，于是，散会时亲切地围住了新乡长。

就职者进行就职演讲，要抓住听众的心理需求来说话，不要企图回避。而听众的心理要求往往由他们的一些希望构成，演讲者对听众的希望要明了并有所承诺，做到这一点，听众是不会吝惜喝彩声的。

（2）不讲假、大、空话

演讲假、大、空的人往往令听众生厌，即使有一些好的表达也被这些缺点淹没掉了。

有一位新上任的学生会生活部长，在就职演讲中表示"我上任之后，让同学们天天吃饺子，天天都能洗澡，每晚都有录像、电影看……"学生们听后都边摇头边哈哈大笑。因为大家知道学校根本不具备这样的条件，这是不可能兑现的。后来那位生活部长由此落了个"吹牛大王"的"雅号"。

与此相反，一位新上任的学生会主席在就职演讲中就实在得多。

拿破仑说过："不想当元帅的士兵不是一个好士兵。"今天，我作为同学们推荐的候选人，我想说，我不仅想做元帅，而且希望成为一名出色成功的能为大家谋利益的元帅——学生会主席。我自信在同学们的帮助下，能够胜任这项工作，正是由于这种内驱力，当我走向这个讲台的时候，跨步格外高远！

我想，作为学生会主席，首先要致力于自身素质的进一步完善。对于我自身来说，首先要提高对工作的热情度，使自己始终以一颗积极的心态面对各种工作。其次，要提高责任心，认真负责搞好每一项工作，举个例子来说，我们学生会的某些干部，几乎每天都参与值日，很让我感动。他们这种强烈的责任心，使我钦佩不已，因此我也要努力做到他们那样。

胜利当选固然会带来难以掩盖的喜悦和激情，但清醒的竞选胜利者此刻应该想到的是责任的重大和担子的沉重，而不是只顾高兴，忘乎所以。有些思想不够成熟，但在竞选中获胜的年轻人往往容易犯这种错误，其中表现之一就是在就职演讲时，胡乱许愿，大话连篇，说些不合实际的话来，好像大权在握，可以无所不能。

(3) 积极争取"反对者"

一个人竞选成功顺利当选，一般都并非有百分之百的选票。竞选胜利之初，你可以漠视那个未投票的"少数人"群体，但正式当选后的就职演说中，最好不要漠视他们，通过就职演讲转变他们的态度，争取他们的支持，实为明智之举，即使不能实现这一目的，进一步加强当选人在拥戴者心中的良好印象也是必需的。为此，就职演讲者在演讲中要同听众坦诚相见，坦诚说话，以诚换诚。

(4) 不能和竞职演讲的内容矛盾

有些就职演讲者会重复竞选演讲中提及的一些内容，当再次涉及时，或是重复概述，抑或还会有些修正，但无论怎样说，一般都不要让自己的竞选演讲与竞职演讲有太大的出入。如果在竞选演讲中为争取选民而做些许诺（通常是被允许的），却在就职演说中以某种理由予以否定，或者让听众感觉就职演讲与竞选演讲大不相同，这场演讲无疑会失败。听众会从中得出这样的结论：这是一个大骗子！我们被欺骗了。

(5) 力求言简意赅，短小精悍

就职演讲者如果在演讲中注意用最少的字表达尽量多的内容，做到少而准，简而丰，精短明快，就是最令人欣赏的演讲。

一位新上任的妇联主任，在就职演讲时既没讲当前形势，也没说今后措施；既没谈妇女的地位，也没讲计划生育的意义。面对全村妇女，她爽快地说："大伙选我当妇女的头儿，算是瞧得起我。请婶子大娘姑娘姐妹们放心，我也是女人，也有丈夫，有家，也怀孕生过孩子，我知道哪些利益该为咱妇女去争，哪些事该咱妇女去干。我先试着干一年，干不好，大伙再另选别人。"当人们还等着她往下讲的时候，她已结束了演讲。只简短几句，好像什么都没讲，可仔细一想，又好像把许多内容都讲了。干净利落，让人听着不腻，嚼着有味。

做好就职演讲无论使用什么方法，演讲者都要根据自己的实际情况，扬长避短，灵活运用，讲出自己的真情，讲出自己的个性来。如此，才能取得令自己满意，也令听众欣赏的效果来。

（6）给听众一个切实可行的前景

就职演讲稿要比其他文章更给人以真实亲切之感。演讲内容要真实，要讲真话，讲实话，不能哗众取宠，特别是当自己面临一个困难局面的时候，自己受命于危难之间，发表一个切实可行的就职演讲能够大大鼓励听众，使他们增加信心。

下面我们来欣赏一下节选自美国第三十二任总统富兰克林·罗斯福的首任就职演讲，并从中认真体会一下就职演讲的语言技巧和艺术魅力。1933年富兰克林·罗斯福竞选总统获胜，接着连任四届，是美国历史上任期最长的一位总统。在这次演讲中，他首先指出美国正处于经济困难时期，有些人丧失了信心，接着表明自己作为总统将如何使经济走出低谷，很大程度上恢复了美国民众的自信心。

……目前的状况是，人们只关心物质的东西，价值已跌落到难以想象的程度，税收提高了，我们的支付能力降低了。各级政府面临着严重的收入削减。在贸易交往中，交换的手段也被冻结了，工业企业枯萎的落叶随处可见，农民找不到他们的产品市场，成千上万的家庭多年的积蓄用光了。

更为严重的是，一大批失业的人们正面临着严酷的生存问题，同样多的人们则以艰辛的劳动换来少得可怜的报酬。只有愚蠢的乐观主义者才会否认当前这些黑暗的事实。

然而，我们的痛苦不是来自物资的缺乏，我们所遭受的也不是蝗虫的灾害。同我们的祖先曾以信念和大无畏精神所克服的各种灾祸相比，我们仍具有许多值得庆幸之处。大自然仍在施予它的恩赐，而且人们的努力已使之倍增。丰富的物质财富就在我们面前，只是由于对它的大量耗用而使其供给不足了。这主要是由于人类货物交换的支配者因其顽固和无能所造成的失败，他们已承认了自己的失败，并且退了下来。无耻的金钱交易者的行径在公众舆论的法庭上受到了指控，并为人们的心灵和思想所唾弃。

的确，他们已经尝试过，但他们的各种努力总是出于一种陈腐的传统模式中。面对着信贷破产，他们只是一味地借贷更多的金钱。一旦用来诱使人们追随他们的谋利的诱惑失效后，他们又来求助于劝导，含泪恳求大家恢复信心。他们只懂得利己主义的那一代人的准则，他们缺乏洞察力，而在没有这种洞察力之时，这个民族也就被毁掉了。

金钱的交易者们已从我们文明殿堂的宝座上逃之夭夭了。我们现在可以恢复这一殿堂以古时的原貌，至于恢复的程度要取决于我们使用比纯粹金钱利润更昂贵得多的社会价值的程度。

我们最重要的任务是让人们去工作。如果我们明智而勇敢地面对它的话，这并不是一个无法解决的问题。通过政府直接雇工可部分地做到，对待这项工作就像对待战争的紧急状态一样来处理，同时通过这种就业，圆满地完成一些必需的工程项目，它们将刺激和重组我们对自然资源的使用。在着手进行这项工作的同时，我们必须坦率地承认，我们工业中心的人口是不平衡的，要在全国范围内重新分配劳动力，力图使那些最能善用土地的人们对土地有更好的利用。这个任务能够借助努力提高各种农产品的价格，并且用这种力量购买我们城市的产品来完成。它也可以通过避免小家庭和农场的关闭的悲剧所造成的越来越多的损失来完成。它也能借助于联邦、州和各地政府立即行动起来，大幅度地削减费用来完成。它也能借助于把今天经常是分散的、不经济的和不平等的救济活动结合起来来完成。它也能借助于全国性的规划和监督各种形式的交通运输，以及其他具有明确公共性质的事业来完成。完成这一任务，有许多可以借助的方法，但它绝不能借助空话。我们必须行动，必须迅速地行动。

最后，在我们恢复工作的过程中，我们需要有两种保证，以免旧秩序的邪恶再度重来。必须对所有的银行、信用和投资进行严格的监督，必须禁止用他人的金钱从事投机行为，以及必须提供充足而健全的货币。

着手行动有各条路线。我将在不久召开的特别会议上向新国会力陈实现它们的各种具体措施，而且我要寻求有关各州的立即支援。

通过这个行动纲领，我们要把国家内部治理得井然有序，使收支达到平衡。我们的国际贸易关系，尽管非常重要，但就时间和需要而言，要服从于建立一个健全的国内经济。作为一个实践方针，我喜欢把最先要做的事情最先做。我将不遗余力地以国际经济的调整来恢复世界贸易，但是国内的紧急状况不能等到这项工作的完成。

指导国内复兴的这些特别手段的基本思想并不是狭隘的民族主义。因为它首先要考虑的是坚持美国各地的每个人之间的相互依赖——这是对于作为先驱者的美国精神之古老和重要所体现的一种认识。它是通向复兴的道路，它是直接的道路，也是这一复兴继续下去的最有力的保证。

在外交政策领域里，我将致力于这个国家的睦邻政策——做一个坚决自尊的邻国，由于它的自尊，也会尊重其他国家的权利——一个尊重自己所承担义务的邻国。也会维护它与邻国所签订的条约的尊严。

【商场情景口才】

生意场上谈判的重要筹码

"货卖一张皮",其实,口才就是一张最好的
"皮",商海横流,尽显口才本色。

情景 *8* 推销游说，以情感人

推销人员在推销商品时，如果能掌握精巧的促销语言，通过对顾客话语的蛛丝马迹作出及时应变，就会比较容易赢得顾客，从而促成交易。

（1）如何与顾客交谈

与顾客交谈，要时时照顾对方的心情、感受，说话时要语气自然柔和，语调高低适中，语速快慢恰当，善问会导，言之有情，以体现对顾客的热情、信任和敬重，缩短与顾客之间的心理差距，使双方感情融洽。比方说"等一下"这个词语，如用高扬而短促的语调，就成了不耐烦的口气，是不尊重对方的表现；如果说得轻柔些，就会使听者感到自然而舒畅。若是加上"请您"二字，就显得更真诚、亲切，富于情感，令对方更易接受。

一顾客来到一家五光十色、琳琅满目的瓷器店后，营业员迎上前去说："先生，您想看点什么？""啊，我随便瞧瞧。""您要看什么，我给您拿，不买也没关系。"营业员语气亲切，顾客听了心里高兴，随即让他拿过架上的金边瓷碗，营业员一边详细介绍产地、特点，一边热情地帮助顾客挑选。这位顾客深有感触地对营业员说："先生，说实在的，我原先是不准备买的，只不过随便看看，你那句热情的'看看不买也没关系'的话语使我动心了。"

可见，充满情感的语言是促销的有效手段。

另外，还要注意人们的语音节奏。声调与周围的成长环境有关，是一种不由自主的习惯。如生活在山野的人，说话会不由自主的嗓门很大；生活在文化氛围较浓的地方，语言会自然低沉而优雅。这些仅仅是大的外在差别，细微的差别有的几乎不能用语言表达，只能是一种感受。

因此，必须刻苦修炼这种技艺，使你的语言充满吸引人的魅力。

（2）如何激起顾客的购买欲望

营销人员的真实用意是沟通对方的感情，缩短与买主之间的距离，在笑声中解除买主怕上当受骗的警惕心理，从而达到推销商品的目的。

有的打着替顾客着想的旗号："各位老板，出门在外再忙也不能饿着肚子，刚出笼的肉包子便宜卖喽！"有的用吉祥祝福的话来推销："如意，如意，保您如意，买个如意，连升三级。"有的打着为顾客排忧解难的旗号，大声疾呼："住楼住楼，用水发愁，不是没水，水压不够。有了无塔自动上水器，住楼用水包不愁。"

上述促销说辞，说起来顺口，听起来悦耳，风趣自然。

（3）突出商品优势

每一种商品都有自己的用处和特点，营销人员要极力让顾客感觉到，你所推销的货物是顾客唯一的意中物，诱惑顾客非买不可。例如：

集市上，鱼贩早晨高叫："新鲜鲤鱼，八元一斤！"极力突出新鲜。下午则变成："快来买呀，八元买两斤啦。"极力突出便宜。

（4）具有诱惑力的说辞

营销人员介绍商品的推销说辞在不失其真的前提下，为给买主留下强烈深刻的印象，往往不惜口舌，极力把自己货物的成色、质地等特征夸张说来，这就是夸张性。一般地说，夸张多是在形容商品结实耐用、美观漂亮、品质优良等方面下工夫，常采用衬托、重复、排比、借代等修辞手法，给购买者留下难以磨灭的印象。例如：

推销长虹电视机的说辞是：天上彩虹，人间长虹……让彩虹与长虹相媲美。这是衬托手法。推销海尔洗衣机的宣传语是：海尔洗衣机，精心设计，精心生产，精心筛选，精心测试……这是排比手法。

推销杂志的，则在求知欲上下工夫，"本刊的世界新潮催您奋发，有大自然的奥妙供您探索；有致富的信息为您服务……"求知欲强烈的人一般是经不住这种说辞的诱惑的。

说一些极具诱惑力的言辞，让顾客觉得你了解他们的想法，能把最好的商品推销给他们，他们就会很愉快地接受你的商品了。也就是说，在心理上你已经和顾客接近了。

此外，在推销过程中，多说一些"就剩这些了""这是最后一点"，能刺激顾客对商品的占有欲，使顾客在不知不觉中就认为眼下不必需的也值得买下来。因为剩下的商品应该是比较便宜的。

（5）说话要简单易懂

营销人员说话既要含有一定的信息量，又要用语准确、简洁、明白，让人易于理解接受。比如：

顾客问："有好酒吗？"

答："有"。

问："有哪些名牌？"

答："茅台、五粮液、剑南春、全兴、杜康、古井贡酒都有。"这种简单明了的对话，就是用最少的词语提供了最大信息量。

反之，如果这样回答："好酒多的是，不知您是要白酒还是红酒或是果酒？是要高度酒还是低度酒？要进口的还是国产的？"这样回答看来好像很有耐心，听来就显得太啰嗦。不仅不能使顾客满足，还会耽误同其他顾客的洽谈。

另外还有一例：

"王总，我是三星电器公司的销售部经理。"边说边双手把自己的名片递了过去，"我公司生产的最新'背投'电视机面市后，深受顾客欢迎。我到你们商场转了转，发现还没有我们这种牌子的电视机销售，我希望能与您谈谈，行吗？"

这种方法开诚布公，简单易行，只要言谈举止给顾客以好感，也易获成功。

推销员上门推销，目的就是销售商品，为了实现这个目的，离不开商品宣传。成功的宣传，用语要求准确、规范、科学、通俗，使人一听就懂，并留下较深刻的印象。

(6) 说服诱导

推销员最重要的事就是说服顾客买下他的商品。说服诱导，是指推销员运用能激起顾客某种需求进而采取购买行动。在洽谈交易过程中，顾客总会产生一些疑问，提出各种异议，这就需要用因势利导、灵活机敏的口才说服顾客。例如：

"我不需要这种东西。"顾客提出了不需要的异议。推销员机敏地回答："是呀，许多人起初都认为自己不需要，但是，当真正了解这种产品的用途后都改变了看法。"顾客心动了，"这种颜色早就过时了。"顾客又对色泽表示异议。

"您真有眼力，要是在去年，我也认为这种颜色过时了。但是，现在这种颜色又时兴起来，真是只有过时的思想，没有过时的颜色，对吗？"

"这种东西好是好，就是太贵了。"顾客进而提出了对价格的异议。

"是吗？许多人开始会嫌贵了，当他们仔细考虑了产品的功能和质量以后，就觉得合算了。据厂家讲，由于原材料紧俏，这种产品或许会上涨呢！"

"没有保修服务，我不敢买。"顾客又对保修提出异议。

"我们对这类产品虽不保修，但已扣除了产品保修费，降低了售价，只要您试好选好，保证不会出问题，也用不着修呀。"顾客放心地购买了。

顾客中提出类似异议的还很多，有时是顾客为了压价而有意刁难，只要推销员态度诚恳，言词恳切，诱导恰当，多数顾客是可以被说服的。运用精巧的口才，说服犹豫不定的顾客，往往能实现促销的目的，做成生意。

（7）巧妙地利用顾客心理

巧妙地利用顾客心理，随机应变，这在实际推销过程中应用极广，并且也是很奏效的一种方法。它将会给你的推销工作带来很大的好处，使你的工作轻松自如。

比如当你向青年人推销商品时，就可以抓住青年人的心理，告诉他：

这种商品最适合年轻人，而现在的老年人由于思想还跟不上社会的变化节奏，已经明显的落后了，他们不懂年轻人的心，因此对现在的一些新生事物就无法接受。就这种商品而言，应该是属于年轻人的，它将给您的生活带来蓬勃向上的青春气息和现代生活的快节奏感，从中您还可感受到多彩的世界，激发您的向上意识，有时甚至可以从中得到一些生活的灵感。

成功的推销并非是太困难的事，但是，你要注意以下几点。

①用适度的声音介绍商品。你的声音要让人觉得亲切随和，不感到压抑，至少不会引起别人的反感。你推销的对象如果有兴趣听你介绍，至少表明他已对你的商品感兴趣了。

一天，一位女顾客走进了一家商店，站在卖手套的柜台前望了很久，这时被一位细心的店员发现了，她走过来热情地问："请问您喜欢什么样的手套？"那位女士问道："商店里有银灰色的手套吗？"店员笑着说："十分抱歉，你说的手套刚卖光，需等几天才能进货。我建议你买白色的手套。"

听了店员的介绍，这位女士说："白色的手套也不错，可是容易脏。"女店员当即接过话说："是的，白色的手套是容易脏，但白色手套比较醒目，与你的时装比较相衬，当前流行这种白色的手套，卖得很快的，所以多进了一些。其实，只要你经常洗，再有一双可以替换的，那就更加方便了，您可以买上两双白手套。"

面对店员的真诚表情和详细介绍，这位女士脸上露出了愉快的笑容，毫不犹豫地买下了两双白手套。

②设身处地为顾客着想。顾客想要什么，有什么要求，如果你探听到了，就立即采取行动。顾客需要一辆中档轿车，那你不要向他介绍卡迪拉克。如果顾客需要省油的轿车，那你就拿出几款省油的汽车为顾客作介绍，让他选择。当你明白了顾客的要求后，拖延是最愚蠢的，说不定顾客很快就会改变主意，即使不这样，你的拖延也会令顾客不满意，从而拒绝购买。"趁热打铁"是最好的。

一位顾客走到玩具摊前，伸手拿起一只声控的玩具飞碟。

"您好！您的小孩多大了？"售货员彬彬有礼地发出试探信息。

"10岁。"

顾客的回答使售货员顿时兴奋起来，从反馈回来的信息中，她确认找到了实现目标的突破口，便立即发起了攻势："10岁，这样的年龄正是玩这种飞碟的时候。"

她一边说，一边打开玩具飞碟的开关，拿起声控器，熟练地操纵着，同时，又再次强化话语信息："玩这种飞碟，可以让孩子从小培养强烈的领导意识。"两三分钟后，介绍产品的任务完成了，果然顾客发出了新的信息："多少钱？"

"80元。"

"太贵了！"

"70元好了。"

售货员洞悉家长的心理：为了孩子的成长，一般家长都是不惜代价的。于是，她又发起了新的攻势："跟培养孩子的领导才能相比，这实在是微不足道。"她对顾客微笑着说。

售货员机灵地拿出两节崭新的电池，说："这样好了，这两节电池奉送。"说着，便把一个原封的声控玩具飞碟，连同两节电池，一起塞进备用的塑料袋里递给顾客。

"不用试一下吗?"

听到顾客的询问，售货员迅速反应："质量绝对保证。"付款，开发票，递上发票之后，售货员又补充说："如有质量问题，三天之内凭发票调换。"

③要努力做到忘掉自己。在推销过程中，最不容易做到的是忘掉自己。我们总想用自己的意志去支配对方，这样极易获得相反的效果。要知道，决定购买权在顾客手里，我们要做的是建议，而不是命令，把我们的意志强加于顾客身上，只会让顾客反感。比如：

到客户那里见顾客正埋头工作，显然无法抽出空来接待你，应说一声："请别客气，您忙您的吧，我另找时间再来拜访。"或者是与顾客交谈时间过长，发现顾客不时瞄一眼手表，应立即起身说："今天时间不早了，我该回去了。打扰您这么多时间，真不好意思。"或者对方不经意地摸摸口袋，像是寻找什么。此时你要立刻把客户想要的纸或香烟等递上去。

客户的所有神情表现都传递着一些信息，或者对方时间很紧，没有更多的时间来接待你，或是对方一时找不着香烟……推销员需要即时做出反应。而如上的做法会给对方留下好印象，认为你善解人意，对周围的一切及人的表现观察极为仔细。

④针对顾客的不同情况适时调整语调。"我有时谦逊，但有时也很不客气"，西曼是一家公司的老板，"大多数顾客很有礼貌。但从商20年来，我也碰到过不少古怪的商人。他们做生意的方式很奇特，并且也希望我同他们一样奇特。其中一个看起来像盗匪，但我不想变成盗匪，我不能谦逊，我太谦逊恐怕就只有喝西北风了。"西曼的话告诉我们，我们要针对顾客的不同情况而变化。

在大多数的情况下，谦逊而有礼貌是令人赞赏的，但如果对方蛮不讲理，或故意刁难，我们还一味客气，情况就会变得非常糟糕。但是，不容置疑的是，大多数人喜欢同意气相投的人做生意，当然不是古怪的意气相投。

（8）区别对待不同的顾客

不同的顾客具有不同的特点，因此，采用不同的推销方法，往往能使交易成功。

①说服不同性别的顾客

不同性别对待推销的态度也不同。相对来说男性比较干脆，容易下决断，不管买是不买。而女性就刚好相反，总是处于买或不买之间，如果你说得令她信服，女人也比较慷慨，如果你不能令她有好感，即使你说得天花乱坠也无济于事。比如：

女顾客本为她的小眼睛而烦恼，你却去赞美她有一双美丽的大眼睛，岂不令人啼笑皆非？最好的办法是告诉她："小姐，你真迷人！"获得了她的好感后，你就可以道出推销目的了。对于男顾客，直截了当比较好，过于冗长的开场白往往令男顾客厌烦。

②说服老年顾客

老年人大都已离开工作岗位，闲暇时间比较多，容易产生孤独感，他们的乐趣大多来自于过去和自己的子孙们，于是他们特别爱与别人交谈，并且交谈的时间特别长。这就需要推销人员有足够的耐心与倾听。

另外，对于老年顾客，要以温柔亲切的语言来取信于对方。要不厌其烦地、认真仔细地给老年顾客讲清楚产品的特性。

③用含蓄的赞美化解顾客的"坚冰"

一般，大家都喜欢听顺耳的话，喜欢别人的赞扬。但赞扬一定要含蓄、得体，这其中的尺度掌握很微妙，需要推销员用心去体会把握。赞美使用不当，或者太夸张，会给人留下很不好的印象，令人厌恶。

一天，推销电器的吉尔拉来到一所富有而整洁的房舍前叫门时，对方只将门打开一条小缝，房主太太将头伸出门外。当她看见来人是一位推销员时，猛然把门关闭了。吉尔拉再次敲门，敲了很久，她才又将门打开，这次只是勉强地开了条小缝，而且，不等吉尔拉说话，她就拒绝了他的推销。

虽然进展很不顺利，但吉尔拉并没有放弃，决心转换话题，碰碰运气。他改变口气说："很抱歉，太太，我只是想向你买一点鸡蛋，并不是来推销产品的。"

听到这里，太太的态度稍稍温和了一些，门也开大了一点。吉尔拉接着说："您家的鸡长得真好，看它们的羽毛长得多漂亮。这些鸡大概是多明尼克种吧？我想向你买一些鸡蛋，可以吗？"这时，门开得更大了。"你怎么知道这是多明尼克种鸡？"太太问吉尔拉。吉尔拉知道自己的话已经打动了太太，便接着说："我家也养了一些鸡，可是像您养的这些鸡，我还从未见过呢！我养的那些鸡，只会生白蛋。您知道吧，夫人，做蛋糕时，用黄色的蛋比白色的蛋好。我家今天要做蛋糕，所以我便跑到您这里来了……"

房主太太一听这话，显得很高兴，到屋里去给他取鸡蛋。

吉尔拉利用这短暂的时间，随便看了一下周围的环境，发现她家拥有整套的务农设备，于是他继续对房主太太说道："夫人，我敢肯定，您养鸡赚的钱一定比您先生养奶牛赚的钱多。"

这句话让房主太太感到很兴奋，因为一直以来，她丈夫根本就不承认这件事，而她总想把自己的得意之处告诉别人。于是她便带吉尔拉参观鸡舍，把他当作知己。参观时，吉尔拉不时发出感叹，他们还交流着养鸡方面的常识和经验。

这样，两人越来越亲近，可以畅所欲言。最后，房主太太谈到孵化小鸡的一些麻烦和保存鸡蛋的一些困难，吉尔拉不失时机地向房主太太成功推销了一台孵化器和一台大冰柜。

因此赞美选择的内容和方式越具体越好，这表明你对被访问者的了解程度。

不同文化层次和不同职业的人，对赞美的反应程度差别很大，应注意区别。如面对一个作家，假如你说很喜欢他的某一篇文章，他可能仅会微微一笑，甚至表面看来还漫不经心，实际上，他心里已经接受你作为谈话对象了。

(9) 提及有关系的事物

顾客通常会受到其他人或事物的影响，这些人或事物往往左右着顾客是否购买商品。提及与顾客有关系的事物，有利于售出商品。

①提及有关系的公司

人们的购买行为常常受到其他人的影响，推销员若能把握顾客这层心理，好好地利用，一定会收到很好的效果。

"何经理，ＸＸ公司的张总采纳了我们的建议后。公司的营业状况大有起色。"一位推销员向一位顾客这样说。

举著名的公司或人为例，可以壮自己的声势，特别是，如果您举的例子，正好是顾客所景仰或性质相同的企业时，效果就更会显著。

一个合格的推销员，仅仅有诚恳和热情是不够的，还要尽可能地掌握谈话的技巧，这样才能掌握会谈的主动权。

②提及有关系的人物

告诉顾客，是第三者要你来找他的。这是一种迂回战术，因为大多数人都有"不看僧面看佛面"的心理，所以，对亲友介绍来的推销员大多数人都很客气。如：

何先生，您的好友张先生要我来找您，他认为您可能对我们的服务感兴趣，因为，这些产品为他的公司带来很多好处与方便。

打着别人的旗号来推介自己的方法虽然很管用，但要注意，一定要确有其人其事，绝不可以自己杜撰，要不然，顾客一旦查对起来，就要露出马脚了。

为了取信顾客，若能出示引荐人的名片或介绍信，效果更佳。

(10) 口头宣传商品的方法

口头宣传商品有方法可寻，这些方法要着眼于顾客的利益，对顾客具有某种用处或意义时，商品才容易被顾客接受。

①利益宣传

多晓以利害，说明购买、使用该产品后的益处。例如：

本厂制造的小型汽水机，既可以生产汽水，又可以生产汽酒，两个月就能收回全部成本，一年就可赢利两万多元呢。

这样的好效益，自然有吸引力。

②功能宣传

多侧重于介绍商品独特的功能、特点。例如：

这种太空被，最大的特点是轻便、暖和，盖一床二斤重的太空被就顶八斤重的棉絮，家庭、宾馆都适合使用。

这样的宣传真实可信，易于使对方接受。

③比较宣传

通过对同类产品价格、质量的对比，优胜劣汰，使顾客在比较中坚定购买信心。例如：

"张经理，在价格方面，本公司的产品是同类同质产品中最便宜的。您看看，这是本公司的产品价目表，另一份是其他公司同类的产品价目表。"这位推销员出示两份价目表，示意顾客进行比较，既简便，可信度又高。

情景 *9* 问题顾客，耐心讲解

有这样一类营销员，他们仿佛对顾客的问题都已了如指掌，不管有多么"难缠"的顾客总是胸有成竹的样子，但是在交谈中又不给顾客以任何满足感，他们总让客户感到恼火，交易也常常因此泡汤。其实，真正懂行的营销员都不会采用此种愚蠢的方法。优秀的营销员总是在耐心地讲解中不知不觉地消除了客户心中的疑虑，要么就暂时顺应客户的情绪，接受其看法，或者让时间的流逝使客户淡化疑虑，在潜移默化中，客户逐渐被成功"拿下"。

（1）如何应对顾客的拒绝

很多情况下，客户提出拒绝是意料之中的事情，这时，作为营销人员的我们，一定要耐心劝解。或许他没有兴趣，但经过我们的劝说，他改变了自己的初衷；或许他没有时间，但他经过我们短暂的劝解，对我们的产品产生购买的兴趣；或许他敷衍应付，但经过我们的真诚解释，他有了想买的冲动；或许他用了一个拖延的借口，但我们的坚持使他感动……因此，面对下面顾客的拒绝，我们要耐心劝解。

如果客户说："我没时间。"那么推销员应该说："我理解。我也老是时间不够用。不过只要3分钟，你就会相信，这是个对你绝对重要的话题……"

如果客户说："我现在没空。"推销员就应该说："先生，美国富豪洛克菲勒说过，每个月花一天时间在钱上好好盘算，要比整整30天都工作来得重要！我们只要花 25 分钟的时间！麻烦你定个日子，选个你方便的时间！我星期一和星期二都会在贵公司附近……"

如果客户说："我没兴趣。"那么推销员就应该说："是，我完全理解，对一个谈不上相信或者手上没有什么资料的事情，你当然不可能立刻产生兴趣，有疑虑是十分合理自然的，让我为你解说一下吧……"

如果客户说："我没兴趣参加！"那么推销员就应该说："我非常理解，先生，要你对不晓得有什么好处的东西感兴趣实在是强人所难。正因为如此，我才想向你亲自报告或说明。星期一或者星期二过来看你，行吗？"

如果客户说："请你把资料寄过来给我怎么样？"那么推销员就应该说："先生，我们的资料都是精心设计的纲要和草案，必须配合人员的说明，而且要对每一位客户分别按个人情况再做修订，等于是量体裁衣。所以最好是我星期一或者星期二过来看你。你看上午还是下午比较好？"

如果客户说："抱歉，我没有钱。"那么推销员就应该说："先生，我知道只有你才最了解自己的财务状况。不过，现在做一个全盘规划，对将来才会最有利！我可以在星期一或者星期二过去拜访你吗？"或者是说："我了解。要什么有什么的人毕竟不多，正因为如此，我们现在开始选一种方法，用最少的资金创造最大的利润，这不是对未来的最好保障吗？在这方面，我愿意贡献一己之力，可不可以下星期三，或者周末来拜见您呢？"

如果客户说："目前我们还无法确定业务发展会如何。"那么推销员就应该说："先生，我们行销也要担心这项业务日后的发展，你先参考一下，看看我们的供货方案是不是可行。您看我星期一过来还是星期二比较好？"

如果客户说："要做决定的话，我得先跟合伙人谈谈。"那么推销员就应该说："我完全理解，先生，我们什么时候可以跟你的合伙人一起谈？"

如果客户说："我们会再跟你联络！"那么推销员就应该说："先生，也许你目前不会有什么太大的意愿，不过，我还是很乐意让你了解，要是能参与这项业务，对你会大有裨益！"

如果客户说："说来说去，还是要推销东西！"那么推销员就应该说："我当然是很想销售东西给你了，不过要是能带给你让你觉得值得期望的，才会卖给你。有关这一点，我们要不要一起讨论研究看看？下星期一我去看你？还是我星期五过去比较好？"

如果客户说："我要先好好想想。"那么推销员就应该说："先生，其实相关的重点我们不是已经讨论过吗？容我直率地问一问：你顾虑的是什么？"

如果客户说："我再考虑考虑，下星期给你打电话！"那么推销员就应该说："欢迎你来电话，先生，你看这样会不会更简单些？我星期三下午晚一点的时候给你打电话，还是你觉得星期四上午比较好？"

如果客户说："我要先跟我太太商量一下！"那么推销员就应该说："好，先生，我理解。可不可以约夫人一起来谈谈？约在这个周末，或者您喜欢的那一天？"

类似的拒绝自然还有很多，但是，处理的方法其实还是一样，就是要把拒绝转化为肯定，让客户拒绝的意愿动摇，推销员就乘机跟进，诱使客户接受自己的建议。

（2）化解与不同性格顾客之间的矛盾

推销人员整天与各种人打交道，产生矛盾是不可避免的。如果推销人员不注意化解矛盾的方法和技巧，与顾客之间的矛盾就会加深，推销人员的形象和企业的信誉就会受到影响，这显然不利于产品的推销。只有讲究口头交际艺术，方能化解矛盾，变不利为有利。

①对沉默寡言的人

有些人话比较少，只是问一句说一句，这不要紧，即使对方反应迟钝也没什么关系，对这种人应该说得越实际越好。和那些不太随和的人说话也是这样，这样做反而使他们更容易成为忠实的顾客。

日本有一位叫佐藤的经理，他驾驶的汽车已经很老、很破了。可是他在创业时期艰苦奋斗习惯了，虽说现在有钱了，却怎么也舍不得换新车。另外，他的性格非常执拗而孤僻，不大喜欢与人交流。

像他这样事业成功的人，是各汽车销售公司最好的潜在客户，但是，很长时间以来，都没有人能成功地向他推销出一辆汽车。

这些业务员每次和他洽谈时，总会说："您这辆车子太破了，太旧了，跟您的身份不符……""您这辆破车三天两头就要修理，修理费用得需要多少钱呀……"等等一类的话。而这些话让任何人听了肯定都不会高兴，佐藤也不例外。

后来，有一位业务员，对他这样说："您的车子还可以再用几年，现在换了新车是有点可惜。不过，这辆车能够行使 12 万英里，您开车的技术可真是高超！"

这话真是说到佐藤心里去了，对自己的车技，佐藤一直是很自豪的，听到业务员的赞扬，他的话匣子也打开了……

最终，佐藤给自己换了辆新车。

最后这个业务员为什么能够成功做成生意，因为他在无法赞美的事情上发现值得赞美的点。就是这些赞美的话，让他成功地说服了对方。

②对喜欢炫耀的人

有些人好大喜功，老是喜欢把"我如何如何"挂在嘴上，这样的人最爱听恭维、称赞的话，对普通的人称赞五次就足够了，对这种人则应至少称赞十次以上。

③对令人讨厌的人

有些人的确令人难以忍受，他们好像只会说带有敌意的话，似乎他们生活的唯一目标或乐趣就是挖苦他人、贬低他人、否定他人。对于推销人员来说，这种人无疑是最令人头疼的对手。这种人虽然令人伤脑筋，但不应忘记他也有和别人一样想要某种东西的愿望。这种人往往是由于难以证明自己，所以有强烈的得到肯定的愿望。对这种人应"对症下药"，特别在那些无理纠缠而无意购买商品的顾客面前，不能自卑，必须在肯定自己高贵尊严的基础上给他以适当的还击。

美国有家百货公司，门口竖着一个大广告牌，上面写道：无所不有，如有缺货，愿罚 10 万。

有位闲客很想获得 10 万元，于是，故意到这里来找茬，他找到营销人员，开口道："潜艇，潜艇！在什么地方？"营销人员领他到第 29 层，当真给顾客亮出货来。

对方毫不在意，信口又说："看看飞船，有吗？"

营销人员默不作声，又领他到32层，果然在那里找到了飞船。

这家伙还不死心，竟然问道："可有肚脐眼生在脚下面的人？"他暗自得意，以为这一问，营销人员一定无能为力了。

谁知营销人员不动声色，对一个同事说："你来一个倒立给这位客人看。"

这位胡搅蛮缠的顾客很是难堪。对待不讲理的顾客，不要按常理出牌，就能令其自觉无趣而退出。

④对优柔寡断的人

这种人遇事没有主见，往往消极被动，难以做出决定。面对这种人就要牢牢掌握主动权，充满自信地运用推销口才，不断向他做出积极性的建议，多多运用肯定性用语，当然不能忘记强调你是从他的立场来考虑的。直到促使他做出决定，或在不知不觉中替他做出决定。

有一些顾客常常这样应付推销员："让我考虑考虑吧！""我再看看""我稍微想一下，两三天以后再来。""这件产品，我得和老伴商量商量再说"等等借口。看起来好像有希望卖出去，但实际上这只是顾客的委婉相拒。这时，推销员可以说一句："实在对不起呀。"顾客反倒觉得莫名其妙，这时推销员可以将顾客的话题重新拉回来。顾客心中的反对念头往往会消失，而转向购买的欲望中去。他们甚至会说："请原谅刚才我说的话，您再把商品的特点给我说一遍好吗？"

这就是说，在面对顾客的迟疑不决时，一句不关痛痒的话，可以使稍纵即逝的推销良机恢复，这正体现了推销的语言技巧，其魅力就在此。

⑤对知识渊博的人

知识渊博的人是最容易面对的顾客，也是最易使推销人员受益的顾客。面对这种顾客应该不要放弃机会而多注意聆听对方说话，这样可以吸收对己有用的知识及资料。小心聆听的同时，还应给以自然而真诚的赞许。这种人往往宽宏、明智，要说服他们只要抓住要点，不需要太多的话，也不需要用太多的心思，仅此就能够达成交易。

⑥对爱讨价还价的人

有些人对讨价还价好像有特殊的嗜好，即便是一碗面、一斤菜也要进行讨价还价一番。这种人往往为他们讨价还价而得的蝇头小利自鸣得意，对这种人有必要满足一下他们的自尊心，在口头上可以做一点适当的小妥协。比如：

可以这样对他说："我可是从来没有以这么低的价钱卖过的啊。"或者说："没有办法啊，碰上你，只好最便宜卖了。"这样使他觉得比较便宜，又证明了他砍价的本事，他会乐于接受的。

⑦对性格慢的人

有些人就是急不得，如果他没有充分了解每一件事，你就不能指望他做出决定。对于这种人，必须来个"因材施教"，千万不能急躁、焦虑或向他施加压力，应该努力配合他的步调，脚踏实地去证明、引导，慢慢就会水到渠成。这种做法对推销人员素质的培养也是有益的。

⑧对性急的人

性急的人希望接受简洁有力的信息，不喜欢绕圈子。作为营销人员，首先要精神饱满，要清楚、准确又有效地回答对方的问题，回答如果太拖泥带水，这种人可能就会失去耐心，听不完就走。所以对这种类型的人，说话应注意简洁，抓住要点，避免扯闲话。

马丁是美国一家杂志社的发行人，他总揽杂志的发行、公关与广告事务。同时，他也是杂志社在新英格兰地区唯一的业务员。有一天，快要下班的时候，他接到广告代理商杰克的电话，这个人是马丁最大的客户——富达投资公司的代理人。

杰克在电话里大发雷霆，因为马丁把一张重要发票上的某一个重要项目填错了。

"很抱歉，我听不清你说了些什么。"马丁说，"让我查一下，明天早上给你答复好吗？"

这样的解释根本就没有用。杰克还是在不停地咒骂。富达是马丁最大的客户，马丁只能忍着气说："如果你想骂我，当面骂不是更解气吗？我离你那不远，我现在就过去好吗？"

"算了，我很忙。"说完，杰克就挂断了电话。

当天晚上，马丁把相关的资料完全查阅了一遍，做好了一切准备。

虽然客户没有同意马丁过去面谈，但马丁还是决定不请自去，与杰克面谈，以表示主动解决问题的诚意。

⑨对善变的人

这种人容易见异思迁，容易决定也容易改变。如果他已买了其他公司的产品，你仍有机会说服他换新的，不过，即使他这次买了你公司的产品，也不能指望他下次还来做你的忠实顾客。

一天，化妆品推销高手玫琳·凯与朋友一起到成衣店里去逛，听到旁边有一对女孩子正在说话。两位女孩一位金发，一位黑发。金发女孩买了一件新衣服，穿起来很好看，黑发女孩称赞说："刚才你放下的那件衣服，扣子挺漂亮的。"金发女孩突然有点生气："那是什么破衣服，扣子难看死了，看看这个。"

这时，玫琳·凯和朋友走了过去。玫琳·凯面带笑容对金发女孩说："这件衣服的领子很漂亮，衬得你的脖子像高贵的公主一样有气质，要是再配上一条项链，那就简直完美极了。"金发女孩很高兴，因为她也是这么想的。她说黑发女孩没有欣赏眼光，黑发女孩不服气："我也是这么觉得的，只不过没说出来罢了。"

玫琳·凯对黑发女孩说："其实你可以试一下这件，它特别能衬托出你优美的身材。"黑发女孩也高兴起来了。"当然，要是你们的脸上再稍为护理一下，会显得气质更加优雅。"就这样，三人就开始聊起了美容化妆的话题，这是玫琳·凯最擅长和最希望的。

⑩对疑心重的人

这种人容易猜疑，对他人的说法容易产生逆反心理。说服这种人成交的关键在于让他了解你的诚意或让他感到你对他所提的疑问的重视。

比如：

面对疑心较重的顾客，你可以这样说："您的问题真是切中要害，我也有过这种想法，不过要很好地解决这个问题，我们还得多多交换意见。"

(3) 与顾客之间的禁忌

①忌争辩

营销员在与顾客沟通时，是来推销产品的，不是来参加辩论会的，要知道与顾客争辩不但解决不了任何问题，还会招致顾客的反感。

营销员首先要明白，客户对产品是有不同的认识和见解的，要容许人家讲话，发表不同的意见。如果你刻意地去和顾客发生激烈的争论，即使你占了上风，赢得了胜利，把顾客驳得哑口无言、面红耳赤，你快活了、高兴了，但你却失去了顾客、丢掉了生意。

时刻不要忘记你的职业、你的身份是做什么的。

重型汽车推销员乔治去拜访一位曾经买过他们公司汽车的商人。见面时，乔治照例先递上自己的名片："您好，我是重型汽车公司的推销员，我叫……"

才说了不到几个字，该顾客就以十分严厉的口气打断了乔治的话，并开始抱怨当初买车时的种种不快，例如服务态度不好、报价不实、内装及配备不对、交接车的时间等待得过久……

顾客在喋喋不休地数落着乔治的公司及当初提供汽车的推销员，乔治只好静静地站在一旁，认真地听着，一句话也不说。

终于，那位顾客把以前所有的怨气都一股脑地吐出来了。当他稍微喘息了一下时，方才发现，眼前的这个推销员好像很陌生。于是，他便有点不好意思地对乔治说："小伙子，你贵姓呀，现在有没有一些好一点的车种，拿一份目录来给我看看，给我介绍介绍吧。"

当乔治离开时，已经兴奋得几乎想跳起来，因为他的手上拿着两台重型汽车的订单。

②忌质问

营销员与顾客沟通时，要理解并尊重顾客的思想与观点，要知道人各有志不能强求，切不可采取质问的方式与顾客谈话。比如：

您为什么不买我们的产品？

您为什么对我们的产品有成见？

您凭什么讲我们这种公司是骗人的？

诸如此类，用质问或者审讯的口气与顾客谈话，是营销员不懂礼貌的表现，是不尊重人的反映，是最伤害顾客的感情和自尊心的。

记住！如果你要想赢得顾客的青睐与赞赏，忌讳质问。

③忌命令

营销员与顾客交谈时，微笑要多展露一点，态度要和蔼一点，说话要小声一点，语气要柔和一点，要采取征询、协商或者请教的口气与顾客交流，切不可采取命令和批示的口吻与人交谈。

门铃响了，一位衣冠楚楚的先生站在大门的台阶上，当主人把门打开时，这个人微笑着问道："请问您的家里有高级的食品搅拌器吗？"男主人怔住了。这突然的一问使主人不知怎样回答才好。他转过脸来和夫人商量，夫人有点窘迫但又好奇地答道："我们家有一个食品搅拌器，不过不是特别高级的。"推销员回答说："我这里有一个高级的，您看需不需要换这款。"说着，他从提包里掏出一个高级食品搅拌器。接着，不言而喻，这对夫妇接受了他的推销。

人贵有自知之明，要清楚明白你在顾客心里的地位，你需要永远记住一条那就是：你不是顾客的领导和上级，你无权对顾客指手画脚、下命令或下指示，你只是一个营销员。

④忌假意

在销售过程中，用你的诚意就会打开对方关闭的心灵。

有个做保险的业务员，到一家餐厅拜访店主，店主一听到是保险公司的人，笑脸蓦地收了起来。

"保险这玩意儿，根本没用。为什么呢？因为必须等我死了以后才能领钱，这算什么呢？"

"我不会浪费您太多的时间，您只要花几分钟的时间让我为您说明就好了！"

"我现在很忙，如果你的时间太多，何不帮我洗洗碗盘呢？"

店主原想戏谑保险员，没想到年轻的保险员真的脱下西装外套，卷起袖子开始洗了，老板娘吓了一大跳，大喊："你用不着来这一套，我们实在不需要保险！所以，不管你怎么说，怎么做，我们绝不会投保的，我看你还是别浪费时间和精力了！"

保险员每天都来洗碗盘，店主依旧是铁石心肠地告诉他："你再来几次也没有用，你也用不着再洗了，如果你够聪明，趁早找别家吧！"

但是这位有耐心的保险员依然天天来洗，10天、20天、30天过去了。到了第40天，这个讨厌保险的店主，终于被这个青年的耐心感动了，最后答应他投高额保险，不仅如此，而且还替这位有耐心的年轻保险员介绍了不少生意呢！

⑤忌直白

我们可以学习以下两位推销员婉转的推销方式。

一位推销员对顾客说："老李，您知道世界上最懒的东西是什么吗？"顾客感到迷惑，但也很好奇。这位推销员继续说，"就是您藏起来不用的钱。它们本来可以购买我们的空调，让您度过一个凉爽的夏天。"

某地毯推销员对顾客说："每天只花一毛六分钱就可以使您的卧室铺上地毯。"顾客对此感到惊奇，推销员接着讲道："您的卧室12平方米，我厂地毯价格每平方米为24.8元，这样需要297.6元。我厂地毯可铺用5年，每年365天，这样平均每天的花费只有一毛六分钱。"

⑥忌批评

我们在与顾客沟通时，如果发现他身上有些缺点，我们也不要当面批评和教育他，更不要大声地指责他。要知道批评与指责解决不了任何问题，只会招致对方的怨恨与反感。与人交谈要多用感谢词、赞美语，即使发现顾客有缺点或错误，也要巧妙批评，旁敲侧击。

食品商店里走进一位女士，怒气冲冲地向营业员兴师问"罪"。

女士说道："今天我叫我儿子刚从你们这儿买的果酱，为什么不够分量？"

营业员礼貌地回答："请你回去称称孩子，看他是否长重了。"

女士恍然大悟，心平气和地走了。

⑦忌冷淡

与顾客谈话，态度一定要热情，语言一定要真诚，言谈举止都要流露出真情实感，要热情奔放、情真意切，话贵情真。

俗语道：感人心者，莫先乎情。这种"情"是营销员的真情实感，只有用自己的真情，才能换来对方的感情共鸣。在谈话中，冷淡必然带来冷场，冷场必定带来业务泡汤，甚至顾客会因此而永远不会购买你公司的商品。

情景 **10** 柜台服务，礼不嫌多

营业员是商品销售的代表，处在商品生产商与顾客交流的关键环节。一个营业员往往肩负着双重的责任，一方面要对商品的生产者负责，就是使产品销售出去；另一方面又要对消费者负责，即为消费者提供满意的产品和服务。

（1）给顾客一个"阔气"的理由

巴黎一家大商场的珠宝玉器柜台前，有一对穿着讲究的夫妇对一只翡翠戒指很感兴趣，这只翡翠戒指标价 10000 法郎。营业员见他们犹豫的样子，知道他们嫌价格太贵。于是面带笑容地说："这只戒指价格稍微有点贵，但是却很精美。很多人看后都很喜欢它，但最终还是没有买。有个国家的总统夫人戴在手上舍不得取下，后来换了一个价格适中的戒指走了。要不你们再瞧瞧别的，看有没有你们喜欢的？"

那位夫妇看了营业员一眼，女士说道："既然是总统夫人留给我的，我怎么能不要呢。"于是当即付钱成交。

（2）对待顾客要真诚、礼貌

常言道："没有笑脸莫开店。"顾客购买商品，营业员要参与购买的全过程，营业员的态度好坏不仅决定着业务是否成交，而且还决定着顾客是否再次购买。此时的营业员不仅仅代表自己，更是公司形象的代表，热情、礼貌、真诚的微笑，可以溶解冰雪、化解矛盾、赢得赞誉。

曾经有位顾客问一名营业员："每次见您，都看见您笑得春光灿烂，难道您就没有不开心的事吗？"营业员回答说："有，但只要一进入商场，我就不是原来的我，我会把不开心的事暂时忘掉，全身心的为顾客服务！"平淡的一句话，却可看出崇高的敬业、乐业精神。只有具备这种可贵精神的营业员，才会发出出自内心的真诚的自然的微笑。

当顾客对某个推销员的服务与解释感到强烈的不满时，便会产生排斥的心理，假如该推销员继续按照自己主观的想法向顾客解释，顾客的不满与愤怒就会更加加剧。所以在此情况下，最好的方法是请该推销员暂时回避，另请一位推销员去协调。同样顾客在情绪特别激动的情况下，往往采用大嗓门，想用高声压倒对方来证明自己有理，这时最好换个环境（或时间）跟顾客进行沟通，这样处理顾客的不满会更有效些。比如：

先生，你不要在这吵了……（错误）

我认为……你又不信……（错误）

那随你……我是说……（错误）

先生。对不起，我刚才那位同事……（正确）

你好，我们借个地方说……（正确）

（3）落落大方，干脆利落

营业员举止落落大方、言谈清晰文雅、态度热情持重、动作干脆利落，就会给顾客以亲切、愉快、轻松、舒适的感觉。相反，举止轻浮、言谈粗鲁，或动作拖拉、漫不经心，则会使顾客产生厌烦心理。

（4）以迂为直

一次，有位营业员接待一位年近花甲的老太太。老太太挑了两把牙刷，由于营业员又忙着去接待另一顾客，老太太道一声谢后就抬腿走了。

这时营业员才想到还没有收钱。

营业员一看，老太太走出不远，便略提高声音，十分亲切地说："大娘——你看——"

老太太以为什么东西忘在柜台上了，便走了回来，营业员举着手里的包装纸，说："大娘，真对不起，您看，我忘记给您的牙刷包上了，让您这么拿着，容易落上灰尘，多不卫生啊，这是入口的东西。"

说着，他接过老太太的牙刷，熟练地包装起来，边包边说："大娘，这牙刷，每支三元，两支共六元。"

"哎呀，你看看，我忘记给钱了，真对不起!"

说着，老太太爽快地付了钱。

这个营业员以迂为直，很自然地把大娘请了回来，又很自然地把谈话引到牙刷的价格上，这样一点拨，大娘马上就意识到了。

（5）不要斥责、难为顾客

顾客来到柜台前有先有后，营业员应按先后顺序依次服务。给顾客找零钱时，营业员要本着"困难留给自己，方便让给顾客"的原则去处理，设法解决，切不可说句"找不开"，就把难题推向顾客不闻不问了。收款时偶尔发现假币，可向顾客提出，并讲清道理，按有关规定和手续处理，不要斥责、难为顾客，以免引起争吵。如果发现顾客的错误行为，要委婉地提出，选择一种让其接受的方式使其改正。

美国经济大萧条时期，有位17岁的女孩很幸运地在一家高级珠宝店找到了一份售货员的工作。这天，店里来了一位青年人，衣衫褴褛，满脸悲愁，双眼紧盯着那些宝石首饰。

这时，电话铃声响了，女孩去接电话，一不小心，碰翻了一个碟子，有六枚宝石戒指落到地上。她慌忙拾起其中五枚，但第六枚怎么也找不着。此时，她看到那个衣衫褴褛的青年正慌张地朝门口走去。顿时，她意识到那第六枚戒指在哪儿了。当那青年走到门口时，她叫住他，说："对不起，先生！"

那青年转过身来，问："什么事？"

女孩看着他抽搐的脸，没做声。

那青年又补了一句："什么事？"

女孩这才神色黯然地说："先生，这是我的第一份工作，现在找工作很难，是不是？"

那青年紧张地看了女孩一眼，抽搐的脸这才浮出一丝笑容，回答说："是的，的确如此。"

女孩说："如果把我换成你，你在这里会干得很不错！"

终于，那青年退了回来，把手伸给她，说："我可以祝福你吗？"

女孩也立即伸出手来，两只手紧握在一起。女孩仍以十分柔和的声音说："也祝你好运！"

那青年转身走了。女孩走向柜台，把手中握着的第六枚戒指放回原处。

情景 *11* 应对抱怨，不急不躁

推销员要与各种人打交道，产生矛盾是很难避免的。如果不注意化解的方法和技巧，就会加深与顾客之间的矛盾，不利于产品的推销。只有讲究口头交际艺术，方能化解矛盾，变不利为有利。

（1） 站在顾客的立场上考虑问题

为了正确判断顾客抱怨的主要问题，推销员必须站在顾客的立场上看待对方的抱怨。时常站在顾客一方想一想，许多问题就好解决了。

此外，推销员在解决问题时要有诚意，决不能口是心非，皮笑肉不笑，或只是任由顾客发泄，自己站在一旁傻笑，让顾客感到你是在愚弄自己。

因此推销员在处理抱怨时应该是发自内心的，不论顾客的抱怨合不合理，都应该向顾客表示歉意。比如：

先生/小姐，实在抱歉，你看给你带来了不少麻烦……

不好意思，这是我们的疏忽……

给你带来不便，我们表示非常抱歉……

（2） 避开顾客的激动情绪

顾客在发怒时，他的感情总是容易激动的，而且顾客对推销人员流露出来的不信任或轻率态度特别敏感。

黄小姐到某百货商场去购买某品牌的眼部修复霜。到了商场，营业员说那一款今天卖完了，便推荐了同一品牌的另外一款眼霜，可到了家中，黄小姐仔细阅读后才知道这一款是用于改善眼角鱼尾纹的，不是自己需要的那一款。便拿到该商场要求退货，营业员一听是退货，脸色马上拉了下来，跟先前推销时判若两人，说："化妆品是只要产品质量没有问题，消费者皮肤适用，不予退货的。"黄小姐一听也火了，"当初我自己就不想要这一款的，你说什么一样的，非要推荐这个给我……"营业员听着黄小姐的抱怨，心不在焉，满脸不屑一顾，这下可把黄小姐给激怒了，找到商场部门经理要求严惩这个营业员。

从这个例子可以看出，营业员负有一定的责任，他应该避开顾客的激动情绪，耐心劝解，最好给消费者更换化妆品，或退款。

（3）让顾客意识到自己的错误

顾客并不总是正确的，所以推销员有必要让顾客知道自己的错误，但在过程中，绝不要把问题捅破，要给顾客足够的面子，令其自动自发地改正，这在推销洽谈中也是非常重要的。

一次，日本的一个汽车推销员向一公司董事家里推销汽车。开始，那位董事坚持说他们公司汽车的发动机性能不佳、舵轮旋转不灵、有噪声、开起来费油，等等，当即表示拒绝购买。

推销员惊讶地说："您对我们汽车的情况摸得真清楚，作为推销员的我为什么没有发现呢？您买不买没有关系，但如果我们的汽车因此而失去信誉或造成不好的影响，问题可就大了。不如，您坐上我的车体验一下，以验证您说的话是否正确？"

董事听了推销员的话，不以为然地说："我说话是有根据的，体验一下也好，真相在这边呢！"于是，他钻进了推销员的车，发动起了车子，手握方向盘，驾驶着汽车狂奔起来。他在自己家的院子里转了3圈，又在马路上跑了一会，十多分钟的光景，董事从车上下来，笑嘻嘻地说："这种车真好，服了，给我提一辆吧。"

面对顾客对产品质量的抱怨，不要不平和抗议，应该让顾客耐心地亲身示范，使其意识到自己的判断错误，从而打消顾虑，促使业务成交。

(4) 不要和顾客冲突

顾客的抱怨是难以避免的，因而推销员对此不必过于敏感，不应该把顾客的抱怨看作是对自己的指责，要把它当作正常工作中的问题去处理。切莫在公众面前与之争辩。凡打算上门抱怨的顾客，大多喜欢争取旁观者的支持。在公众场合抱怨发牢骚的顾客也是如此，现场人越多，他们的指责越苛刻离谱。所以，一旦碰到客人上门诉怨，推销员应迅速将当事人带离现场，或到办公室，或到人群稀少的清静处商谈问题，切莫在公众面前与之争辩。

在商场里，一位营业员给一位中年妇女推荐一件色彩靓丽的时装时，中年妇女立刻发表异议："这件衣服太时髦了，太花哨了，像我这样的年纪如何穿得出门？赶快拿得远远的，不要！不要！"面对顾客的激烈反对情绪，营业员不紧不慢地说："这件衣服是鲜艳了些，但款式新颖，更适合中年人，'人靠衣裳马靠鞍'嘛！这件衣服穿在您的身上，至少能让您年轻10岁。"顾客听了营业员的讲解，同意试穿那件衣服了。

总之，面对顾客激烈的反对情绪，千万不要和顾客起冲突，他们对产品有意见往往是他们没有了解产品，没有意识自己的潜在需要。这时，作为营业员的你要热情细致地介绍产品，并说明该产品能够给他们带来什么好处。

(5) 怎样面对商品的缺陷

一位日本不动产推销员负责推销一块地皮，这块地皮的位置不错，交通便利，但也有缺点，就是附近有一座钢材加工厂，不时地传来铁锤敲打声和大型研磨机的噪声。

一天，这位推销员联系了一个顾客，针对这块土地的缺点，他还是如实说明了情况，并带顾客去现场查看。在现场，他说："实际上这块土地比周围其他地块便宜得多，这主要是由于邻近工厂噪音大，如果对这一点你不在意的话，其他如价格、交通条件等都符合您的愿望，买下来还是合算的。"

客人看过现场后说："你特别提出噪声问题，不过我发现，噪声其实不大，比我们家的噪声小多了，我们可以接受。"不多久，这项交易就成功了。

在很多情况下，不动产商人往往只强调商品的好处，尽量掩饰缺陷。对于那些在某种程度上有独立见解的顾客，如果光讲长处，说得过于完美，反而会引起他们的疑心，产生一种完全相反的看法。而上面那位推销员把那块土地的缺陷讲得一清二楚，顾客反而放心了，这是交易成功的关键所在。

（6）认真查明顾客的抱怨

推销员在任何时候都应当让顾客有这样一种感觉：对待客户的各类抱怨，总能认真受理，并且对这些抱怨进行事实调查，抓紧把调查结果告知客户，不拖延耽搁。

一次，天津某服装的推销员去太原一家商店推销男女真丝服装。到了那家商店之后，推销员拿出了样品让他们仔细察看，在这过程中，推销员介绍了服装的风格特点和舒适性。该商店经理很感兴趣，认为此服装样式新颖，料子质地良好，穿上舒适，一定会在市场上畅销，于是当即拍板，订购200套服装，并和推销员签订了供货合同。

回到单位之后，推销员就按合同规定发了货。但没有过多久，这家商店打来电话说，收到时装，但数量不够，缺少10套。商店埋怨服装公司不可靠，并拒付货款，并要求退货。

服装公司的推销员知道后，蛮有信心地对领导说："我敢保证，服装的数量一件不差，肯定是商店弄错了。"于是，他急忙去太原核实，并声称如果货物不够数，允许退货，并甘愿受罚。

经过双方仔细清点，原发数准确无误，一件不少。这时，商店经理一再表示歉意，而推销员安慰他们说："没有什么，谁都有出错的时候，不会介意的。"

结果，该商店付清了货款，态度也来了一个180度的大转弯，直夸服装公司姿态高，办事实事求是，有老大哥的风格，和这样的服装公司做生意感觉放心，表示以后还要多进货。

这位推销员经过认真调查清点，有效维护了企业信誉，解决了客户的疑虑。这种处理方式，对于广大的推销员来说，非常有借鉴意义。

(7) 学会耐心倾听

当人感情冲动时，大脑神经处于极度兴奋状态，心跳加快，有人双手颤抖，呼吸急促；有人捶胸跺脚，又蹦又跳，这都是为了解心中闷气。要使冲动的顾客尽快平静下来，推销人员应热忱招呼他们坐下来诉说抱怨，自己在一旁倾听、记录，郑重其事地把对方的意见记下来，这样，既有助于双方建立一个友好的交流洽谈气氛，又可以使顾客认为他们的意见受到了重视，没有必要再吵闹下去。一份完整详尽的"抱怨记录"，可以帮助推销一方更好地接近客户，了解客户的真实信息，沟通供销双方的意见，为自己下一步更妥善地处理抱怨提供参考依据。

推销员在消除顾客不满时，第一步就是要学会倾听，即聆听顾客的不满。聆听顾客不满时，须遵循多听少说的原则。推销员一定要冷静地让顾客把他心里想说的牢骚话都说完，同时用"是""的确如此"等语言及点头的方式表示同意，并尽量去了解其中的缘由，这样一来就不会发生冲突，更不会吵架。

杜军是一家纺织化学研究所的研究人员，他在试图说服一家较大的毛纺厂接受一种洗涤新技术。一开始，双方洽谈的气氛是比较积极的。可是后来有一次，杜军在洽谈中征求顾客对技术资料的看法时，顾客对这项新技术表示出了不满意，杜军便来了气，和顾客争论起来。业务洽谈变成了争辩，争辩的焦点是这项新技术是否值得接受。气氛变得十分紧张，最后双方不欢而散。

推销员的工作就是这样，你可以变消极为积极，扭转乾坤，也可以横生枝节，前功尽弃，一切都在你自己，口可以生财，口也可以招祸，就看你舌头的功夫高下。

（8）采用迂回战术

当顾客抱怨时，推销员需要冷静倾听；当顾客缓解了不满情绪时，导购可趁机推介产品，再次与顾客沟通。比如：

我懂。我了解……先生，你看……很不错的，适合你的……

（9）迅速处理顾客抱怨

处理顾客抱怨时切忌拖延，因为时间拖得越久愈会激发顾客的愤怒，而他的想法也将变得顽固而不易解决。所以，推销员在处理顾客抱怨时，不能找借口说今天忙明天再说，到了明天又说负责人不在拖到后天。正确的做法是应该立即处理，而且处理顾客抱怨的行动也应该让顾客明显地感觉到。如推销员可以用焦急、紧张的神情感染顾客，或者隔一段时间就告之顾客事情处理的怎样，到了什么程度等。以平复顾客的情绪，求得顾客对事情的理解。

这是公司的规定，我也没办法啊……（错误）

今天我们有点忙，而且领导也不在，我看你还是明天再来……（错误）

你先别急，我忙完了，等一下，再给你处理……（错误）

先生，稍等，我马上给你处理……（正确）

我们的技术人员正在给你检测……我再给你看一下，大约什么时候可以弄好。（正确）

（10）化异议为卖点

化顾客异议为卖点是一种积极的技巧。推销员需要明确，与顾客进行胜负辩论毫无意义，即使推销员最终在辩论中获胜，但后果却是失去顾客。推销员与顾客之间的关系如同照镜子，你以何种态度对待顾客，顾客也会以相应的态度对待你。因此，推销员需要以积极的心态处理顾客异议。推销员在销售中与顾客说服的基本原则是：生意不成仁义在，与顾客做朋友。比如：

先生/小姐，这是今年流行的款式，这个做工……

先生/小姐，你说的这个地方，那可是这款衣服的特色……

……这是……料子做的……你再看一下，不买也没关系……

(11) 让客户觉得盛情难却

友善地握手，给人以诚相见的印象，这是推销人员面见顾客的应有礼节。顾客如果一时拒绝握手，推销人员可以借故反复多次试握，只要能让客户觉得盛情难却，现场气氛很快会融洽起来。在条件许可的场合，推销员对客人可以略施恩惠，以示安慰，比如敬一支香烟、泡一杯热茶、递几块糖果等等。

一天，一家商店内传出了顾客和售货员的争吵声，"观众"如潮，商店经理当即赶到现场，对那个争吵的顾客说："对不起！我是这家商店的经理，有服务不周的地方请多多包涵。请到我经理室里来吧，请接受我真诚的道歉。"经理几句心平气和的话，把顾客的激烈情绪降到冰点，跟着经理进了办公室。

经理处理得十分巧妙，这样既避免了事态的扩大，又使这位顾客与其他围观者隔绝，避免了其他顾客因此而产生的不良影响。

在办公室里，经理开始了解情况。在当事售货员叙述的过程中，遭受到顾客连续不断地插话和反驳。但经理始终未发一言，只是静静地听着，而且不停向顾客道歉："真对不起，这是不可原谅的，请你多提意见。"就这样，顾客把自己的满腹牢骚毫不客气地宣泄出来。发泄完了，气比开始少了许多。经理接着批评了当事售货员，让她停职检查三天，并当场向顾客道歉。这时，顾客反觉得自己过分，转而向经理求起情来。

本例中的经理把顾客的事情处理得很好，先对顾客进行了道歉，又认真倾听了顾客的抱怨，甚至还对当事售货员进行了惩罚，替顾客挽回了面子。在经理的盛情处理下，顾客反而不好意思了，转而为售货员求起情来。这样，一位商家与顾客之间的矛盾就巧妙化解了。

（12）不要反驳

顾客主观的反对意见是难以消除的，对于过于主观的反对意见，只要不直接影响成交，推销人员最好不回答，更不要反驳，以回避处之。推销经验告诉我们，相当多的反对意见，推销人员是可以置之不理的。例如：

顾客说："你是某某公司的推销员，那个鬼地方真不方便。"这一个与成交无关的意见，不影响交易，因此推销员并没有反驳，只说："先生，请你先看看产品……"放过与成交无关的意见，继续进行面谈。"这东西太贵！"一位顾客提出了反对意见。推销人员认为这意见出于他的偏见，也可以置之不理。于是说："先生，关于价格问题，现在我们不谈，还是请先看看产品吧。"

推销人员不理睬顾客提出的"太贵"的意见继续谈产品，当顾客真正理解了产品的用途和特点后，先前所谓的"价格太贵"的意见也就不复存在了。

情景 *12* 谈判制胜，智力角逐

在现代社会，商业竞争激烈，谈判中唇枪舌剑的你来我往更是司空见惯。一张长方桌，谈判双方分列两旁，脸上带着微笑，眼中露着锋芒，摇唇鼓舌，都在为自己争取着最大的利益……但是，谈判成功与否，全看你是否能把握谈判中的语言艺术，能否合理地使用语言技巧。

（1）巧妙暗示

斟酌情况，必要时可以提高嗓门，逼视对手，甚至跺脚，表现一点"震撼"式的情绪化行为。这一招不但可以让对手为之气馁，也可显示你的决心。

阿里森是美国一家电器公司的一个推销员，曾有一个时期，他负责推销一批新型的电动机。一次，他找到一家需要他们产品的新客户，新客户很不满意他们的产品，一到那家公司，总工程师就劈头盖脸地指责："阿里森先生，你还指望我们能买你多少发动机？"

对此，阿里森感到很诧异。经过了解发现，客户认为刚刚购买的那一台发动机发热超过正常标准。阿里森明白，争论不会有好结果，决定顺着客户的意见作出肯定回答。

他故意说："好吧，斯宾斯先生！我的意见和你相同，假如那发动机发热过高，别说买，还应该退货。是吗？"

"是的。"总工程师果然作出反应。

"自然，发动机是会发热的，但你当然不希望它的热度超过全国电工协会规定的标准，对吗？"

"是的。"总工程师说。

阿里森说："按标准，发动机可以比室内高出 72°F，对不对？"

"对的！"总工程师说："但你的产品却比这高出很多，难道不是事实吗？"

阿里森不争辩，反问说："你车间里温度是多少？"

总工程师回答说："大约 75°F。"

阿里森兴奋地站起来，拍拍对方肩膀说："好极啦，车间是 75°F，加上应有的 72°F，一共是 140°F 左右。如果你把手放到 140°F 的热水里，是会把手烫伤呢！"

总工程师虽然不情愿，但也不得不点头称是。阿里森接着说："那么，以后你不要用手去摸发动机了。放心！那完全是正常的。"

后来，阿里森又做成了第二笔生意。

（2）打破僵局

僵局经常在谈判中遇到。有技巧的谈判者甚至会把最有争议的问题推延到谈判的最后阶段，他们先在一些次要问题上作出较多让步，然后通过使用僵局策略，在最重要的问题上达到他们的目的。

1985 年 9 月，中日双方在北京举行谈判。谈判内容是关于国家经委进口的 5800 辆三菱汽车因质量问题而向三菱公司索赔一事。当谈到间接损失时，双方争论比较激烈。日方采取了步步为营的方针，每报完一条，总要不间断地停一下，环视一下中方代表的反应，仿佛给每笔金额数目都要圈上不留余地的句号。最后，他们提出赔偿 30 亿日元。并说："这已经是最大限度，不能再增加了。"

我方代表对日方的发言，细致进行分析，把那些"大约""预计"等含混不清的字眼都挑出来，并提出间接经济损失应该为 70 亿日元。

日方代表连连说："差额太大，差额太大！"又哀求说："贵国提出的索赔过高，若不压减，我们会被老板解雇的。我们都有妻儿老小，还要生活，请高抬贵手，让让步吧！"

我方代表严正指出："贵公司生产如此低劣的产品，给我国造成了多么大的经济损失啊！"稍停顿了一下又安慰道："我们是不愿难为诸位代表的，如果你们做不了主，请贵方决策人员与我方谈判。"

谈判桌上，双方互不相让，又一番讨价还价之后，只好暂时休会。在紧张的幕后活动之后，谈判又开始了。先是一阵激烈的舌战，继而双方一语不发，谈判的气氛骤然降到了冰点。

中方代表为了顾全大局，主动打破僵局，热情地说："双方贸易不是一天两天的事，以后的日子还很长。我们相信贵公司绝不愿意失去中国这个最大的贸易伙伴和广阔的汽车市场。如果贵方有诚意维护自己的信誉，彼此均可作适当让步。"

日方代表闻听此言，紧张的心情立时平静下来，遂说道："我公司愿付 40 亿日元，这是最高数目了。"我方代表马上作出反应，说："我们希望贵公司最低支付 60 亿日元。"几经周折，报价，压价，最终以日方赔偿我方 50 亿日元并承担另外几项责任而宣告结束。

一起特大索赔案谈判成功了。在这里口才赢得了胜利，追回了几十亿日元。

（3）欲擒故纵

谈判者谋略的出发点在于巧布迷阵，给对手指示某种虚假的动向或暗示的信息，使之被一定的诱惑所吸引，以便搜索到对方更多有价值的信息，从而掌握谈判的主动权，达到"欲擒故纵"的目的。

在生意场上，谈判双方舌枪唇剑，虎视眈眈，如若都有诚意，双方会通过语言透露给对方一些真实信息的。这些真实信息是我们了解对方的开始，再加上谈判前的初步了解，借助这些材料就可以想应对之策。

最常用的就是欲擒故纵了，因为一般来说，对方说话不会那么直率的，透过他表象的语言，推测其隐藏在心灵深处的真实意愿，欲擒故纵，就能使对方一步步中招，使交易完成。

美国沃恩堡市年轻的亿万富翁巴斯兄弟用起"欲擒故纵"来得心应手。当他们对一项生意感兴趣时，从不将自己迫切成交的真实心情让顾客察觉。谈判桌上的他们总是装出一副漫不经心的模样，他们以此来吊足对方的胃口。他们认为，做生意就好比追女人，谈判更是这样。如果你狂热地追求一个姑娘，她往往会扬长而去；与此相反，当你撤退或装出一副漫不经心的样子时，她反而会如你所愿，跟着你走。

1981 年，巴斯兄弟看好了一家即将破产的公司，但他们并不急于把自己的想法告诉公司的董事会，那家公司的董事会向他们表示出卖公司的意愿时，他们却说："你们在其他地方可能会找到更好的买主。"而且，他们还装出蛮有兴趣、蛮有诚意的样子将对方可能感兴趣的投标者告诉对方。

真到最后，巴斯兄弟才说："如果你们没有其他选择的话，就来找我们。"结果那家公司的董事会决定将公司卖给他们，巴斯兄弟达到了自己的目的。

纵观这次谈判，这笔生意其实是按巴斯兄弟的愿望成交的，他们用一句表面上看上去为对方着想的托辞，让对方放松了警惕，放弃提高价格的企图，牢牢地掌握着谈判的主动权。

美国的一位房产推销员在这方面做得也很好。

美国的一对夫妇前往某市中心建筑公司准备购买房子，出来接待的是一位年纪约 40 岁，看起来诚实可靠的男性职员。男性职员说："依照您家的预算，此地正好有适合的房子。"然后把蓝图递给这对夫妇看，地点在郊区，独门独院，外观高雅。这些优点一下子吸引了太太，于是她想早一点看这栋房子，脸上迫切的神情表露无遗。

敏锐的男职员观察到对方的意思，立即说出一句好似泼上了一瓢凉水一般的话："其实，这栋房子我们也不大愿意卖给你们，虽然价格公道，但交通不太方便，到火车站需要一个钟头。同时附近没有几家超级市场。"听了这话的夫妻反而对这个职员充满了好感，认为他诚实，使他们坚定了信心。这对夫妻想，火车站要一个小时，但实际上不到 40 分钟。虽然找不到几家超级市场，但附近倒有杂货店。那时候，他们心中在想："真是一位老实而又保守的人。"于是那位丈夫便对太太说："这不就够了吗?"他的太太也满意地频频点头。

等他们迁入新居后，这对夫妻不得不面临意想不到事实，离火车站虽然只有四十分钟的路程，但对于他们上下班的确不方便。而附近杂货店的商品不全，质量比超级市场有差距，而且价格高出许多。他们后悔说："简直就像陆地上的孤岛。"但事已至此，无法改变了。

男性职员故意夸张某些缺点，把现实的缺点距离拉得更远，这种方法让人产生错觉，以为"其实没有那么严重"，这种欲擒故纵的手法使对方的判断出现拐点，可见西方商界一斑。

(4) 顺藤摸瓜

谈判中对时间的要求是严格的。谈判中双方的陈述、说明、提问、回答等等都是紧张的智力较量，要求在很短的时间内迅速对对方的发言做出反馈。

在谈判的过程中，谈判者一旦发现对方谈话的漏洞，就要顺藤摸瓜，使其遵守自己的谈话方式，而不易拒绝。

一次某外商向我国一公司求购香料油，出价每公斤40美元，我方要价每公斤48美元。对方一听我方的要价就急了，连忙说道："不，不，你怎么能指望我出45美元以上呢?"

我方代表立即抓住了这一机会，巧妙地反问道："这么说，贵方愿意以每公斤45美元成交了?"

外方在情急之下露了底，只好说可以考虑。结果双方以每公斤45美元的价格成交，比我方原定的成交价高出了3美元。

(5) 不轻易亮出底牌

一次，某谈判专家替代理人与保险公司交涉赔偿事宜。

理赔员先表达自己一方的意见："先生，我知道你是交涉专家，一向都是针对巨额款项谈判，恐怕我无法承受你的要价，我们公司如果只出100元的赔偿金，你觉得如何？"

谈判专家表情严肃地沉默着。根据以往经验，不论对方提出的条件如何，都应表示出不满意，因为当对方提出第一个条件后，总是暗示着可以提出第二个，甚至第三个。

理赔员果然沉不住气了："抱歉，请勿介意我刚才的提议，我再加一点，200元如何？"

"加一点点？抱歉，无法接受。"

理赔员继续说："好吧，那么300元如何？"

谈判专家等了一会儿说："300元，嗯……我不知道。"

理赔员显得有点惊慌，他说："好吧，400元。"

"400元，嗯……我不知道。"

"那就赔500元吧。"

"500元，嗯……我不知道。"

"这样吧，600元。"

谈判专家无疑又用了"嗯……我不知道。"最后这件理赔案终于在950元的条件下达成协议，而代理人原本只希望要300元！

这位谈判专家事后认为，"嗯……我不知道。"这样的回答具有无穷的效力。

谈判是一项双向的交涉活动，双方都在认真地捕捉对方的反应，以随时调整自己原先的方案，如果一方干脆不表明自己的态度，只用"不知道"这个可以从多种角度去理解的词，就会使对方心中没了底。

在谈判中，可以通过巧妙提问、说话听声等方法，摸清对方的需要，不失时机地制定己方的谈判策略。

（6）巧妙提问，预设埋伏

谈判中常运用提问作为了解对方需求、掌握对方心理的手段。在对方滔滔不绝的议论中，利用提问随时控制谈话的方向、并鼓励对方说出自己的意见。谈判提问的技巧体现在"问什么""何时问""怎样问"上。

在某时装区，当一位顾客在摊前驻足，并对某件商品多看上几眼时，早已将这一切看在眼里的摊主就会前来搭话说："看得出你是诚心来买的，这件衣服很合你的意，是不是？"察觉到顾客无任何反对意见时，他又会继续说："这衣服标价150元，对你优惠，120元，要不要？"如果对方没有表态，他可能又说："你今天身上带的钱可能不多，我也想开个张，保本卖给你，100元，怎么样？"顾客此时会有些犹豫，摊主要装作心不在焉地说："好啦，你不要对别人说，我就以120元卖给你。"早已留心的顾客往往会迫不及待地说："你刚才不是说卖100元吗？怎么又涨了？"此时，摊主通常会煞有介事地说："是吗？我刚才说了这个价吗？啊，这个价我可没什么赚啦。"稍做停顿，又说，"好吧，就算是我错了，那我也讲个信用，除了你以外，不会再有这个价了，你也不要告诉别人，100元，你拿去好了！"话说到此，绝大多数顾客都会成交。

（7）条件选择

所谓条件选择，首先，是分析利害，迫使对方选择让步。

美国谈判大师荷伯·科恩有一次飞往墨西哥城主持一个谈判研讨会。抵达目的地时，旅馆告之"客满"。此时，荷伯施展了他的看家本领，找到了旅馆经理问："如果墨西哥总统来了怎么办？你们是否要给他一个房间？"

经理回答："是的，先生。"

荷伯接着说："好吧，他没有来，所以，我住他那间。"结果他顺顺畅畅地住进了总统套房，不过附加条件是，总统来了必须立即让出，而这个几率是很小的。

（8）转换话题

在什么场合下需要转换话题呢？

想避开于己方不利的话题，想避开争论的焦点，想拖延对某个问题的决定，想把问题引向对己方有利的方面，想转换阐述问题的角度以说服对方。在会谈时，应把建议的重点放在对己方有利的问题上，不要直接回答对己方不利的问题，这时，可绕着弯子解释或提出新问题。

有一家生产某种新产品的精密机械厂，对于一些零部件委托给小型工厂制造。一次，一家小型工厂将生产的零件呈示给精密机械厂时，全部不合格。

由于交货期限迫在眉睫，总厂负责人只好让其尽快重新制造，但小厂负责人认为他们的产品是完全按照总厂的要求生产的，不想重新制造。双方一度僵持不下，总厂厂长见这种局面，知道原委后，对小厂负责人说："很抱歉！出现这种事情的原因完全在于总厂产品设计不周所致，令你们吃了亏。但事情总要完成的，你们不妨制造得完美一些，这样对双方都有好处。"小厂负责人听完欣然应允。

总厂负责人没有过多地追究小厂的责任，没有抓住小厂的小辫子不放，只是转移话题，要求其生产出更完美的部件即可，使小厂负责人脸上有了面子，自己也能生产出更完美的产品。

（9）灵活地运用语言

所谓"看人说话，量体裁衣"，灵活地运用语言是谈判口才机巧性的表现。

对不同对象应使用不同的话语。如对方用语朴实无华，自己说话也就无须过多修饰；对方话语爽直、干脆，自己就不要迂回曲折，含义晦涩。总之，为适应对方的学识、气度、修养而随时调整自己说话的语气和用词，是最具效益的思想沟通方法。

同样的意思可以用不同的语气或词汇来表达，直陈的语气可以表示强硬的立场、对立的态度。例如：

"你的看法完全错误。"显得生硬而武断。同样的意思若用委婉的语气或词汇来表达则可显示灵活的立场、合作的态度。"你的看法值得商榷。"后种表述方式既使对方易于接受，又给自己留有余地，是用语弹性的又一体现。

（10）活用激将

约翰·强生是美国知名的大企业家。那一年，他决定在芝加哥为他的公司总部兴建一座办公大楼。为此，他出入了无数家银行，却始终都没贷到一笔款。于是，他决定先上马后加鞭，设法将自己200万美元凑集起来，聘请一位承包商，要他放手进行建造，好让他去筹措所需要的其余500万美元。假如钱用完了，而他仍然拿不到抵押贷款的话，承包商就不得不停工待料了。

建造开始并持续加工，到所剩的钱仅够再花一个星期的时候，约翰恰好和大都会人寿保险公司的一个主管在纽约市一起吃饭。他拿出经常带在身边的一张蓝图，想激起他对兴建大厦的投资兴趣。他正准备将蓝图推在餐桌上时，主管对约翰说："在这儿我们不便谈，明天到我办公室来。"

第二天，当主管断定大都会公司很有希望提供抵押贷款时，约翰说："好极了，真是非常的感谢，现在唯一的问题是今天我就需要得到贷款的承诺。"

"你一定在开玩笑，我们从来没有在一天之内为这样的贷款进行承诺的先例。"主管回答。

约翰把椅子拉近主管，说："你是这个部门的负责人。也许你应该试试看你有没有足够的权力，能把这件事在一天之内办妥。"

"那好，让我试一试吧。"主管满意地笑着说。

事情进行得很顺利，约翰在自己的钱花光之前几小时拿着到手的贷款回到了芝加哥。

情景 *13* 庆功宴会，表扬为先

在庆功宴会上，表扬的语言要简洁、精练，使听者在较短的时间里获取较多有用的信息，这样才能收到良好的效果。反之，空话连篇，言之无物，必然误人时光。同时，语言要力求通俗、易懂，如果不顾听者的接受能力，用文绉绉、艰涩难懂的语言，往往既不亲切，又使对方难以接受，结果事与愿违。有的庆功宴议题不明确，中心不突出，议论问题不着边际，仿佛不长篇大论就显示不了水平似的，这样的"马拉松式"的庆功宴会根本起不到鼓励员工的目的。

（1）坦诚真实，恰如其分

庆功宴会上，领导者发言要有情有理，表扬恰如其分。一方面显示坦诚的态度；另一方面又尊重对方。这样就使双方易于沟通，扩大了双方的共识。

假如你有个朋友取得了某项成就，你说："真不容易。"他听了会感到高兴，因为你肯定他做出别人没有作出的贡献。倘若你说这是一项"划时代的伟大贡献"，"揭开了某某领域的新篇章"，"是一座里程碑"，那就会使对方感到不舒服，甚至还会引起误解，认为你是借此来讽刺他。事实上，你也许丝毫没有冷嘲热讽的意思。为什么会产生这种错觉？就是因为你的表扬太过分了。

（2）"大小"并重

所谓"大"是指突出的优点和长处；"小"是指微不足道的优点和长处。表扬前者的必要性比较容易理解，对小优点、小长处进行表扬，有些人就认为没有必要。其实，在现实生活中，一个人不可能经常做出令人刮目相看的业绩。所以，我们不应对平凡小事视若无睹。只要是好事，尽管它微不足道，在庆功宴这样的场合，也应当表扬几句。这样，被表扬者的行为也就得到了强化，对你的好感也会增加。当然，表扬的程度应当适度，小题大做也会使人觉得有失真诚。

（3）紧扣主题

我们平时与人寒暄或作简短的交谈，一般都比较随便，但在正式场合，比如庆功会这样比较正式的讲话，情况就不一样了，这要求说话者对所说的内容要有深刻的理解，并对整个说话过程作出周密的安排。应时刻把握主题，突出重点，不管怎样穿插题外话，不管转了多少个话题，都不偏离说话的中心。

（4）言之有序

表扬不能仅靠材料堆积吸引人，还要靠内在的逻辑力量吸引人，这样才有深度。与写作相比，表扬是口耳相传的语言活动，没有过多的时间让听众思考，所以逻辑关系要更为清晰、严密，善于提出问题、分析问题、回答问题，观点和材料的排列，要便于理解、记忆和思考，所以要较多地采用由近及远、由浅入深、由已知到未知的顺序安排。当然，时间顺序最好按过去、现在、未来进行安排，这样容易被听者记住。

（5）说话要言简意赅

说话简洁会给人一种生气勃勃的感觉。在庆功宴会中，简洁的语言常常能比繁冗的话题更吸引人，它能使听众在较短的时间内获得较多的有用信息，有助于博得听众的好感；也体现出说话者分析问题的快捷和深刻，这一语言风格也是时代风貌的反映，尤其为人推崇。

（6）说话要富有激情

每个人都有激情，只是在现实生活中，很少有机会表现出来，加之一般人都不愿将自己的感情当众流露，因此，人们总是通过交流或者参与某种活动，在一个大家都非常投入、十分忘我的氛围中，以满足这种感情流露的需要。

其实，每个人当众说话时，都会依自己倾注于谈话的热心程度而表现出不同的热情与兴趣。在庆功宴会上，如果我们能够调动自身的激情，以情感人，那么，听众的注意力便在我们的掌控之下，我们就掌握了开启听众心灵之门的钥匙。

（7）精心遣词

说话需要注意遣词，恰当的用词，不仅可以准确地表现自己的意思，而且能够起到感染听众的效果。当我们所说的话用了恰当的词语，会很容易在感情上引起共鸣，若是用的不恰当，也许引起别人的反感。同样地，借着所用的"字眼"也可以让别人了解我们崇高的心志和愿望。

历史上许多伟大人物就是因为善于运用语言激励别人，使其决心跟随着他们奋勇开拓。

在庆祝会上，双方的总经理频频祝酒。一方的公关部主任站起来，对双方的合作进行了一番令人叫绝的描述："我们两家公司，一家在海南，一家在河南，可以说是'南南合作'。各位知道，国际上的南南合作是世界经济发展的共同体。我们两家公司的'南南合作'，是联谊发展的姊妹连体。我们南南相助，南南相连，南南相合。现在，我可以告诉各位，我们这种秦晋之好的合作已结出了丰硕成果。今天正好是七月七，喜鹊已把天桥架通，愿我们天天都在七月七中度过。"

这段祝酒词，巧妙地运用了"南南合作"、"姊妹连体"等比喻，生动地道出了两家公司配合默契的联合，并对发展前景作了乐观的预测，寓意十分深刻。

【主持情景口才】

控制各种场合的语言艺术

听众或观众像一群不听话的孩子，主持人只有掌握一些口才技巧，才能使他们"规规矩矩"，成为最听话的和最合作的"孩子"。总之，一张名嘴可以走遍天下，秀出自己的"声音名片"至关重要。

情景 14 当好主持，妙语连珠

有人说，"主持节目就像交响乐团的指挥"，这句话非常中肯。指挥得好，演奏就美妙动听，指挥不好，演奏就会失败。因此，主持人的责任是重大的，他们就是节目的主帅。

好的主持人，不仅能够主持好自己的节目，而且能最大限度地调动观众或听众的情绪，让他们参与到节目中来。因此，我们常常为一些优秀主持人的精彩口才拍手叫好。由于所主持节目或活动种类不同，主持的对象、内容、职责不同，对主持的语言要求也不一样。大体说来，对主持的语言有如下要求：面面俱到，能说会道，不程式化，少而精等。

（1）面面俱到

被主持的往往是一个群体，其间有各个方面、各个层次的人物。像一场文艺晚会，参加者有演职员，有观众，男女老幼都有。主持人面对的是全体参加者，因此务必照顾到全体人员，说话不忘"面面俱到"，不要忽略参与活动的任何人员，否则不仅会引起一些人的不快，还可能带来麻烦，甚至导致所主持的节目失败。例如：

一次文艺演出开始，节目主持人在开场白中首先向所有参加者致意："各位领导、各位来宾、热情的观众朋友们、演职员同志们：你们好！"文艺演出结束，主持人在向大家道别时说："演出到此结束，向演职员们道一声辛苦，祝各位领导、各位来宾和热情的观众朋友们晚安！再见！"

(2) 能说会道

口才的好坏对主持者来说十分重要，主持者用语不仅要简明扼要，还要求口语化、生活化、充满人情味，要像拉家常一样温和亲切，活泼生动。

徐曼曾经在主持中央人民广播电台《空中之友》节目《香蕉与彩色电视机》的首段这样说："听众朋友，您好！我是徐曼。当我开始这次节目的时候，我忽然想到，我的孩子想吃香蕉，要我中午带几个回家，说实在的，如果说买苹果、买梨，在北京到处都是，很容易买。什么烟台苹果、辽宁苹果、天津雪梨、天津鸭梨、鸡冠苹果、锦红苹果等等，那真是想买什么就有什么。可是呢，孩子要我买香蕉，那就不容易了。在北京市场上就好久见不到香蕉。"

这似乎在和听众拉家常，显得十分亲切，很自然地引起听众的兴趣，缩短了主持者与听众的距离。

(3) 不程式化

庆典、舞会、集会等活动，是有一定程式的，相应的主持也有程式，但是，太程式化就不受欢迎。主持每一次活动，都应根据时间、地点、对象、内容，因地制宜使用语言。如主持青年人的活动，语言应当活泼明快，充满朝气；主持政治性的活动，语言就要庄重、质朴，富于哲理。有时由于受众的文化程度、欣赏水平不同，也需要根据情况来调节内容和语言。只有适时调整，摆脱程式，所主持的节目才会有吸引力，所主持的活动才会圆满成功。

被誉为"江南第一名嘴"的主持人叶惠贤，在一次主持卡西欧杯家庭演唱大奖赛时，有一位女婿和丈母娘一起登上赛台，不料，这位担任独唱的女婿临时改变了原定的参赛曲目，另选了一首《再见吧，妈妈》，对于这突如其来的变化，叶惠贤不仅没有惊慌失措，反而抓住了这一契机，生动有趣地说道："这您就不对了，有了丈母娘，就'再见吧，妈妈'，这也不合适呵。"

由于叶惠贤巧用参赛人员的关系和参赛歌曲名称的"矛盾",对这位女婿进行严肃的"批评",一下子把全场的观众逗乐了,场上的气氛顿时活跃了起来。等到这位女婿在掌声中唱完了这首动人的《再见吧,妈妈》时,叶惠贤又抓紧机会补了一句:"听得出来,您对妈妈也是很有感情的!"一句话,又将这位歌手的演唱效果与他对母亲的感情联系在一起。话音刚落,全场爆发出了雷鸣般的掌声,气氛达到了高潮。

(4) 少而精

常见的社会活动和文艺活动,其重心在活动而不在主持人。此时,主持人的话不宜过多,否则就会喧宾夺主,使受众感到厌烦。出色的主持人只是用最简洁精练的语言,就使受众异常兴奋和赞赏不已。成功的主持人开口即破题,一语中的;收场则干脆利索,戛然而止,令人回味无穷。

有人主持一次庆功表彰会,是这样结束的:"庆功结束时我想到了一件事:有人问球王贝利哪个球踢得最好?回答是:下一个!有人问名导演谢晋哪部片子导得最好?回答是:下一次!有人问一位名演员哪个角色演得最好?回答是:下一个。看来我们在庆功表彰中也应当牢记:下一个!散会。"这位主持人以人所共知的信息,用了很恰当的排比句,表达了一种寓意深刻的思想,既总结了庆功表彰的意义,又对将来提出了殷切的希望,话语不多,效果很好。

(5) 开场精彩

开场白很重要,有些节目往往是开场时就表现出了它的特点。一个好的开场,有利于吸引观众或听众的注意力,增强他们对该项活动的兴趣,所以,一般的主诗人都非常注意开场,而且许多人也很在乎开场。例如:

某高校邀请话剧《光绪政变记》中慈禧太后的扮演者郑毓芝作演讲,主持人是这样开场的:"同学们,今天我们好不容易把'老佛爷'慈禧太后请来了！'老佛爷'郑毓芝同志在戏台上盛气凌人，皇帝、太监、大臣见了都诺诺连声，磕头下跪；在台下却和蔼和亲，热情诚恳。她方才和我谈起，她还曾扮演过《秦王李世民》中的贵妃娘娘，话剧《孙中山》中的宋庆龄。她是怎样把这些截然不同的人物扮演得栩栩如生呢？下面请听她的演讲。"

(6) 注意衔接

节目或活动的各部分不是自动成为整体的，需要主持人从中穿插连接。主持一场活动，一般都要在中间搭桥接榫，过渡照应，把整个活动连缀成一个有机的整体。这个连接过程是主持人发挥其机智和口才的过程，也能够显示主持人的组织能力和概括能力。主持人用连接语不外乎承上启下：肯定前面的，画龙点睛；突出后面的，渲染蓄势。用连接语，既可顺带，也可反推；可以借言，也可直说；可以设疑，也可问答，应以别开生面、恰到好处为原则。总之，不要弄成"主持八股"。

(7) 打圆场

主持节目面对的是一个个现场，而现场的情况总是很复杂，时常有出人意料的事情发生。主持一项活动，难免遇上麻烦，这是主持人不愿看到的。往往在遇到意外时，由于处理不当，而使整个主持逊色或失败。如果主持人善于随机应变，用妙语去化解或调节，就可以缓解尴尬处境，有时还能活跃气氛，收到意外良好的效果。处理麻烦是主持人的一种艺术，也是对主持人应变能力和口才的一种检验。处理主持过程中的矛盾，主要有打圆场、消除难堪和打破僵局等几种方法。

打圆场。打圆场在日常生活中随处可见，在主持过程中有时会出现冲突，为了让节目或活动顺利进行，需要主持人出来打圆场，缓解矛盾，避免冲突，使活动得以继续下去。比如在座谈讨论中，与会者意见相左，甚至吵起来。这时主持人就要出来打圆场，其方法有以下几种。

一是转移注意，接过话题自己说，或者岔开话题，换新题，把争执双方的注意力转移到另一边去；

二是联络感情，寻找双方的共同点，指出各方合理的部分，缩小感情上、心理上的差距；

三是公正评价，将双方的观点进行梳理和归纳，做出双方都能接受的评价，但不是各打五十大板；

四是引导自省，使双方从无可争辩的事实中，冷静地反省自己的谬误，达到消除误解、认同真理的目的。打圆场要靠头脑，只有中肯的语言才能平息矛盾，缓和气氛。

消除难堪。难堪一般来自两个方面。

一是听众或观众发难造成的难堪；

二是出场者或主持人的失误引起的难堪。

出现第一种情况时，要分清对方意图，如果是善意的，当以赤诚相见，好言相劝，因势利导，引入正题；如果是恶意的，则应针锋相对——接过对方的球，顺理成章地加以贬斥；或回敬——即"以其人之道，还治其人之身"；或釜底抽薪——抓住对方的弱点，揭露其想要达到的目的。总之，要有理有节，争取多数，使制造难堪者因难堪而退避。

出现第二种情况，可以解释说明，含蓄自责；或巧寻借口，金蝉脱壳；或将错就错，化逆为顺。总之要风趣化解，迅速纠正。例如：

《正大综艺》节目主持人杨澜，一次在广州市天河体育中心主持文艺演出，中途她下台阶时，不小心摔了一跤。出现这种情况，的确令人难堪。但杨澜非常沉着地爬了起来，凭着主持人的口才，对台下的广大观众说："真是人有失足，马有失蹄呀！我刚才的狮子滚绣球滚得还不熟练吧？看来这次演出的台阶不那么好下哩！但台上的节目会很精彩的，不信，你们接着瞧吧！"杨澜这段即兴演说，不仅为自己摆脱了难堪，更显示了她非凡的口才，以致她的话音一落，场上爆发出热烈的掌声。

打破僵局。一些即兴式的活动，如即兴演讲，讨论问题，主持人讲过之后，无人"打头炮"出现僵局这也是主持中容易碰到的难题。这时，主持人可以采取的方法是：

一是带头法，无人上来，自己出头，先作示范，以启发人们参与；

二是点将法，指名道姓，安排下一个，变被动为主动；

三是迂回法，讲一个故事，说一段笑话，讲一个典故，再回过头，气氛不同了，便有人跟上；

四是引导法，抓住某些人的特点有针对地作启发引导，激发其上台的勇气。

（8）掌握分寸

做任何事情，都应该注意掌握分寸。文艺演出的节目主持人，其语言和表现也一定要掌握分寸。综观各种文艺演出的主持，有几点值得引起注意：

要侃，莫侃过头。有人说，主持人就是要会侃、善侃。练好侃功，做个侃家。也就是说，作为一个主持人，没有上乘的口语表达能力，是很难胜任的，这话有一定的道理，但是，主持人的侃，必须具备较高的艺术性。一般要求主持人在短暂的时间内用最简洁、最艺术的语言，把主要情况介绍清楚，把观众情绪调动起来。

在第 22 期《综艺大观》中，中央电视台的节目主持人倪萍和侯跃文，是这样引出《拥抱春天》这一专题节目的。

倪萍（以下简称倪）：三月的南方早已是春暖花开。春天的脚步正向北方走来。春天，是播种的季节，也是生长的季节。在春天不仅可以找到生命，而且可以找到理想和希望。

侯跃文（以下简称侯）：特别是年轻的朋友，还可以找到心目中的恋人。

倪：对，因为春天是可以找到爱的季节。今天我们就找到了综艺大观开播一周年的日子。

侯：也许大家还记得，去年三月这一天，第一期综艺大观和观众们见面了！当时我们全体演职员怀着一种不安和希望的心理，播下了这一粒种子。一年以来，在广大电视观众的爱护之下，这粒种子已经长成了一株亭亭玉立的小树。

倪：是的。在今年，在又一个春天到来之际，让我们一起拥抱春天。

有些主持人不是这样，他们往台上一站，好像不是在主持节目而是在表演单口相声；有的主持词离题千里，把观众的耐心都侃没了。

要乐，莫乐过头。文艺演出要使人欢快愉悦，节目主持要制造欢乐气氛，这是常理，所以主持人上台时大都是精神饱满，神采飞扬，笑嘻嘻、乐呵呵的。这是运用自己的欢乐神态去感染观众。可是，有些主持人似乎对这种"乐"的作用不太清楚，不懂得它应当产生的效应。因此，未在"逗人笑"上下工夫，只是自己笑得合不拢嘴，甚至又是弯腰又是低头，而观众并未见到笑料，总是笑不起来，自然没有笑声，也就没有掌声了，这样自娱自乐，就有点过头了。

要抢，莫抢过头。有些大型演出安排多人主持，这就有个相互配合的问题。有时根据需要，会故意安排一些"抢戏"，即抢着说两句话，可以扣住观众的心弦，增强吸引力和感染力。

情景 15 会议主持，口吐莲花

主持会议时，主持人扮演着助长剂的角色。如何让其他人都积极参与进来显得尤为重要。因为听众参与的越多、问得越多、配合得越多，主持人的主持就会越成功。

一次，张主任主持召集全单位人员开会，当时会场比较嘈杂，听众情绪还未安定。张主任这样开头了："有个笑话说，张飞和关羽参加一次刘备召开的军机会议，当时大家正交头接耳，刘备无法讲话。张飞说：'哥，看我的。'于是他用在长坂坡喝退曹军的大嗓门吆喝了一声。结果，大家没有平静下来。关羽说：'小弟，你那手不行，还是看我的。'于是，他便坐到刘备的位子上，捋须凝目，似有所思。这下子大伙儿觉得奇怪，倒安静下来了。其实，这只是个笑话，刚才大家交头接耳，现在为什么静下来了？这个问题留给大家思考，我今天所要讲的主要内容是……"

生动贴切的故事，立刻引起了听众的注意，会场很快安静下来了。

还有一次，情况正好相反。张主任要讲话了，会场气氛太严肃，跟讲话的内容不协调。为把气氛搞活跃些，张主任又做了这样的开头："有个善于演讲的人总结了一条经验，要调度会场情绪，只要注意看两个人：一个是看长得最漂亮的，看着这个人，可以使你讲话更有色彩；第二个是要注视会场上最不安定的那个听众，镇住他，使你讲得更有信心。我想学习这个方法，可咱们这儿长得漂亮英俊的有一百个，却没有发现不安定的听众，这可叫我难办了……"

风趣的引题，很快使大家的情绪得到缓解，全场气氛不再紧张。

有口才的人，几句话一点拨，与会者便会万语喷发，滔滔不绝，气氛热烈；没口才的人，只会单调地重复"大家说啊""随便讲嘛！"结果大家都不说，也随便不起来，造成众口缄默，相对静坐的局面。

主持一个会议，让多数与会者都能知无不言，言无不尽，重要的是引导与会者充分发表意见，积极参加讨论。

怎样使与会者愿意说话，而且说得透彻、畅达，这就需要会议主持人灵活地驾驭。下面的方法值得借鉴。

（1）激将法

主持人有时需要用反面的话"刺激"一些人，促使他及时发言。

"老黄，您今天一言不发，看来是想'金杯漱口'了！"旁边很可能有人接口："老黄向来能说会道，今天怎么甘拜下风呢？"这样一激，老黄还能不一吐宏论吗？

（2）指名法

主持人讲完开场白，让大家发言，开始时容易出现冷场，主持人可适当指名。如：

老张，您对这个问题很有研究，今天一定有好主意，先讲讲吧！

老王，您大概早就考虑好发言内容了，大家就等着听您的高见哩！怎么样？光带个头吧。

万事开头难。有人开了腔，下面就会有人跟着讲。

（3）点拨法

许多问题不是一开始就明了的。当大家对某个问题还似明非明时，常常难以发表看法。主持人应抓住关键，适当点拨。

这个问题正面一时看不清，假如反过来看呢？从它究竟有多少弊端的角度看，是否应下决心解决呢？

（4）启示法

利用有启发性的问题，开拓思路，引导讨论。

如在讨论"私营企业主能不能入党"时，主持人问：

有人主张应该吸收私营企业主中的优秀分子入党，这样才有利于引导和发展私营经济。有人表示反对，认为私营企业主同工人之间实际上存在着剥削的关系，对有剥削行为的人不能吸收入党。大家认为哪种观点正确呢？

（5）复述法

某人的发言十分精辟，主持人对此也有同感。为引导大家循此深入讨论，可复述他发言的要点。

老郑认为，我校提高教学质量的关键，不在于严格考勤、考试上，而在于联系实际改进教学方法，说得很有道理。大家对此议论一下吧！

这样一说，讨论也有了方向，会议就会深入一步。

（6）收束法

讨论会上，会出现离题现象，发言人天南海北，离题万里。此时，主持人要及时收束，使其回到本题。运用收束法时，应注意不挫伤发言者的积极性，要十分自然地收束圆场。

老陈等同志说到的问题，确实是存在的，他们的看法也很有价值，今后可专门为此开讨论会。不过，今天的中心议题是如何制定超产奖金的发放规定，大家应集中对这个问题进行思考议论。

（7）比较法

有时会上会提出几种不同意见，这时主持人便可简要归纳，引导大家从比较中看出优劣，从而顺理成章形成结论。

对第四季度的工作安排，现在有三种方案：一是……二是……三是……同志们可以比较一下，选定一种最佳方案。

（8）谐趣法

当会上不同意见争论过于激烈，发言者声音越来越大，大有一触即发之势时，主持人要用幽默的语言，诙谐风趣的插话，及时"降温"，使双方冷静地分析对方的意见，达到求同存异。

"同志们，别激动！听说高分贝的声音会把耳鼓膜震破，为了不让我们都变成聋子，我建议大家发言时把音量降低20分贝好吗？"几句话引得哄堂大笑，会场上的气氛也得到了调节。

（9）过渡法

用适当的连接词，把会议的一项内容过渡到另一项内容。

既然大家都认为搞联营是使我厂发展壮大的必由之路，那么，和哪些地区、哪些单位搞联营呢？请大家提供一些确切的信息。

这样承上启下的过渡，会把讨论的内容引向深入。

（10）劝说法

讨论会上，难免会发生一些不快，有人针对不同意见者言辞尖刻，刺伤了他人；有人发言过多，垄断了会场。主持人要以委婉的言词，作适当的劝说。

小李的发言也是一得之见，从正面理解，有其合理的部分，不应过多指责。再说，言者无罪！人人都可以讲话嘛。

讨论会要各抒己见，让大家都发言，小蔡说了好几次了，算是一家之言。到会一二十人，就是一二十家，最好是各家争鸣。还有十多家没发言，请你们都说说吧！

（11）总结法

会议开到最后，都要进行总结，总结方式相当重要，既要符合会上的气氛，又要符合与会者的心理。主持人精要的总结，可以再次鼓动与会者表的情绪，提高会议讨论的质量。主要方法有归纳法、启下法及鼓动法三种。

①归纳法

把会议的主要成果提纲挈领地概括出来，加深与会者的印象。

今天我们学习了党的十四大文件，主要收获是统一了对建立社会主义市场经济体制的认识，弄清了以下两个问题：一是……二是……现在，方向已经明确，路子已经找到，让我们今后在各自的岗位上大显身手吧！

②启下法

用本次会议中提出但未得到解决的问题作启发，为下次会议作铺垫。

今天大家摆了不少问题，其中"为什么乱摊派之风屡禁不止？"提得很及时很深刻，只是限于时间问题，今天没有充分讨论。请大家会后广泛收集材料，深入思考，以便下次再议。

③鼓动法

用鼓舞人心的话语作总结，以强化会议精神。

在一次救灾总结讨论会上，主持人最后说："世上总是好人多，灾难无情人有情。这次抢险救灾中，真正体现了一方有难，八方支援；一家受灾，千家关怀。这次讨论交流，大家不仅叙述了许多感人的事迹，而且反映了他们的崇高思想。愿这种精神进一步发扬，愿我们的社会变得更加美好！同志们，大力宣传吧！带头倡导吧！"

（12）程式法

程式法是指主持会议具有一定的程式。开始是一段开场白，然后按步骤或项目主持会议。主持人在主持报告和信息导向型（会议中结构最正式的一种，此种会议给予主持人很多的机会）的会议时，常用程式法主持会议，开头的开场白，可以调动听众的精神，吸引注意力，然后，为每位讲话人做一次生动的介绍，以及顺畅的过渡和强有力的结论。主持人的所作所为会让与会者觉得参加了一次组织得很好的会议。

今天，窗外阳光明媚，室内暖意融融！在新春佳节即将到来之际，我们在这里欢聚一堂，召开2007年度公司总结暨表彰大会，主要目的是为了总结一年来的工作，总结经验，吸取教训，共商公司未来发展大计，并对为公司各项工作的发展做出贡献的员工、施工队进行表彰和奖励。首先我代表力大公司感谢市美术馆对我们会议的大力支持！感谢工作人员提供的帮助！为保证会议的有序进行，在会议正式开始之前，我提几条要求：

①请所有与会人员暂时关闭手机，不要接打电话；

②不要在会场内、外来回走动，大声喧哗，或与人交头接耳；

③不要随地吐痰，乱扔废弃物，不要抽烟；

④会议结束以后，先欢送领导和来宾退场，然后依次序退场。

今天的会议有7项内容，第1项：由公司总经理徐文章代表公司宣读对陈英文同志任命的决定；第2项：由公司董事长毛昝听为陈英文同志颁发聘书；第3项：由陈总作就职发言；第4项：由石继辉代表公司宣读《公司关于颁布规章制度的决定》；第5项：由靳兆民代表郑州项目部技术人员做工作总结；第6项：由杜晓甫代表洛宁项目部技术人员做工作总结。第7项：由郭海涛代表伊川项目部技术人员做工作总结。

（13）中立法

中立法就是主持人在主持过程中采取中立和不偏不倚的态度，通过培养适宜的气氛来锻炼能力，对创造性和脑力激荡型的会议来说，非常适合这种方法。

情景 *16* 电话主持，话语生动

在 Internet 及通讯发达的时代，随着移动办公用户的增加，很多单位开电话会议的需求日益增加。要主持一个成功的电话会议有很多相同的诀窍，只要你事先把准备工作做充分，主持一个成功的电话会议其实并不是一件困难的事情。

（1） 准备工作

准备工作最重要的就是构思会议章程及目标。如果会议是结合各资源来解决问题，那么最好就以寻找解决方法及其他补救办法为目标。如果时间允许，最好把这些信息包含在会议邀请函透过 Outlook 发出。一个好的会议邀请函应该要明确的下列内容：

会议主题（Meeting Subject）

会议章程目标（Meeting Agenda & Goal）

会议开始时间（注意时区）及所需时间（Starting time and duration）

发起人的联络资料（Moderator's Contact Information）

会议拨接号码及会议密码（Telephone Conference dial – in number and password）

准备工作越充分，会议就会进行得越顺利。

（2） 提升临场自信

在所有的准备细节都完成后，接下来就是提升自己的临场自信，会议开始之前可以做深呼吸，然后对自己说"我会很棒的！"这一招会让主持人临场时表现的更好。

（3） 语调及音量

电话会议中说话的语调及音量极其重要。尽量避免说话太仓促及太小声，尤其是开英文的电话会议时说话一定要清楚，句子越简短越好，尽量不要在电话会议中使用很长的句子。主持人如果担心自己不能够完全传达本意，可以给予一些例子做辅助。

（4） 执行会议章程

开电话会议时，话题应顺着已定的会议章程讨论。讨论应简洁扼要，才会更容易被吸收。尤其是多人电话会议，要尽量避免离题的话题。尽量在预期的时间内涵盖所有的章程及达成共识。

(5) 让大家积极参与发言

让大家积极参加讨论的最好的方法就是问一些能够引起人兴趣的问题。不要问"你怎么看这个和那个",而要问:"你对于 A 和 B 的关系怎么看?"对具体的人问具体的问题,最好要问一些能引发人们进一步思考的问题。

(6) 调节好语音设备

如果你在使用电话机和多人交流,那么声音的质量便是关键。低劣的音质会毁了一个本来计划得很好的会议,交流会受到影响,因为整个词句都被设备给"吞"了,听众不知道自己到底漏掉了什么。因此,必须确定是不是所有的人互相都能听得清楚。

情景 *17* 文艺节目,幽默主持

文艺节目主持人的幽默一般不以外表的滑稽可笑取胜,而是观众审美心理的愉悦和发自内心的笑意。

一个好的文艺节目主持人应当,蕴蓄智趣,亦庄亦谐,走题岔话,巧说反语,巧设停顿,趣说自己。

具体地讲,有以下几方面的特点。

(1) 语言审美选择

主持人的幽默艺术,作为一种言语行为,不只是一种瞬间摆脱窘境的应变技巧,而是具有更高层次的语用功能;它含而不露地引发人们的联想，推动对语意的领悟；既有情的酿造，也有理的启迪。

（2） 并不刻意追求效果的"火暴"

主持人的幽默艺术具有多种风格和表现形式，比较常见的是轻笔点染，一般不追求幽默语用效果的"火暴"，而是比较含蓄婉转，让人忍俊不禁或渐渐"化"开而回味无穷，所以很少运用直白，不把话说"满"、说"透"，隐藏着语言的智慧。

一次以"邻里之间"为话题的《综艺大观》，串联词是这样写的：

邻居是什么？是相互帮助的朋友，是在你困难的时候可以向他求援的伙伴，是你生活中不可缺少的友情，是你生命中相互给予的人们。

主持人倪萍觉得这段话固然不错，但缺乏特色，哪一个主持人说都可以，于是她按照自己的生活感受和语言风格改成：

邻居是什么？是你正在炒菜，发现酱油瓶子是空的，于是你就敲门要点酱油的那家儿，是你出差了可以让他常看看门锁是否被人撬开的那家人，是你家房子冒烟了能第一个去打119的那家人。

（3） 体现美好的情怀

文艺节目主持人的幽默艺术不是语言技巧的卖弄，他必须时刻注意接受对象的接受程度和情绪反映。否则幽默就会出现"有去无回"的尴尬，即"幽默搁浅"。

京城有很多老人喜欢到八大处爬山锻炼身体，而且边爬边喊，但是这"喊山"的声音惊扰了小鸟，会使小鸟的激素分泌紊乱，影响它们繁殖后代。元元在节目里做了报道和分析，她没有简单生硬地指责批评，而是既善解人意又将心比心地找到老人疼爱小辈的角度来劝服"喊山"的老人：

来爬山的多是一些老人，其实说起来也都是一些老小孩。看到他们的积极、健康、乐观，让我们特别受感动。他们乐观是因为他们热爱生活，热爱生活也就一定热爱小鸟，就像爱他们自己的孩子一样。我想老人们一定没有想到喊山会把鸟儿喊醒，如果想到了，肯定也就不会这么做了。因为老人们是最善良的，最富有爱心的。比方说，每天早晨离开家门的时候，不就是轻手轻脚、生怕吵醒了儿孙们吗？

（4）语言技巧

能准确地掌握、使用并且能够有感染力地传递幽默，是文艺节目主持人的一项重要的语言能力。应该说，幽默对于文艺节目主持人而言是一个高难度的语言动作。唯其难，才有驾驭、掌握它的必要和渴望。那么，在文艺节目主持当中，哪些方法可以带来幽默效果呢？下面试举几法。

①夸张手法

所谓夸张，是根据表达需要，对客观事物的某些方面故意进行，言过其实地进行扩大或缩小从而引起想象力的修辞手法。

杨澜曾在一期《正大综艺》节目中"漫游"位于北极圈的加拿大，那里很寒冷。她夸张地说："是啊，我也听说那儿冷，说是有两位加拿大人在屋子外面说话，那天冷得出奇，话一说出口就冻成冰碴儿了，那听话的人赶快用手接住，进屋用火烤了才听见说了些什么……"这一夸张的运用显得十分活泼、俏皮，顿时观众笑得前仰后合。

②错位思维

语言的关联准则规定了说话要切题，不说和话题无关的话。幽默的发出者往往运用关联性不是很强的话语去间接表达自己的意图。这种思维方式的特点在于反常规性，经常不按常规的思路去想问题，由此来发现和捕捉喜剧因素。

③适当自嘲

所谓自嘲，就是在适当的场合有意识地进行自我嘲讽，以求达到一种轻松、诙谐的效果。在使用幽默时应该淡化甚至完全消除俯视性的精神"优越感"，而使幽默风趣在共同存在的"同构"关系中完成。就是说，主持人既可以幽默对方，也可以"幽默自己"，以此创造一个和谐的"幽默同构体"。

央视主持人崔永元最初在电台主持节目时这样介绍自己："我姓崔，叫崔永元。'永'是永远的'永'，'元'是元帅的'元'。这两天我收到观众来信，崔永帅收，瞬间出了一身冷汗，因为最初是想说'元'是元旦的'元'。"

仅是一个名字的介绍就让听众在轻松的笑声中留下了深刻的印象。

④语带双关

双关是利用词语的同意或同义的关系，发挥其在特定语言环境中的双重意义，言此喻彼，巧妙地传递蕴藏在词语背后信息的修辞手法。

叶惠贤在综艺节目主持中就有大量成功的现场语用事例，"妙用双关"是他惯用的幽默技巧。如他主持的第二届"卡西欧杯"家庭演唱大奖赛第四场复赛，在介绍初福之家庭中老两口的兴趣爱好时说："初福之是复旦大学体育教研室主任，这是他的爱人。老两口非常有意思，他是搞体育的，非常喜欢文艺；她是退休音乐教师却非常喜欢体育，两人就像饭窝里种鲜花——能文（闻）能武（捂）……"

这种主持方式，无疑增加了现场的喜剧效果。

一次，嘉宾中的下岗女工谈到自己曾在家具城打工却分不清家具的材质，崔永元插话说："是挺不好分的，一次我爱人让我买家具，我在店里问好了，是全木的。拉回家我爱人一看，说'你是全木的'。"

⑤妙解口误。

在文艺节目主持中也会有一些口误发生，现场的把握和应变对主持人是一个很大的考验。此时，主持人的冷静、机智，语言的幽默、风趣会"化险为夷"，摆脱现场的尴尬，甚至会使节目更有趣味和光彩。

倪萍在主持一台游戏节目时，要求观众上台把球一个个放进筐子里，由于出语太快，一时慌乱，竟说成了"把筐子放进球里"。话一出口，倪萍马上意识到自己的口误。她边笑边歉意地说道："哎哟，瞧我乐的，把话都说反了。我也没这个本事把这么大的筐子放进这么小的球里啊，应该是把球放进筐子里。游戏开始！"

倪萍坦然承认错误，又逗乐了现场的观众，活跃了场上的气氛。

上海东方电视台主持人袁鸣在海南主持一台戏曲晚会时，把艺术家"南新燕"说成了"南新燕小姐"，当南新燕先生走上舞台时，台下一片笑声，袁鸣急中生智，说道："哎呀，真是非常抱歉，我望文生义了。不过，您的名字实在太美了，这使我想起一首古诗，'旧时王谢堂前燕，飞入寻常百姓家。'国粹京剧也如同堂前燕，从北方飞过琼州海峡，到海南安家落户了……"

主持人机智发挥，口误一带而过，把笑声变成了掌声。

总而言之，节目主持人的幽默是一种精心的审美选择而不是单纯低俗的"搞笑"手段。

第一期《实话实说》节目做的是《谁来保护消费者?》，在讨论中王海说明销售假货有暴利时说："好像马克思说过有百分之百的利润就可以践踏法律了"，现场观众立即鼓掌赞同，不料嘉宾北大肖灼基教授插话说："我想纠正一下，刚才王海说的不是马克思说的，而是马克思引用英国英灵格的话。"这样一来，难免让王海及鼓掌的观众有些尴尬，不等你细想，只听主持人崔永元从容地说："感谢肖先生适时地为我们开设了第二课堂!"

又是一阵掌声，更为热烈，更为友好，更为快乐，这掌声既是感谢肖灼基教授的，也是赞赏主持人的机智的，话题讨论的气氛也随之活跃轻松。崔永元因势利导，机智地扭转尴尬局面。

⑥脱口秀

脱口秀是文艺节目主持人综合素质的体现，是品德的修养，知识的积累，加上刻苦练习而形成的，其基本特征是反应敏捷，应答巧妙，脱口成章，"脱"得利索，"口"里含珠，"秀"出奇巧，充满幽默、风趣和机智。

脱口秀的技巧多种多样，有借题秀、暗换秀、双关秀等。第一，借题秀在文艺节目主持中较为常用。即借对方话题旁及另一事物或阐述另一事理，也就是借题发挥。运用这一技巧可以承上启下，或阐明超出节目范围且具有普遍指导意义观点和看法，使文艺节目内容丰富而完整。第二，暗换秀，暗换转移是运用反逻辑的方式构成的语言策略。在文艺节目中，应遵守逻辑思维的同一律这一基本规律，要求在同一个思维过程中，所运用的同一个概念，同一个判断，所讨论的同一问题，在含义上必须保持自身的同一。只有这样，文艺节目主持人的语言才能保持思维的确定性，做到语言表达的和谐顺畅。第三，双关秀，双关是文艺节目主持人常用的手法之一。在一定的语言环境中，利用语言或语义条件，有意让一句话产生双重意义，包含着两种解释，即表面意思和暗含的意思，而又言此意彼，暗含的意思才是文艺节目主持人要表达的意思，这就被称为"双关"。它使语言表达含蓄幽默，加强语意，给听众留下深刻印象。

说话需要简洁明快，干干净净，文艺节目主持人更应如此，要以洗练的语言赢得听众，使听众产生舒适愉悦感。不宜有过多的口头语，如"啊""吗""呀""也就是说"，这会减弱前后语句的逻辑关系，让人感到节目主持人思路不清。

语言的迷人之处不仅在于它是一种交流工具，还在于精妙语句中体现出的智慧能让人产生快感，因此，文艺节目主持人在语言表达上要言之有理，言之有物，将深刻的哲理蕴含于轻松自然的语言里，这一定能为文艺节目锦上添花。有一次，央视主持人崔永元主持节目：

崔永元：郭东临，这次上海夏令营被新闻单位称作"吃苦夏令营"，如果我们姑且算其为真的吃苦的话，那么，您觉得吃苦有什么必要呢？

郭东临：说实话吗？

崔永元：说实话，实话实说嘛。

郭东临：没必要。（笑声）但我觉得若有这笔钱为什么不能让穷苦的孩子也过上幸福的生活呢？为什么不能让山区的孩子到城市来体验一下城市的生活呢？（掌声）

崔永元：您的意思就是应该把孩子吃苦的这笔钱花在苦孩子的幸福上面来。

语言能够体现文艺节目主持人的才华、智慧，表现出个人的不同风格。文艺节目主持人要更好的应用语言，找到语言崭新的角度和最佳切入口，为塑造节目的形象，为达成节目的目的服务。

情景 *18* 视频主持，锤炼口语

视频节目主持人在主持节目时，首先要注意语言的通俗易懂。主持人的语言是"说"给听众听的，而不是"念"给听众听的。若照着稿子念，那肯定就"说不好"。甩掉稿子或者拿个提纲，就能谈笑风生，说得亲切自然。

视频主持的口语，不同于生活中的口语。生活中的口语，一般是边想边说，甚至是不加思考，脱口而出，特点是句子短，结构简单，甚至不完整；有重复、有脱节、有补充、有插说，说不明白或者说错了的还可以重说。而主持人的口语，面对众多的听众，要在有限的时间内传播较多的信息，因此主持人的口语，必须是经过反复加工、提炼的口语，是一种适合于特定场合，具有特殊的语言结构方式、特殊语感和特殊语言交流功能的口语。使用这种口语，要使人感到既简练明快、干净利落，又温和亲切、活泼生动。对主持人的口语有以下几点要求。

（1）易于为大众接受

一般地说，视频主持人所面对的观众或听众，是一个群体，因此，视频主持人先应对这个群体有所了解。因为不同的群体他们的经历、职业、文化教养不同，对语言形式的识别能力、语言意义的理解水平也不一样，这种差别就是人们接受语言的个性。主持人在组织语言的时候，应该充分考虑和掌握听众语言的这种个性。比如主持青年会议和青年节目，就要适应青年人的好胜、好强、好思索等特点，其语言应该是活泼明快、充满朝气、哲理性强、寓意深刻的。其次，主持人在组织语言时还要注意掌握听众语言的共性。听众接受语言的一般规律是：喜新厌旧、喜奇厌平、喜短厌长、喜真厌假。

台湾的节目主持人凌峰，是人们十分喜爱的"丑星"。他皮肤黝黑，额头上布满条条的皱纹，他在内地第一次亮相，便显露出自己的光头，取笑自己的长相"写着中华民族五千年的沧桑史"，多灾多难"使人忍无可忍"。这种自嘲式的幽默正是他获得成功的重要秘诀。他自我介绍说："我是 50 岁的皱纹，40 岁的年龄，30 岁的形象，20 岁的精神。"他一出台就含笑说："很高兴又见到你们，很荣幸你们又见到了我！""我总会发觉，男人们在我面前都显得很自信……"如此幽默的语言总是博得听众热烈的掌声。

在接受语言的同时，还伴有平等心理、参与心理、逆反心理。因此，主持人在组织语言时，要适应听众心理的变化，使主持有一定的程序但不程式化，有条理而不呆板。

（2）保持个性

每个主持人都有个性，听众也希望看到有个性的主持人，每个主持人的语言都应该具有自己独特的个性特点，要和自己的身份相符。但作为主持人，给人的感觉首先应该是温文尔雅、有知识、有教养、有人情味。如果居高临下、锋芒毕露、表现过分，动不动就对文艺节目或会议内容发表长篇大论，势必喧宾夺主，冲淡主要内容和预期效果，使听众感到厌烦同时，更要切忌语言庸俗、指手画脚。

如有的视频主持人动不动就说："请大家鼓掌欢迎！""这个节目好不好呀？"之类，成了听众观众的导演，更像老师对待小学生，令人生厌。还有些主持人，动不动就说："请允许我……"给人一种"造作"之感，使人听了不舒服，产生厌烦。

（3） 突发情况，随机应变

一般的视频主持活动，有一定的等候时间，在这段时间内，难免会遇上各种情况，这就需要主持人随机应变，用巧妙的语言化解和调节。比如在座谈讨论会中，主持人讲过之后，无人开头，形成僵局；或者一人发言完毕，无人接上，形成僵局。遇到这种情况，主持应尽快想法打破僵局。或者做表率，自己先讲，做个示范，或者直接点将，安排"下一个"。

当然，也可以采用迂回的手法，可以讲个故事，讲个笑话，活跃一下气氛，在潜移默化中启迪思路。这样的轻松方式也不失为一种可选之法。对于说起话来没完的人，主持要及时礼貌地提醒他抓住要点，尽量简洁些。

在主持人不慎出现失误时，幽默是最有效、机智的解围方式。

一次，台上的某视频主持人对着一个中年男子喊道："钱先生，请你谈谈自己的观点。"只见中年男子尴尬地站起来，下面熟悉他的观众立刻私语起来。主持人立刻意识到了自己的错误，因为那个中年男子不姓钱，而姓李。主持人当即改口说："我是祝福李先生：钱途无量。"

（4） 巧妙应对发难

有时，视频主持人会碰到来自听众的发难。这时，主持要先冷静地思考分析一下，人家为什么发难？动机是什么？而后分别采用不同的对策。对于善意的发难，应以赤诚相见，可以直接说明和解释，也可以因势利导，引入正路，还可以来点调侃。对于恶意的发难，则应采取外柔内刚的方法针锋相对。

（5） 句式简短

交谈中，交谈者是没有多少时间措辞的，一般都是直抒己见，不加修饰。所以，使用的语词功能都很单一。语句结构也极其简单，多用不作精细组合的语句。就一个单句来说，由于词语排列不整齐，成分不齐全，就必然要依附语境。离开具体的语境，这个单句的意思就无法弄明白。这是口语语言，尤其是主持语言的一个明显的不同之处。

(6) 情真意切

交谈，都有固定的、明确的对话者，所以，交谈双方的对象感都很强。在交谈中，承接呼应十分紧密自如。既有对交谈对方的感情，又有对共同关心的话题的感情。这些感情的流露，就会使交谈情绪多姿多彩，有的轻声细语，有的口若悬河，有的嬉笑怒骂，有的插科打诨。可以说，任何交谈都是有感而发，没有无任何感情色彩的交谈。有感情内容的交谈都能打动人心。

在"奥普拉脱口秀"节目中，奥普拉打动观众的秘诀，最重要的是她的真情，她不想利用观众，也不想捉弄观众，对观众始终怀有推心置腹和愿意与对方分享一切隐秘的真诚。有关她的生命之战的谈论，深深影响和吸引了众多美国人。她对曾经吸食可卡因一直耿耿于怀，她说："这件事是她一生中的一个大秘密，一件令她感到可耻的事情。脑海中经过激烈交战，自己究竟告诉不告诉公众，这件事曾一直困扰着她。"

1995年，在一次节目中，她与几位吸过毒的妈妈在一起谈话，当一位母亲说到因为怕失去男友才吸了毒的时候，她马上想到："那也是我的故事！"第二名妇女告诉她，之所以参加她的节目是因为奥普拉敢于说实话。对此，奥普拉冲口而出自己心头的大秘密："我也吸过可卡因！"场内外的观众听之举座皆惊，继而大声喧哗，而奥普拉则感到一阵平静从内心升起。她对惊惶失措的同事们说："一切都会好的，没事。"岂止没有事，她从此解放了。

(7) 话题交换

交谈过程，是由一个个语句群落连接而成的。每一个语句群落，又都可以从整个语流中切分出来。切分语句群落的界限，就是看话题是否转移。在一个语句群落里，原则上只有一个话题，各个单句都是从不同侧面阐述、证实、引申这个话题的。一旦话题有了转移，就标志着这个语句群落的结束。同时，也是另一个新的语句群落的开始，整个交谈过程，包含许多语句群落，每个语句群落里都蕴含着不同的话题。正是由于不同的小话题的不断跳跃。变换、转移，才推动了交谈过程的发展和延续，主持才得以顺利地进行，内容得以不断充实。

(8) 语脉连贯

两个人交谈的时候，一般都是边看、边想、边谈，想到哪就说到哪。所以，从一段交谈来看，好像是信马由缰，无所拘束。但是，交谈全过程，还是按照一定的思路推进的，有一个串联而下的连贯语脉，正是这个连贯语脉，才使整个交谈松而不散，有弛有张，交谈只靠语脉连贯，也会出现一个问题，就是语序的不规整。从一个交谈句式来看，先是突出了关键词语，接下去是对这个关键词语的补充、修正和引申。其间还要夹带一些语气词、习惯语和其他重复、拉杂的语言成分，看似很散，但形散神不散，很容易把握其主旨。

我们可以看到，交谈和其他表达思想的手段比起来，特别是和书面语言比起来，有其巨大的优势，但是，也有美中不足之处。我们应该好好研究它，兴利除弊，创造出更好的思想表达手段。交谈式，作为一种播讲方式，它源于交谈，但是，又不等同于交谈的自然形态。这种播讲方式是在一个人播讲的时候，采取了经过某些改动的两个人口语生动、自如交谈的形式。也就是说，采用这种播讲方式和听众唠嗑，听众听起来会感到是播讲人在和自己交谈。由于播讲方式这样平等而亲切，播讲内容也就易于为听众所接受了，会收到更好的播讲效果。

情景 *19* 婚礼主持，演说喜庆

婚礼主持人为新人举行隆重的婚礼仪式时，要用简短的语言营造出欢乐祥和的气氛。要让新人感到幸福与神圣，让来宾共同感染婚礼的热烈情绪，一位气质高雅、风趣幽默的婚礼主持人一定会为你的婚礼欢乐的氛围。

（1）分清谁是主角

婚礼的主角是谁？自然是当天喜结良缘的一对新人，婚礼主持人则要针对不同新人策划不同的婚礼内容和形式，让新人们在婚礼上焕发出最动人的光彩。

可是有些婚礼主持人由于过多地表现自己，让新人没有了空间。譬如，新人喝交杯酒、交换信物、夫妻对拜时，婚礼主持人竟然夹在中间滔滔不绝；新人入场时，婚礼主持人为了渲染喜庆热闹的气氛，用了一堆堆特喜庆的词语。新人耳朵里都充斥着他的声音，脑子里哪里还有空间遐想别的。

（2）适时沟通

婚礼主持人的工作不仅仅表现在婚礼现场，更重要的任务是与新人们沟通。婚礼主持人可以通过手势、眼神与新人们沟通，更应该与新人们实现情感上的沟通。这种情感沟通不是简单要求新人回答问题或是表现亲密，而是要更深地挖掘新人们情感历程中最闪光的故事或经历，通过一些形式让它在婚礼现场表现出来，与来宾们一起分享那段幸福。

(3) 创意多些，再多些

介绍新人时，多数婚礼主持人的用词都还停留在形容外表的词汇上，不外是新郎英俊潇洒，新娘美丽动人，这难免俗套。其实介绍新人不止于外表，更重要的是要挖掘新人内在的东西，譬如结合他们的职业、爱好、性格、恋爱经历进行一番个性化表述处理，也能更好地实现新人、来宾内心真实的共鸣。

有许多婚礼主持人的语言表达能力很出色，运用了大量非常好、非常动听的词，但都只是简单堆砌，没有实际内容。就像一位婚礼主持人能一口气说 66 个四字祝福语，但除了词语叠加外，不知道连在一起还有什么别的更深意义，听的人也感觉很累。

丰富的内容还表现在独特的创意、新颖的形式上。在此次比赛中，很多选手都设计了交换信物的一幕。送手表都表达要早点回家或是"钻石恒久远，金表永相伴"。可以在婚礼上调好这块新手表的时间，表达幸福的生活白这一刻开始，也可以调准一对情侣表的时间，表示两个生命从此同步，从此同行。其实形式出新的关键在于婚礼主持人要突破模式，用心去想，用心去做。

(4) 注意情感的调度

要想别人感动首先得自己感动，有不少主持人总是片面要求"请来宾们给点掌声"，这会让人厌烦，只有通过情感的调度或是新颖的形式，才能赢得来宾真诚的掌声。在情感调度时要尽量生活化，不要戏剧化，要多提炼生活中真诚的部分。

(5) 注重临场发挥

主持婚礼没有排练的机会，都是"现场直播"，对于婚礼主持人来说，每一个细节都要提前想到，并能随机应变。

除上所述外，婚礼主持人还应具备以下素质。

语言：要能说会道。婚礼主持人作为全场的主导，语言能力是非常重要的。能说会道并不等于低级趣味的玩笑，当来宾提到尴尬问题时，既要让新人羞涩地回答问题以满足来宾们好奇加娱乐的愿望，又要适当地帮新人打圆场，度的把握是对婚礼主持人语言能力的考验。

知识：了解婚庆习俗。婚礼习俗各地有所不同，要求也会大相径庭。现在要求东方婚礼就是彻底的"花轿、红盖头、拜天地……"婚礼过程中间的敬酒、敬茶、戴首饰、谢红包等每一个环节都要重现过去的场景。

特长：有表演才艺。婚礼是喜庆场面，能说、能唱，能表演口技、相声什么的，总是能够活跃现场气氛，有时还能打破尴尬的局面，能将自身才艺融入到主持工作中，更容易得到嘉宾认可。

只有具备策划能力的主持人才能保证一场婚礼高质量地完成。如：

现在我宣布先生、小姐新婚庆典正式开始！

秋天有比春天更深厚的底蕴，秋天有比春天更夺人的魅力。金秋时节一对恋人携手走进婚姻的圣殿，他们将共同培育爱情的常青树，共同分享人生的幸福果。他们就是新郎先生、新娘小姐。

今天是你们大喜的日子。古语说吃水不忘打井人。你们能有今天的幸福，首先不能忘记父母的养育之恩。那么首先向父母三鞠躬。一鞠躬祝二老永远快乐；二鞠躬祝二老永远健康；三鞠躬祝二老永远幸福。

千里姻缘一线牵，这牵线的红娘也是你们大喜的根源。请向介绍人三鞠躬。

在座的各位嘉宾都是你们生活中的知心朋友，工作上的良师益友。是你们走向成功的坚强后盾。要想喜上加喜，就应该向他们三鞠躬。一鞠躬，祝大家笑口常开；二鞠躬，祝大家家庭和美；三鞠躬，祝大家都发大财。

现在夫妻对拜。一鞠躬，忠诚是永远的；二鞠躬，理解是必要的；三鞠躬，尊重是相互的。为了表达你们此时的幸福和欢乐，昭示你们永恒的爱情，你们一定会选择一种既传统又现代的方式来印证，请来宾们为他们出题目。

这是多么令人销魂之吻，但是终究是空口无凭。那么请新郎、新娘交换信物以表示海枯石烂不变心的情怀吧。

酒是甜滋滋的，它预示着你们的幸福；酒也是火辣辣的，它将带给你们动力。在你们携手走上人生道路的庄严时刻，喝杯酒吧！

（6）合理使用幽默语言

在婚礼上使用幽默语言，可以增加喜庆色彩，使婚礼办得更为欢快、更有情趣。

在国家女排著名二传手杨锡兰的新婚典礼上，曹惠英担任主持。其间有个节目，是客人们要新娘新郎讲恋爱史。新郎爽快地娓娓道来，大家便放过了他。轮到新娘吐露心声了，可她羞羞答答地不好意思讲，半天才红着脸憋出三个字"没得说！"意思是没什么说的。主持人曹惠英马上机敏地接过话头说："新娘的意思是说新郎好得没得说了！"

大家都朗声而笑，婚礼的热烈气氛到了高潮。

李波和程波小时青梅竹马，大了又成了一对新人。在婚礼上，主持风趣的向客人们说："李波和程波小时住在一个大院，从小就情投意合。可以这么说，'二波'从小就生长在爱河里。李波和程波，一波连一波，一波追一波，一波爱一波！今天的婚礼，就是二波相撞激起的一朵最美的浪花！"
众人齐声喊"好"。

主持人利用新人的名字巧做文章，新鲜而有文采，给欢乐的婚礼又平添了一层诗情画意。

【幸福情景口才】
家庭幸福情感表达的润滑调节剂

　　一句话可以说得亲朋好友"双脚跳"，同样，一句话也可以说得他们"哈哈笑"。对待生活中的喜怒哀乐需要我们去巧妙地说。

情景 *20* 男士初恋，话上蘸蜜

女人的心理总是难以捉摸的。男士在与女性谈情说爱时，如何成功地使女性敞开心扉，在一定程度上，要依靠你高超的口才。

皮埃尔·居里在和玛丽亚长期合作中，为她的事业心和仪表所倾倒。他听说玛丽亚要回波兰，急切地对她说："你还回来吗？答应我，你还回来！你没有权力抛开科学！"玛丽亚心领神会地回答："我相信你的话是对的，我很愿意再回来！"从此，两颗年轻的心便不再遥远。

女人对于不具体的约会有排斥的心理。譬如，"你出来好吗？"或"你和我约会好吗？"这样模糊的邀请方式，她们多半会产生反感。因为这样会给她们一种不安全的印象，她们对约会的时间与何时可以结束，常常是很在意的。

你如果这样去约她，她绝不会答应的。所以，当你和女友交往时，必须注意以下几点。

（1）适时幽默

有一对年轻的恋人约会，男青年比约定时间迟到了十几分钟，女青年撅着嘴老大不高兴。男青年见此情景不急不忙地走到女朋友身旁，微笑着对她说："我今天有一个重大发现。"

女青年默不作声，用疑惑的眼光看着他。男青年赶忙上前一步附在女青年耳旁低声说："我告诉你一件事，请你保守秘密。我今天发现，你是多么爱我。"一句悄悄话，顿时女青年脸上"多云转晴"，漾起了幸福的微笑。

（2）巧妙邀请

虽然现在的女性已比以前开放了许多，但是，由于受传统思想的束缚，女性在观念上，还是不能完全开放。她们在决定一件事情时，总是以沉默的态度作为自己的应允。这种传统思想的束缚，也正是你开口邀约她的难处之一。

例如，从一位刚与男子认识不久的女性的立场来看，当男士向她提到"我这就送你回家，还是一起去喝杯咖啡呢"的时候，如果这位女性对该男子有好感的话，心里自然是不愿与他告别。但是，若是较为保守的女性可能会联想到，单独与一位刚认识不久的男性在一起吃喝，未免过于轻浮。因此，她一定会毫不犹豫地回答说："现在我想回家。"

邀约这种女性的最佳方式之一便是采取不需要她回答，不必征求对方意见这种方式为好，直截了当地提出你的邀请。

如上例中，只要问她："一起喝杯咖啡好吗？"此时，她如果有意接受的话，可以不回答，而以沉默来代替。此时，你若一个劲儿地向她解释，你只不过是想请她喝杯咖啡，并无其他意图等，反而会触动她那敏感的神经，而提早地对你说"拜拜"了。

一位小伙子恋上了一位女孩，她是一名银行营业员，于是他就天天到银行去。

一天他又去银行的时候递给了那位营业员一张纸条和一张电影票。纸条上端端正正写着："尊敬的小姐，一年来，我一直在认真地储藏我的感情，期望有一天能得到丰厚的利息。我想，现在零存整取的时间到了。也许我参加的是一次有奖储蓄，但我相信自己一定能中奖，您说我有没有这个运气呢？"

（3）曲折含蓄

如果你和你的心上人相处时间较长，有了一定默契，那么你可以不显山不露水，把你的情感若隐若现地包含在彼此的谈话中，使她在咀嚼之余，倍感爱情的神秘与甜蜜。

有一位小伙子在参加散文大奖赛中获头等奖，得了一套微波炉。他把这个消息告诉心上人时，说："我终于有了自己的微波炉，是散文大赛头等奖的奖品哩！"姑娘也兴奋地说："那我祝贺你！""这样庆贺太没劲了，咱们搞个家宴，怎么样？"小伙子提议。"可以呀！""可是我不会做菜，没有人会操作，怎么办？"小伙子显得为难起来。"我可以试试呀！"姑娘毛遂自荐。"那敢情好，我如果能经常吃到你做的菜，那该多好啊！""只要你不嫌我做得蹩脚，我答应你就是了！"

小伙子用奖品作话题，以做饭为主线，绕了一个大圈子，终于巧妙地将彼此的谈话导入表情达意的"正常轨道"，仿佛是在不经意之间，就敲定了一桩婚姻。

翎借给菲新买的而自己尚未看的一本书，菲深情地对翎说："我借别人的书，总是很快就读完，而你借给我的这本书，怎么也读不完，可能要读一辈子，你是愿意伴我读完呢，还是让我割舍不读呢？"

他们为发展彼此的关系，利用双方的共同爱好，经常交换，推荐好书，借"书"让两人爱情的种子开始萌芽。

年轻时的马克思是这样向燕妮求爱的：

在一次约会中，尽管双方在见面之前都决心这次要向对方表露爱情，但在一起时，彼此又胆怯了。这时马克思开口了，他说："我爱上了一个姑娘，准备和她结婚，不知她同意不同意。"燕妮听了大吃一惊："你有女朋友了？""是的，认识已经很久了。"马克思接着说，"这里有她的照片，你愿看看吗？"说完递给燕妮一个精致的小木匣。燕妮用颤抖的手打开后，一下子惊呆了，原来里面放了一面镜子，她接过来看时，里面的"照片"就是她自己。

马克思这种委婉、含蓄而又幽默的求爱方式，避免了直露、冲动表达的生硬，又使爱意的表达新颖、别致，趣味盎然，给双方留下美好印象，以致回味无穷。

一个星期六的下午，一位五官端正、衣着入时的青年手捧一束红玫瑰，礼貌地敲开一间公寓的门。公寓的主人是某公司年轻女秘书海因兹。她谨慎地打开门，面对这位不速之客，她不知所措，难堪之余，这位男士连连道歉："我敲错了门，是个误会，请原谅。"然后转身离去。未走两步，又转身走过来对海因兹说："请收下这束鲜花，作为我打扰你的补偿。"海因兹盛情难却，把他请进房里，两人就这样认识了。实际上，这个偶然的误会是男青年早就策划好了的。

(4) 情要真，意要切

男人在追求女孩时，千万要记住的一条是：情要真，意要切。

一天，一位十分美丽的姑娘在马路上走时，在她身后有个青年总形影不离地跟随着。姑娘回过头来，不解地问道："你为什么老跟在我后面？"

青年激动地说："你太美了，我爱你，你是美丽姑娘中最美丽的一个。"

姑娘嫣然一笑，说："谢谢，在我后边走着我妹妹，她比我美上百倍呢！"

"唉呀，是真的？"那青年非常高兴，马上调头跑去。

他跑呀跑，根本不见姑娘的影子，只看到蹒跚地走来一个老态龙钟的老太婆。他知道上当了，又回转身去追赶美丽的姑娘，他问道："你为什么骗人？"

"不，是你骗了我！如果你是真心地爱我，那就不会跑去追另一个女人了。"

那青年被说得面红耳赤，只好灰溜溜地走了。

（5）攻陷坚固的防线

男女约会时，女方在心理上戒备心较强，但内心还是会有愉悦感，虽然只有等到分别后，戒备才会解除。不过，愉悦感还是没有消失，如果能好好利用女性这种心理特征，想要攻陷防线坚固的女性，就不是什么难事了。

（6）尊重她、了解她

女孩子一般都希望别人尊重她、了解她。当你能随口说出她所关心的一件小事时，她一定感动不已。对女性来说，如果你对她某种微小的心理活动都能了解，她一定感到你是最了解她的，是最可信赖的，因而会对你更加亲近。

女人向来任性一些，特别是恋爱中的女孩更是这样，她们常要求男友的言行一定要符合自己的要求，稍有不如意，就会乱使性子。事实上，她并不是真生男友的气，而是故意生气，看自己在男友心目中的分量有多重，对于男人来说，一定要了解和尊重女人的这点小需求。这时候要学会迁就一下女孩子。

一天傍晚，杨红与安有军两人为一件小事而闹了别扭。两人分手时，安有军按惯例想送杨红回家，可杨红却执意不让。

安有军拗不过杨红，只好点头答应，但他又担心杨红一个人害怕，只好在后面远远地跟着她，默默地看着杨红走进家门。

9点多，杨红刚刚推开家门，电话就响了。她急忙拿起电话，听筒中传来安有军的声音："红！我是安有军。"

杨红一听，刚要把电话放下，又听安有军说："红，看你回到家，我就放心了，晚上好好休息，我也回家了。"听了安有军的话后，杨红连忙跑出门外，遥望着安有军远去的背影，泪水止不住地流了下来。

安有军一番得体的关爱话语，向杨红传递了自己的牵挂与关心。话虽简短却情真意浓。

（7） 及时地赞美她

女人喜欢别人恭维和赞美。恋爱中的女人，尤其喜欢听甜言蜜语。一句恭维和赞美的话语，胜过一件贵重的礼物。了解女性的这种心理，你不妨对你所爱的女孩经常进行恭维和赞美。

崭新饰物的穿戴，不仅是装扮而已，而且是自我全新的表现。这点心意若被赞誉，她们会如同自身价值被肯定一般地雀跃不已。女性在他人评价自己新装的同时，不仅是希望他人肯定自己的价值，更希望他人证实其判断的正确性。客观地评价一位女性的衣着服饰，也就是客观地评价了她这个人。

其实对自己容貌有自信的女性，她们的容貌也并非完美无瑕。美女或名人们在拍摄影片时，非常重视角度的选取，必定小心翼翼地遮掩住缺点。而普通的女性，眼、口、酒窝……至少有一部分是值得夸奖的。因此，不称其"美女"，而夸赞说"眼睛真美"，使其产生自信。如此，反复地赞美，女性的意识逐渐将部分的美感，如波纹般荡漾开来，不多久"迷人的双眼等于迷人的容貌"，将同等的暗示效果发挥到极点。这样就会令被赞美的女性产生良好的自我感觉，同时对你也会产生好感。

一个高高瘦瘦的女孩新买了一件掐腰的短上衣，兴冲冲地邀男友品评。男友见她穿了新衣越发状如衣板，不禁脱口说道："这件衣服并不适合你。"对方顿时面沉如水。男友见状自责，转而笑吟吟地说道："像你这样苗条又修长的身材，如果穿上那种宽松肥大长至膝下的衣服，就会越发显得神采飘逸、潇洒大方了。那些矮而又胖的人就穿不出这种气质来。"姑娘听罢顿时转怒为喜。

男友的话既巧妙地暗示了这件衣服不合其身材，又诚恳地指出了其择衣标准。同时用苗条修长这样美好的词语委婉地指出了其身材的特点，又用矮胖之人来对比，照顾对方的自尊心。一句看似赞美的话，实则蕴含了无限的玄机。

电影《人到中年》，傅家杰和陆文婷之间有一段略带嘲讽的对话："我们眼科的手术，一针一线都严格得很，不能有半点儿幻想的……""不，你的工作就是一首最美的诗。"傅家杰打断她的话。热切的说；"你使千千万万人重见光明……"

开始时，傅家杰以"诗"为话题问姑娘，没想到姑娘用嘲讽的口吻反击对方，眼看交往就要受阻。傅家杰立即抛开诗的问题，转而对她的工作进行赞美，沟通了两人的情感。

情景 21 女士初恋，含情脉脉

交谈是人与人之间传递思想、交流情感的最基本手段。假如不善交谈，很难设想能在社会这个广阔的舞台上有出色的表现。"谈情说爱"，这四个字更是明确道出，欲获得"情"和"爱"，非得"谈"与"说"不可。以下试举几例。

（1）幽默的表达

不同的表现方法，效果截然不同。在交谈时找出自己独特的表达方式。例如：炎炎夏日里，当你和男友步行在街头，如果用"热死我了，让我们找个有空调的地方吧！"这样的说法未免略显沉闷。如果用比较幽默的话语，如"哇！好热，我快要被烧焦了。"或者，采用一下幽默的口吻说："现在真想到北极滑雪！"你的男友听了以后，或许会使他因酷热而不悦的脸上展露出笑容。

再比如：你和男友走在漫天飞雪的公园里，与其说："呵，下雪了！"

倒不如形容说："天上为你降落了这么多白衣天使。"因为后者更有味道。

天气寒冷，与其说："好冷啊！我受不了这鬼天气。"那就不如说："这种天气不禁让人都竖起了衣领。"

（2）可贵的孩子气

充满孩子气的话可以捕获他的心。

和他约会，一回来就马上给他挂个电话："啊，是你啊，有什么事吗？""没什么，只是想再听听你的声音。"这种孩子气，能使一个男子一下子着迷。

（3）巧妙迂回

你与男友谈话，赞美之辞可以让对方感到快乐，若是再三表达自己不满的情绪，肯定使愉快的气氛顿时荡然无存。不论男女只要频频用指责的口气说话，极易造成僵持的冷场。

在餐厅里如果他为你叫杯咖啡，但迟迟未送到，你若不悦地说："怎么这么久还未送来？"虽然你是无心之言，但在他听来，仿佛在责备他一般。也许他之前的开朗心情，顿时茫然无存，然而泼水难收，话一出口就难以收回，相信你会为那句话感到遗憾。

那该怎么办呢？这时你可以随机应变，立即将话题岔开，赞美对方的优点，将缺点掩饰过去，换言之就是弥补自己失言之过。

（4）勇于表达

一个很有势力的男人选妻，他选了几个姑娘，问的都是同一个问题："为什么要和我结婚？"姑娘们有的回答："你是大人物，我崇拜大人物。"有的回答："你很有钱，将来我会妻以夫贵。"只有一位姑娘说："上帝怕你干坏事，所以派我来监督你！"她的极富幽默的回答，使他最后选中了她。

（5）投石问路

有两个年轻人在某大学一个教研室，一男一女，两人年龄相当，平时相处很有共同语言。时间长了，女孩子喜欢上了男孩子，几次想表明心迹，可又不知道对方的想法，怕冒冒失失地讲出来，如果对方不同意，以后在一起天天见面有多尴尬。

一天，男孩子给父亲买了一对鸟，下班时正要带回去。女孩子说："这鸟儿多漂亮，让我看看。"女孩子又说："真好玩，鸟儿还和人一样要成双成对呀？"男孩子就和她讲起了鸟的一些习性，以及他父亲退休了怎么爱鸟。女孩子趁机问："你准备什么时候找个女朋友，让你父亲高兴高兴？"男孩子说："没碰到，怎么办呢？"女孩子接着说："这么大的所里难道没有你喜欢的？"男孩子回答很干脆："根本没有，我不准备找一个单位的人。"女孩子不用再往下说，已经明白了他的想法。

（6）拒绝约会的借口

上课、加班、身体不适、天气不好……这些都可以成为拒绝约会的借口。在搬出这些借口的同时，可以有意地露出破绽，让对方从借口的不严密性中明白你是在有意敷衍。此外，也可以委婉的暗示对方，自己确实不愿意与其交往。总之，借口不能找得太严密、太合乎情理，不要让对方误以为真是客观原因导致你不能赴约，从而执意把约会的时间推至以后，使你再次处于被动局面。

小建对新来的同事小孙一见钟情，星期五下午下班前，他打电话给小孙："我听朋友说，这两天香山的枫叶红得最美，你有兴趣和我一起去看看吗？"小孙立刻明白了他的意思，于是笑着答道："哎呀，真是不巧。明天恰好我男朋友的妈妈过生日，我要赶着去拜寿，要不我们改天再叫几个朋友一起去吧！"小建只好敷衍道："那，那就以后再说吧！"

情景 **22** 恋人相处，情从口出

谈恋爱就要谈，不谈，哪来的爱？善言是恋爱成功的必要条件。但谈恋爱不是随便谈，谈有谈的技巧，善于谈，才能使感情的嫩苗苗壮成长并迅速开花结果。

可是现在有些年轻人在恋爱时，却不会谈，不善谈，其表现有以下几种类型。

（1）夸夸其谈型

有的青年总想加深对方对自己的印象，两人见面全是自己谈。他见到什么谈什么，想到什么谈什么，好像他无所不知、无所不能。一次次的约会，全成了他的演讲会，他就是没考虑对方有没有什么要说。

（2）甜言蜜语型

有的青年总认为甜蜜的爱情就必须用甜蜜的话语来表达，他对恋人的真情实感本可用自己的话语表达出来，可他总嫌不够味，不够"甜"，于是，搬来别人或书上抄来的词句，可结果总不妙。夸张的语言反而使情感显得虚假，"甜"的话语，有可能引来"苦"的果子。

（3）直言不讳型

有的青年简单地理解"爱情即为忠诚"这句话，认为真正地看上一个人，就应该在什么事情上都讲"真"话，不能有任何隐瞒，这种看法当然没错，但一绝对化，说起话来就常常出错。两人本来相亲相爱，却由于表

达方式的问题，而不能进一步沟通，甚至感情受阻、破裂。看到这些情况，真叫人惋惜。例如：

小伙子爱着一个比较胖的姑娘，姑娘问："你认为苗条的姑娘好看，是吗？"这是常识，他也确实这样认为的，于是他点头称是。没想到这一下，却惹恼了这位姑娘。

究竟如何和恋人谈话在这里向青年朋友们提几点建议。

（1）谈恋爱时，年轻人常常会遇到"我该不该坦率地说"这个问题。当涉及对方的不足和自己对这种不足的评价时，则要做到坦率与委婉相结合。

如前所举之例，当然不能说"苗条的姑娘不好看"，那是对方一听就讨厌的谎话，这种安慰式的谎话，只能使对方更伤心。但小伙子可以这样说："对于我来说，你的××优点比其他人的苗条身材更吸引人。"或"苗条姑娘虽然好看，但不及你的独特，你更吸引人"。

（2）爱情的表达，本无定式，直率与含蓄，各有价值，但还是以含蓄为宜。一是使得话语具有弹性，不致由于对方一拒绝就不能挽回局面；二是符合恋爱时的羞怯心理，较容易运用；三是符合我们民族的求爱习惯。含蓄地表达一般有如下的方法。

第一，不表达爱的要求，而表达爱的感受。

例如说："我十分想念你，喜欢和你在一起。"就不如说："我和你在一起的时候，总觉得时间过得那么快，真是光阴似箭，和你分开的时候，又觉得时间过得那么慢，恰似度日如年。"

第二，不直接挑明，可采用暗示的方法。

在美国有一个小伙子爱上了一位姑娘。一天，他来到姑娘家，两人在火炉边烤火。最后，他说道："你的火炉跟我妈的火炉一模一样……""是吗？"姑娘漫不经心地应道，她还以为这是小伙子随便说的一句话。

"你觉得在我家的炉子上你也能烘出同样的碎肉馅饼吗？"他又问道。

姑娘愣了一下，顿时悟出这句话所"暗示"的意义。她欢悦地答道：

"我可以去试一试呀!"

（3）约会中，幽默的表达方法，会显得情意浓浓。

一对男女在郊外约会。

女说："我俩大概是叫丘比特的箭射中了。"

男说："射中我没什么关系，千万别射你。只要我在你身边，我绝不会让你受伤。"

女说："……我真的受伤了。"

在约会中，你若能创造这种幽默，会使约会更有情趣。

在约会中如果善于利用幽默，还能解决一些关系上的难题。

一对男女在江边约会。

女说："假如我和你妈同时掉进江里，你先救谁?"

男说："当然先救我妈。"

女说："难道在你心里我不重要?"

男说："当然重要，但我知道你会游泳，而我妈不会。如果我先救你，岂不等于小看你的游泳技术。"

女说："算你会说话!"

在约会中，只要你懂得创造幽默，机会俯拾即是。

情景 **23** 夫妻相处，这样说话

夫妻之间，常常因为一两句话而拌嘴，事后，双方如果冷静下来一想，假如换一种说话方式，就可以避免夫妻之间的很多争吵。

（1）巧用幽默表达自己的不满

幽默能使婚姻情趣盎然。当对方的所作所为引起你的不满时，用诙谐的言谈能让对方笑着接受你的"不满"。

雅情非常喜欢跳舞，丈夫小张偏是个好静的人，正参加本专业的自学考试，却常被她拉去"看"舞。雅情有个很不好的习惯，不跳到舞厅关门不尽兴，久而久之小张就受不了了。有一次他们从舞厅出来已是夜里12点多了，小张说："你的慢四跳得很棒，我还没看够。你一路跳回宿舍怎么样？"

雅情撒娇说："你想累死我啊！"小张一副认真的样子："不要紧，我用快三陪你跳。"雅情扑哧一乐："亏你想得出，丢下我一个人也不怕我碰上流氓。"小张这时言归正传："那你在舞厅丢下我一个人，也不怕我打瞌睡被人掏了包儿？"雅情这时才知道丈夫压根没有兴趣跳舞，以后就有所收敛了。

（2）用至理真情去感化对方

把爱人的某种缺点抑制在"萌芽"状态，有时需要用合情合理的话

语，把你的心掏给他（她），做一次倾心的交谈。也许他（她）会认为是小题大做，但过后仔细一想，也会认识到自己的不对，从而重视对方的感受，更加珍惜你对他（她）的一片真情。

（3）用得体的身体语言表达你的内心情感

我们知道，从一个人的表情、举止等身体语言能够看出一个人的内心世界。有涵养的爱人往往能从对方的一举一动中体察到他（她）的内心情感。当丈夫观看节目总喜欢滔滔不绝地发表评论，影响女友或旁人时，妻子可以用恰当的身体语言来表示内心的不满。

比如神情专注地观看节目，表示无法分心听他的高论，或者找一本杂志来看，以转移视线表示兴趣不一。慢慢地他就会因为自己的"高见"没有听众而就此打住。

（4）勇于道歉就会得到谅解

夫妻之间，当一方做错的时候，只要勇于道歉，就会得到对方的谅解，这样的互敬互让，才能迎来甜蜜的爱情。

（5）用动情的语言化解问题

夫妻在一起的时间久了，难免会出现一些问题。由于两人所在的环境、所受的教育及家庭的影响是不同的，对同一件事就会出现不同的看法。例如：

女（装作无意间）问：我的好朋友，她的男朋友竟然还在资助前任女朋友上研究生，你说应该吗（此话是典型的话中有话，你要听出她的话外音，她想知道的是你对前任的态度）？

男（不假思索地）答：这有什么啊？我觉得说明了他有情有义，是个重感情的人啊（男人总是喜欢将同类夸大，从而来体现他作为男性的优越感）。

女（大叫）：什么？你不觉得这是藕断丝连吗？男人都是这样，有了新人也不会拒绝旧人！你是不是还对上一任恋恋不忘啊？难怪你上次还在说，xx什么什么比我强（陈年老账被翻出来了，女人常常是善于"引经据典"的。她可以记不住一条街的名字，但是她一定记得你无意中说过的某一些话）！

男（皱起了眉头）：咱们现在说的是别人，你别往自己身上贴行吗？简直是不可理喻啊。

女（被激怒）：你对旧情人还有旧情还说我不可理喻？那你找你的善解人意去吧。

像上面的男士那样，如果一味地和妻子针尖对麦芒，俩人的矛盾会越来越大，问题会越来越严重。此时，你不妨换一种方法说。例如：

男（略加思索）：那要从两个方面去看了。一方面说明了这个人还是有些情谊的，在朋友有难的时候能该出手时就出手。另一个方面，很重要的一点就是和自己现在的女朋友，有没有对此进行过讨论，现在的女朋友能不能理解一定要解释清楚（要从对方的角度去考虑问题，因为女人是喜欢假设的，当你考虑到她的感受的时候，她反而会变得宽宏大量）。

女（点点头）：就是啊，要是前任真的是活得不容易的话，赞助点也是应该的。但是一定要现任女友能谅解。

男：那当然了，因为他毕竟是和现任的一起生活啊，当然要注意别人的感受啊，千万别让她误会。

女（微笑着）：女人又不是不可理喻的动物啊（男人女人都不愿意被看扁）。

男（赶紧接一句）：就是啊，我的妻子就是很善解人意的啊（灌点迷魂汤是很重要的）。

女（嗔怒地白你一眼）：少来啊，别给我迷魂汤（其实，迷魂汤是很多女人爱喝的。到此，没准女人还会给你一番温存）。

再比如：

女：我让你买的是大葱不是大蒜，你看你是怎么办事的啊。这点小事都办不好啊（女人总是很细腻，对生活上的琐事总是要求很细致的）。

男（有些不耐烦）：葱蒜不是都可以用吗？大不了用蒜代替葱啊（男人是能省事就省事）。

女：你这是什么态度啊？你是不是喜欢退而求其次啊（女人都是高深的哲理家，能做到滴水见海，管中窥豹）。

男（很难回答，要是赞同女的观点的话，那就是承认了自己的喜欢退而求其次，要是反对的话，就是和女人做对）：好吧，你说是什么就是什么（走中庸之道，但是也会让人觉得你是迫不得已的）。

女：我说你是猪你就是猪啊（女人有些蛮不讲理了。因为你让她觉得太不注重声生活质量了）。

男：好好好，我是猪，行了吧。女人啊，真烦人（有了这样一句话，女人真的会将她的十八般武艺都使出来，有你好受的）。

(6) 好言好语就能春风化雨

当爱人挑剔你的时候，一定要悉心地听着，即使听不进去，也要装作认真在听的样子。

女：你看你，这件衣服才穿了一天，都皱巴成什么样了啊（女人有时喜欢将男人像孩子样地对待，她训你是因为爱你，也是因为她骨子里有母性的天性）。

男（装作洗耳恭听的样子）：就是就是。不过我这是好的了，男人讲究那么多干吗啊。注重的是内涵嘛。我只要老婆漂亮就好了。看着老婆漂亮我就知足了（转移话题，让女人看到自己的良苦用心）。

女（很温柔地笑）：呵呵，你要是在外面不注重个人形象，人家会责怪我不合格的，我脸上也无光啊（说是为自己着想，其实女人还是为你在着想）。

男（大义凛然）：就算是不为了自己，为了亲爱的，我也要多注意啊。

女（亲了他一口）：衣服脱下，我来洗掉吧（女人的耳根软了，嘴巴自然就软了）。

恶言恶语，总会导致冤冤相报，无休无止地彼此伤害下去，最后越演越烈，导致感情破裂。而好言好语，总是三句两句就能春风化雨，皆大欢喜。男人和女人注定了是有很多的不同的，但是只要是真心爱着对方，就要尽量减少言语上的伤害。

（7）让爱人了解事情的"庐山真面目"

夫妻间的误解大部分是由于对方不了解实际情况而产生的。因此，当误解产生时，你应当寻找合适的机会，把事情解释清楚，让爱人了解事情的"庐山真面目"。在申辩、解释时，态度要诚恳，要尽可能平心静气，对方也应采取谅解的宽宏态度，切不可因内心不满而使用过激的言辞。一旦情况清楚了，双方的误解自然便会烟消云散了。

如有个老公责怪不回父母家的妻子，从几年前开始，他的妻子不再陪他到公婆家拜年。说到原因时，她这样回答老公："这只不过是人们的传统而已，何必拘泥于这种无聊的形式，经常打个电话寒暄一下不就可以了。况且到那里的旅费也很可观。"妻子这种突然的改变，令男人很是纳闷。经过后来的了解，最后老公通过妻子一些谈话的蛛丝马迹才发现婆媳之间不和，所以妻子才不愿回婆家。

貌似"合理的"拒绝理由称为"合理化心理"。从心理分析来说，所谓的"合理化"是无意识中的行为。所谓"合理的"理由，不过是搪塞，是用以掩饰拒绝理由的一种不合理行为。所以，如果完全接受"合理的"理由，有时后果不堪设想。而作为妻子来讲，应该让丈夫知道事情的"庐山真面目"，以避免误会的产生。

情景 *24* 夫妻"战争"，好言沟通

在婚姻生活中，你是不是常常要求伴侣按照自己的理想模式去作改变？恨不得将爱人脱胎换骨，变成彻头彻尾的心目中理想的爱人。从爱人头发的式样，到服装的款式；从爱人说话方式到习惯爱好，还有社交对象等等无不涉及。试想，你对伴侣干涉的如此"无微不至"，情感怎能得到正常的沟通！须知，爱的伟大就在于理解和宽容。

所以，对于伴侣某些与自己不适应或不顺的习惯、行为、个性，不要急于去改变。即使看到他（她）明显的缺点，也不要过分强硬地单方强求，而是把帮助改正他（她）的缺点当作双方共同的任务，心甘情愿地为之付出，促使他（她）自觉自愿地改变。有了这种付出和容忍，你们就是最大限度地互相适应，心理相容了，也就会得到一份幸福的婚姻。

夫妻之间的"战争"也是一种十分微妙的语言艺术，需要用爱心去建筑。为了建设幸福的家庭，为了使爱情永葆青春，亲爱的朋友，假如你已经结了婚，那你也一定会关心夫妻之间的言谈问题，下面就向你推荐几个原则。

（1）避免"战争"的爆发

夫妻之间同样需要情感与理智并存。情感靠理智保证，理智又靠情感催化，不然生活就会失色，言谈就会极端，矛盾就会产生。因此，不论是丈夫还是妻子，言谈用词必须十分重视有礼有节。并从严于律己出发，努力避免矛盾的产生，保证夫妻情感的和谐。

夫妻之间，应该避免说出过激的话语。即使对方不小心说了出来，也

要想着有效应对，以避免矛盾升级。

一戒："我警告你……"夫妻间最忌盛气凌人。

策略：用其人之道还治其人之身。"我对你的警告提出严重警告！"如同绕口令一样，保证对方扑哧一笑。

二戒："我对你说过几千次了……"一句话说了几千次，累不累啊。

策略：慢慢回答对方："我也听了几千次了，不过还有信心听下去，你说吧，我记数。"对方也许一句话也不想说了。

三戒："你一辈子都……"要知道谁都不是预言家。

策略："哎呀，你真行，知道我一辈子的事，那么请把我三岁时的事讲几件吧。"

四戒："你穿啥都丑。"严重伤自尊。

策略："这叫物以类聚呀！"对方感到自己说错了，恨不得打自己嘴巴。

五戒："你尽是……"只看缺点不看优点，任何人都会被看成坏蛋。

策略：有我这些缺点做你的陪衬，你会更加光彩照人啊！对方心里肯定会乐滋滋的。尽管他（她）脸上气哼哼的。

六戒：不假思索，"离婚"脱口而出。一般人的反应是，离就离，谁怕谁啊！真要离了，又后悔莫及。

策略：此时不能火上浇油，应等对方平静下来，再冷静地与对方交谈。不是怕离婚，而是离要离个明明白白。

一般来说，男性都比女性的"嘴硬"，很难启口道歉，

前几天，一位陷于家庭矛盾之中的女人诉苦："我丈夫解决问题的方法就是不断地为难我，直到我求饶说：'好了，这回又是我的错！'可实际情况呢？"她继续道："我已经忍到极点了。他相信他自己永远不会出错，错的总是别人；可是我想，他唯一的错处就是选了一个总是出错的妻子。"

因此，判断一个人能否称得上是大丈夫，并非取决于他对别人肯不肯俯首相让，关键在于他肯不肯坚持真正的谦虚，能不能本着诚实的态度对妻子说："这次是我的错，请原谅我！"

（2）不讲究你高我低

平等，是一条人格原则，谦和则体现人的精神风貌。夫妻之间的言谈，同样需要体现这种原则，体现这种风貌。讲话的双方，谁也不要凌驾于对方之上，如果谁想凌驾于对方之上，谁就会自食其果。具有高素养、懂得爱情价值的夫妻，他们是非常明白这种简单道理的。在他们日常生活的交谈中，从来不以主宰的面目出现，从来不讲究你高我低，而总是采取平等的原则，谦和的态度，商量的口吻，时时处处，片言只语，总有一种平等的气氛。

（3）用爱的语言交流

夫妻间相互尊重、充满爱意的体贴话，无疑是爱情的巨大磁场。因此，大凡生活美满的夫妻，他们的言谈举止，总是充满柔情蜜意。夫妻要生活在爱里，甜蜜文雅的言谈是爱的甘露。反之，粗俗、尖酸的言语，死板冷默的声调，会使生活与爱情之花枯萎。

在家里，假如丈夫努力表达自己对妻子的安慰鼓励，会有效地提高妻子的自信心，甚至会改变她的性格，让她更看重你，依恋你。

有这样一对平凡的夫妻，他们量入为出地过日子，尽心尽力地照顾儿女。可是，两人总是免不了要吵嘴和生气。两个人常常为此烦恼。

终于有一天，丈夫不再挑剔他的妻子，他开始夸赞她："这顿晚饭好吃极了，你的厨艺大有进步。"次日晚上，丈夫又说："你辛苦了，谢谢！"

第三天下班回家，丈夫由衷地说："家里收拾得真干净，你一定花了好大的功夫。"他甚至还说，"娶你这样贤淑的妻子，简直是我的福气。"

"那个挑剔、难伺候、说话尖酸刻薄的丈夫去哪里了？"她在心里嘀咕。

两个星期后，妻子渐渐习惯了丈夫"古怪"的态度，有时，甚至自然而然回应一声"谢谢你"。

不久，妻子觉得自己走路的步履轻快了些，自信心也强了些，偶尔还会哼一两句歌曲。她也觉得，自己的心情不再忧郁了，开朗不少。于是，妻子很诚挚地说："我要谢谢你这么多年来一直为衣食奔走，为这个家付出。可我从来没告诉过你，我是多么感谢你。"

可以想象，长此以往，这对夫妻的关系会怎么样。

（4）不要挑剔对方说话言辞不当

夫妻间在日常生活中，难免会有不顺心的时候。如果在外面遇到气恼的事失去心理平衡，回家向对方发泄，那么您一定要谅解，千万不要挑剔对方说话言辞不当等等。

（5）说话要文雅风趣

生活应该是美的，爱情应该永远新鲜。而文雅的言谈，愉快的情趣，便是加深夫妻感情的催化剂。

任先生与夫人关系很好，一次任老心绪不佳，发了一通脾气，其夫人顶撞了两句，他伸手要打人。"怎么，拳头专政，我成了蒋介石？"其妻风趣地说。任老的气一下子消了，化干戈为玉帛。

当然，打趣开玩笑也不能不分场合，没完没了。夫妻间的打趣也要选准时机。忧愁、兴奋在夫妻生活中往往交替出现，在适当时机说笑打趣，可以使夫妻解除烦恼。当他心绪不佳时，你千万不能说一些不愉快的事，因为这样，无异于火上浇油。

（6）通过和谈结束"战争"

不论是丈夫还是妻子，言谈用词必须十分重视有理有节并从严于责己出发，努力避免"冷战"的产生，保证夫妻生活的平衡。一般说来，夫妻间的非原则性"冷战"，都是可以通过"和谈"来解决的，而得体的话语则是促进消除"冷战"的溶解剂。

曾经有过这样一对夫妻，因争吵，俩人谁也不理谁，冷战开始了。最后，丈夫愤然出走。到了傍晚时分，丈夫漫步来到海边，发现妻子竟然也在海边凝视沉思，默默哭泣。当他俩对视了许久后，妻子不无惊奇地说：

"你——?"丈夫也内疚地相应:"你——?"继之,妻子又说了:"我是来向大海诉苦的,是来这初恋的'圣地'追忆的,既然我们第一次甜蜜的约会是在这里,今天我要倾吐苦衷的也应该是这里……我们结婚八年了,为了生活,我含辛茹苦,家里家外,缝洗烧煮,却很少见到你有笑脸,听到你有句好话……只因我的脾气不好,气得你离家出走,你一走,我悔恨莫及,你以出走来惩罚我,我受得了么?……常言说,一日夫妻百日恩……可你……"

她的丈夫被深深地打动了,感化了,在拥抱中,重又荡起了初恋的波澜。

(7) 书信沟通

有的夫妻在"冷战"期间不好意思直接和对方搭讪,其实也可以通过写信的方式,来沟通,或者通过 QQ 交谈也可以。看看下面的一封老公给老婆的一封信。

亲爱的老婆:

你在娘家还好吗?

我在家里一切还好,请不要惦念。虽然,你带走了存折,不过,你不用担心我的经济来源,因为我手里还有一张附属信用卡。信用卡用起来就是方便,我已经买了五件衬衣,七条内裤和十二双袜子,估计每天一套能穿到你回来了。名牌就是名牌,虽然贵了点……

我的伙食问题你也不用担心,我已经到七家新开张的酒楼试吃过了;带鱼,麻秆,猪头三他们怕我一个人孤单,天天陪着我,不过他们尽点好菜好酒,我没办法啦,你知道我死要面子的。最让我心烦的就是对门新搬来的那个女人,差不多每天都来借醋借蒜什么的。不过你放心我是决不会犯错误的,这方面你要对我有信心。至于,家里的花花草草,我想让它们提早适应沙漠化的环境,决不给它们浇水,这有利于它们的物种进化。对了,咱家的咪咪是陪你一起回娘家了吗?我两天没见它了。

你也不用担心我那两个可爱的小舅子会一时冲动来找我做出什么不理

智的事来，昨天我请他们爆吃了一顿，顺便向他们讲了我们之间的一点小事，他们听后拉着我的手哭着说："姐夫，真是苦了你了！"云云。

不过你在娘家安心地住一段时间也好，'常回家看看'嘛，老人们也需要你。另：如果你明天不回来的话，冰冰约我去吃比萨我就去了，反正闲着也是闲着，老拒绝人家也不好，终究是一个单位的同事嘛。

你亲爱的老公

有些人天生喜欢生闷气，对于这样的人，千万不可在吵架后立即招惹他，只由他冷静几日，他心里的气会自行消散，待他情绪好时可坐下来再与之沟通，解决矛盾。冷处理的好处，在于可以避免因持续争吵而导致的情感伤害。

(8) "热处理"

当然，对于那些性格直爽、不愿把事放在心里的人来说，让他把不快放在心里几天几夜，他会觉得比要他的命还难受。这时，就应该抓紧时间，主动出击，早点解决矛盾。通常而言，热处理有利于夫妻化解心中的怨恨，消除夫妻间的冷漠感。

假如，吵架全是对方的过错，那又能怎么样呢。作为一方，可以主动一些，说些类似沟通的话："我们又吵架了，这真不好。我实在不乐意见到战争的烽火，让我们还是别吵了吧！"此时，对方大多也会退让，而且也一定记得，是你先打开了僵局，让其有台阶可下。对方怎会不为此而感激你、更爱你呢？

这种解决夫妻战争的方法，比起非得找到谁是罪魁祸首那一套更有效果。因此，指责谁的不是，不如赶快收拾残局，让双方彼此和好如初。如果你掌握了这个原则，在以后的生活中，你们可能吵完架后，出现夫妻两个抢着让步的良好局面。

(9) 找个"由头"转话题

"昨天就让你把洗衣机里的衣服晾好，怎么今天还原封不动地放在这儿？你怎么总是这么懒，家里的活总不能都摊在我一个人身上吧。"看着不爱做家务的老公，妻子一肚子的气。一场唇枪舌剑之后，陷入了沉默。

"吵架归吵架，明天是咱妈的生日，总得商量一下给她老人家买点什么吧。"聪明的丈夫先开口说了话。

听了这话，妻子半带怒气地说："亏你还记得你丈母娘的生日。"

"那当然，你妈就是我妈啊，不孝顺哪行？我们单位附近新开了一家蛋糕房，明天早上我就去订，下班后直接带到岳母家。好了，好了，老婆气消了，我去晾衣服了。"

"算了吧，看在你工作也挺辛苦，又懂得孝顺的分上，我来晾吧。"妻子就顺着台阶下了。

这样的丈夫非常聪明，也懂得女人的心。吵架后，谁先开口说话都会感觉没有面子，那么，丈夫不失时机地找到了一个"由头"即转移了话题，又让妻子会感到丈夫是在乎体贴她的。丈夫这种聪明的处理方式，让一点小事引发的家庭矛盾自然烟消云散了。不仅打破了僵局，还会让妻子非常感动，至于晾衣服的小事也就心甘情愿地包揽了！

(10)"小举动"最具感染力

为了一点鸡毛蒜皮的事，妻子和丈夫整整吵到半夜12点，气头上，谁也不肯罢休……于是丈夫赌气地当上"厅长"，睡在客厅里了。

第二天早上起床，丈夫闷闷不乐，不明白为什么一点小事竟演变成如此局面。妻子也觉得为芝麻大的小事大动干戈，实在没有必要。可是，事已至此，怎么能不丢面子又能和好呢？丈夫洗漱完毕准备出门上班，就在丈夫还未跨出家门的时候，妻子不失时机地递上一份刚刚加热好的面包三明治和一杯牛奶。丈夫先是有点吃惊，原来还想战斗下去的心也软了下去。吃完后，高高兴兴地上班去了。

给丈夫递上一份早餐，一个小小的举动，使夫妻之间发生的小矛盾，小摩擦烟消云散。其实，这是"暗示"的功效。它是夫妻在争吵后沟通感情的妙方。首先在于它适应夫妻争吵后的心理情绪。一般来讲，夫妻经过争吵，其冲动的感情转为平衡，必然会出现短时间的沉默。而在沉默时会对发生的争吵进行理智的思考。一旦理智恢复，夫妻双方都有潜在的和好要求。所以暗示正是适应了这种情绪。其次，暗示具有较强的感染力。虽然它仅是一个简单的举动，但却把夫妻彼此的歉意、谅解、柔情全部深化在其中了。它是一种心灵的震撼，甚至比"我错了，请你原谅。"更富感情色彩，是一种速效的僵局解除剂。

（11）唤起昔日美好的回忆

这次的争吵算是彻底闹翻了，夫妻俩都觉得要想和解可不那么容易了，丈夫也收拾了日常用品，一个人住到单位去了……

一天，妻子收拾房间，突然看到了儿子小时候画的一幅画，一只穿着花衣裳的大公鸡。记得当时是丈夫为儿子买的水彩，然后整个晚上，夫妻俩一起教儿子画画。那时候，生活虽然不富裕，但是三口之家，和睦相处，其乐融融。

想到这些，妻子开始担心丈夫一个人在外，能吃得好吗？住得舒服吗？于是妻子灵机一动，借着儿子的这幅画给丈夫写了一封信，回忆当年他们的点点滴滴。让快递公司把儿子的画与信一起快递给了丈夫。

第二天晚上下班后，丈夫按时回家了。而此时的妻子已经准备好了热气腾腾的饭菜等着丈夫回来。

在夫妻和解的过程中，儿子的画与妻子的信起了重要作用。家庭里总有许多纪念品，如书信、照片、互赠的礼品、孩子小时候画的画等等纪念物。纪念就是"纪"昔日之"念"的意思。这些纪念品，都是夫妻共同生活的记录，在这上面凝聚着夫妻之间许多美好的感情。在漫长的家庭生活中，有意识地积累一些纪念品，能起到加强夫妻心理联系的作用。当心理失去平衡时，它有助于心理平衡的迅速恢复，促进夫妻关系的和谐。

情景 *25* 婆媳不和，妥善处理

婆媳之间就像一首歌中所唱："雾里看花，水中望月，谁能分辨这变幻莫测的世界……"婆媳关系总有那么一点点儿隔膜，一点点儿淡漠，一点点儿间隙，一点点儿防备，甚或还有那么一点点儿难以解释的尴尬，一点点儿无法言说的微妙。在家庭中，两代人之间的矛盾和冲突，最明显和最常见的，是出现在婆媳关系上。婆媳不合，是不少人提起就摇头叹息的问题。

怎样念好这本"难念的经"，使得婆媳和睦呢？这当然不会有什么"标准答案"。一般来说，主要有以下几点。

（1）相互接纳对方的"小缺陷"

婆媳原来各自生活在不同的家庭之中，有各自的生活背景、生活习性，而现在婆媳在一家生活，这就有一个逐步了解、相互适应的过程。如果适应不良，彼此不能接纳，便会关系紧张，矛盾丛生。

小说《双面胶》里有这样一个情节：丽娟吃红烧肉，婆婆在心里数着她吃了几块，对儿子说："一碗红烧肉我切28块，你吃8块，你爸吃7块，她一人吃13块！这盆肉要是在家里，兑点萝卜土豆，我跟你爸能吃一个星期！""空嘴吃肉，一块接一块"，婆婆很是不满。

贪吃是每一个年轻女人的天性，吃了就吃了，一个大家庭毕竟不是两个人的日子，彼此应该担待对方，不要因为这些琐事打破和谐的家庭氛围，做婆婆的不应对一点小事斤斤计较。

（2） 相互尊重与谅解

婆媳双方要妥善处理彼此之间的关系，首先得对这种人际关系有正确的认识。婆媳双方都要承认对方有独立的人格和经济地位，双方之间的关系是一种平等的人际关系，而不是一种一方必须依从于另一方的支配与被支配的关系。认识到这一点很重要。如果双方或一方对这种关系缺乏正确的认识，认为对方必须或应该听从、服从自己，从而把这种平等的人际关系视为支配与服从的关系，必然会在行动上、态度上表现出来，导致双方关系的失调。

因此，双方要相互配合，彼此尊重。婆媳长年生活在一起，难免会发生一些不愉快的事情，这时就更需要双方相互谅解。所谓"谅解"，就是站在对方的立场去考虑问题。

小姑子小芳拿回来一身新衣服，很漂亮。做儿媳的玲玲看在眼里，心里却不高兴，怀疑是婆婆给小姑买的。认为婆婆偏爱女儿，对自己另眼看待。她越想越有气，就在说话时带刺儿。"唉，还是姑娘亲啊！"为了团结，婆婆上街买回来同样的衣服给儿媳，说："女儿、媳妇都一样，我不能亏待儿媳，一人一件。"后来，玲玲才知道小姑子小芳找了个男朋友，那件衣服是她男朋友给她买的，不是婆婆给买的。这时，她心里一阵自责，同时感激婆婆的宽容。从此她再不多疑，转而信任婆婆，婆媳关系也密切多了。

（3） 避免争吵

婆媳之间出现了分歧、产生矛盾时，双方一定要保持冷静。即使一方发脾气，另一方也应克制自己的情绪反应，等对方情绪平静之后再商讨处理所存在的问题。心理学告诉我们，消极或强烈的情绪容易使人失去理性，导致冲突升级；争吵还具有"惯性"，即一旦因一点小事"开战"，日后往往有事便吵，久而久之，成见会越来越大。因此，当一方情绪激烈时，另一方应保持冷静与沉默，或者寻机走脱、回避，等事态平息后再交换意见，处理问题。

（4）物质上的孝敬与情感上的交流相结合

作为儿媳要和婆婆搞好关系，即要在物质上孝敬，也要注意和婆婆搞好感情交流，消除心理上的隔阂。只有彼此心理及时沟通，双方的心理距离才会缩短。因此，做媳妇的平日里要经常向婆婆问寒问暖，每逢老人身体不适，更需悉心照料，使老人在精神上得到安慰。

情景 26 当好女婿，学会客套

好女婿也需好在嘴上，对岳父岳母的"诚心""孝心"，也需"秀口"，老人可能就喜欢听你两句"甜言蜜语"，给幸福的生活锦上添花。

（1）"把脉"一定要准

岳母岳父有什么特点和爱好，有什么脾气，有什么禁忌，自己都应该直接或间接地了解清楚，彻底把他们的"脉"摸准，然后对症下药，这样就会很好地处理和他们之间的关系了。

李明结婚后久居岳母家里。为了讨得岳母的欢心，他总是主动干家务活儿，但岳母大人的脸还是欢笑不起来。后来，他发现每当他说外边发生的新鲜事时，岳母就非常高兴，总是睁大眼睛"刨根问底"。于是他便开始留心各种各样的"新闻"，每天回到家里，就找机会向岳母大人进行"新闻"汇报。尽可能地通俗、风趣一些。从此岳母大人见他回来总是笑脸相迎。有时没等他开口，岳母就急着问："今天又有什么新鲜事，快讲给我听听。"听完之后还要向来串门的人进行"新闻重播"，并自豪地说："我们家的女婿知道的事情真多，我是天天不出门，便知天下事哟！"

（2）宽慰的话要说得有理有据

有时，老人像小孩一样，性格执拗得很，自己说的话一定要有理有据，不能勉强含糊。

小刘结婚后，因没有时间照顾家，常挨岳母的数落。不久，岳母患了半身不遂不能下床，她又哭又喊："我这辈子没做什么坏事，怎么让我得这不能动的病啊，还不如让我死了呢！"小刘利用回家的机会，除了给岳母端水喂药外，就耐心地劝她安心养病："妈，您可别胡思乱想。俗话说，天有不测风云，人有旦夕祸福。人吃五谷杂粮，哪有不生病的呢？病来了，就看您能不能抗住它。您是个要强的人，哪能让这点小病吓住呢？再说，现在医学这么发达，您这病肯定能治好的。"他的话像一剂良药，使岳母的精神好多了，没几个月，她就能下床走动了。她逢人就说："多亏我的好女婿总给我吃顺心丸，我的病才好得这么快。"

（3）解释的话一定要巧说

一天，谢强和妻子因为一点小事闹别扭，谢强说不过妻子，就说："得得，我说不过你，你和你妈一样，都是常有理。"谁知这句话让在厨房做饭的岳母听见了，老太太顿时火冒三丈，指着谢强大声斥问："你们两口子为什么吵嘴我不管，可说我们娘俩都是'常有理'，我得跟你分争分争，我怎么'常有理'了？你今天非得给我讲清楚不可。"谢强一听，觉得事情不妙，于是满脸堆笑地说："妈，您可别误会，'常有理'这可不是坏话，我这是赞扬您女儿呢。因为每次争吵都是我没理，您的女儿我的妻，无论做什么事都特别有道理，而这又都是跟您老人家学的。没办法，我只好佩服地说她跟您一样的'常有理'哎。"说着又神秘地对老人说："实话告诉您吧，这句话还是跟我爸学的呢。因为我跟我爸一样，在媳妇面前总是'常没理'。"谢强的话把老太太的怒气冲散了，她指着女婿说："你小子这张嘴呀，能把死人说活"一场风波化为乌有。

(4) 关键的话不要吝啬

凌老太太膝下无子，只有一个女儿。丈夫去世以后，她由于身体不好，搬到女儿家住。开始还好，可后来女儿下岗了，一时半会儿又找不到工作，一家老少四口都靠女婿一个人的工资生活。孩子上学需要钱，老人看病需要钱。女儿因心情不好。常在家发脾气，凌老太太听了委屈地说："我要是有个儿子也不至于拖累你们啊。"女儿着急地说："妈，您就别说那些没用的话了。"会说话的女婿则亲热地对岳母说："妈，您这样想就错了，过去有句老话是'一个女婿半个儿'，如今时代变了，男女都一样，就该是'一个女婿一个儿'了。您想，往后都是独生子女，女婿和儿子不就都一样了嘛。您老往后不要把我当外人，从我们结婚那天起，我就认定您是我的亲妈了，您是不是嫌弃我这个儿子呀？"几句话说得凌老太太老泪纵横。她从箱子里拿出卖房的钱，交到女婿手里说："做了几辈子好事才让我遇上你这么个好人啊，这些钱本来是我留着养老的，有你这么个好女婿我也就放心了。"

(5) 学会应对岳父大人

在生活中，夫妻关系往往并不仅仅限于夫妻两人之间。父亲总是疼爱女儿的，对自己的女婿，则常常比较挑剔。因此，男人应该学会应对"泰山"大人。

小王新婚不久，深得岳母的喜爱，却总是不知该如何面对冷漠的岳父。

一天，他陪妻子回娘家，又碰上岳父的冷脸。无意中，他发现岳父家的书柜里放着一副象棋，就向岳父搭讪说："您下象棋吗？"岳父眉头动了一下，又恢复了以往的冷淡，"嗯"了一声。细心的小王没有忽略这个小动作。

他马上意识到岳父可能很喜欢下象棋。于是，他马上说了一句："我也喜欢下象棋，可下得不太好。您能指点我一下吗？"嗜棋的岳父犹豫了一下，还是答应了。

结果，这一下，两个人下出了缘分，下出了感情。

现在，三天不见小王的面，岳父就会主动邀请小两口去做客。可见，女婿和岳父，并非天生的仇人。

（6）多多奉献

女婿仅嘴巴甜而无实际行动，其赞许就会显得太廉价，其效果也就不会理想，一定要与行动紧密配合，多多奉献。

一次，丈母娘的自行车爆胎了，她正准备推出去修车，小马一把拦下了她："妈，修理个自行车还要出去花钱么？来，让我修吧！"

"你会修车？还会补胎？"

"拜托妈，请把这句话里的问号去掉。"

然后，小马一撸胳膊，摆开阵势。且慢，"妈，您等我一下，我出去买一管补胎胶水。"

其实，小马出去不仅仅是买胶水，而是学修车。

小马来到一个离家不远的自行车修理摊前，正好看见修车师傅在补自行车胎，就蹲下身仔细看，看会了，小马就跟修车师傅买了一管胶水，还要了一块小皮子，回到家，胸有成竹地把丈母娘的自行车翻过来，三下五除二地干了起来。把个丈母娘哄得在一旁直点头，不住地说："不简单不简单，你居然能干这样的活！"其实她心里的话小马也在心里替她说了："这么能干的男人，我女儿不嫁给他嫁给谁！"

（7）迂回处理矛盾

小刘有一个小孩，上小学二年级。话说有一次公司突然要派他去外地出差一个月，接送孩子的任务显然必须由丈母娘临时担起来。可丈母娘鼻孔朝天，牛气得很，如果直接跟她相求，指不定她会说出什么乱七八糟的话来，什么"我又不是你们的老妈子""有钱去请保姆啊"之类的，这在以前小刘不是没有领教过，所以小刘决定不从正面进攻，要用计智取！这天下班回家，一家人吃完饭后，小刘当着丈母娘的面跟老婆郑重其事地说："你到我书房来一下，我有重要事情跟你商量。"然后，小刘就和妻子就进了书房。故意把门留条小缝，因为据小刘对丈母娘的了解，这种情况下，她是百分之一百会来偷听他们谈话的。小刘首先找了张纸，给老婆写了几个字："下面是演戏，请配合。"老婆心领神会地对小刘点了点头，于是他们的对话就开始了。"老婆，我考虑了好久，你明天起还是向公司提出辞职吧，因为我可能过两天要出差，孩子没人专管不行啊。"

"老公，可是我不想辞职，我现在的工作很不错啊，如果我辞职了，以后想找这么好的工作就很困难了。再说，如果我辞职在家专管接送小孩，我不就成了家庭妇女了么？我还这么年轻，我不想就这么废了自己啊，呜……"

她还哭了，装得可真像，小刘强忍住笑，继续说道："那你说怎么办？我挣得比你多，总不能让我退休你来养家吧？孩子的安全毕竟是第一位的，为了孩子，也只有牺牲你了。"

"老公，那你为什么不跟我妈说说让她在你出差期间临时替你接送一下孩子嘛。"

"你妈？拉倒吧！我打死都不会求她！这是我们自己的事情，必须自己解决。你明天就去辞职，然后在家当全职太太，这事就这么定了！"

"呜……呜……"，老婆"哭"得更伤心了。

小刘猛一拉门走出书房（不出所料，他又看见丈母娘身影一闪！），若无其事地坐到客厅沙发上看电视。看到丈母娘心事重重欲言又止地在小刘身边来回溜达。磨蹭了十几分钟，她终于忍不住了，慢慢走到小刘身边，讪讪地说："小刘，你，要出差是吗？"

"是啊，您怎么知道？"小刘故作惊讶地问。

"嗯，你要出差，就尽管放心出差好了，孩子交给我来接送吧。"听口气，仿佛丈母娘在求小刘。

"那可不行，您是妈啊，又不是保姆，怎么能让您干这种事呢？不用您操心，孩子的事情我已经都安排好了。"

"别呀，小刘，看你说的哪里话！什么保姆不保姆的，我是姥姥，怎么就不能接送外孙子？你快别安排了，反正我在家也是闲着……"

"啊呀，这样啊，那就有劳妈多费心了！不过你每天出门时可要注意锁好门，另外自己走路也要小心啊！"

"当然当然，你放心吧小刘！"丈母娘高兴的仿佛得了宝贝似的。

情景 **27** 尊重长辈，说话诚恳

老人自尊心很强，总感到自己年纪大了，是长辈，该受尊敬，如果小辈公开地反对他，甚至顶撞他，会使他十分恼火。但是，另一方面，他又有孤独感和退化感，"感人生之须臾，惜年华之易逝"，感到自己老了，越来越不中用了，好像一支蜡烛已经快要烧到尽头了，特别是白天，当子女们都去上班和忙自己的生活的时候，老人便感到孤寂。所以，要不断增进与长辈的交流。

（1）尊重长辈

尊重长辈是我们中国人的传统美德。但是光尊重也是不够的，要在尊重的基础上多与长辈沟通，把自己的想法告诉他们，让他们能理解你，明白你。有时候长辈也是需要你像对待平辈朋友那样，用平等的方式进行沟通。

有个老人食欲不振，看上去气色也不大好。儿子几次要带他去医院检查身体，可老人总是执拗着不愿去，说是怕再查出个什么大病来。

一天吃过早饭，儿子冷不丁地问老人："今天我休息，要带您去查身体；您说是去第一医院好还是去第二医院好呢？"紧接着他又补充说道："都说第一医院设备好，大夫对病人态度和气。您说，咱们去哪家医院呢？""这么说，咱们就去第一医院吧。"讳疾忌医的老人，竟在不知不觉中顺从了儿子，做出了去求医就诊的决定。

（2）让实践结果说话

有些时候，我们做的事情短时间内不被长辈认同，但是经过我们的努力，是可以感动老人并让他们接受的。

（3）借别人的嘴说话

如果真的与长辈发生了重大分歧，也不要针锋相对，建议采取"曲线救国"的战略，即借别人的嘴说你想说的话，留些可以沟通的可能性。生活中，这样的沟通往往奏效。

（4）不要去硬碰硬，要学会疏导

不要心急，慢慢的进行沟通。因为长辈的某种思想已经存在了几十年，要一次就把观点给扭转过来，突然接受新事物，那是很困难的事。如果与长辈硬碰硬的话，只会发生争吵，丝毫不会让长辈改变观点，而又伤了彼此的感情。所以应该在一些气氛比较好的时候，或是长辈比较高兴的时候，再提出一些建议与想法。这样比较容易沟通。

有一位老人和儿子、媳妇生活在一起。媳妇既能干又厉害，小夫妇如果吵架了，老人常觉得儿子吃亏。老人常为儿子说几句偏向话，小夫妇反而越吵越凶。老人心里很不是滋味，本来身子就弱，又为小两口的事闷闷不乐，耿耿于怀，脸上天天是乌云。其所在小区的居委会的工作人员知道了，决定帮一帮老人。他们一边动员她去参加老年心理学班学习，一边用自己学到的心理学知识，慢慢疏导她："古今中外家庭中最难相处的是婆媳关系，因为和媳妇没有'血缘'关系，原来是不相积的陌生人，只是和儿子结婚才成了一家人，生活习惯、思想感情不容易相融。如果小夫妇吵架，老人最好不参与，他们一会吵，一会儿就好了。如果你要帮就帮媳妇说话。否则你帮了儿子，媳妇受的气还是要出在你儿子身上，儿子也不见领情，你又何苦呢？"老人听了居委会人的劝解才笑着说："我是多管闲事，吃力不讨好，和自己过不去，仔细想想太傻了，退休十年，一直心里想不通，今天想通了，想想真好笑。"

以后，这位老太太又开始笑起来了。

不要硬碰硬，经常为老年人疏导问题，晓明利害关系所在，为老年人打开一扇扇心灵的窗户，成为老年人的"知音"和"亲人"。老人自然乐得和你沟通，并改正自己的不当行为。

（5）长辈应该多聆听孩子们的心声

大人们应该多聆听孩子们的心声，不要整天只有责备。多想想过去，想想当年自己年轻的时候是否也是这般，对于自己父母的话是否也存在这样那样的意见，自己是否也曾经叛逆过，能这样想自然能谅解晚辈，能理解他们的行为和心情。晚辈应该多想想大人的出发点，长辈只是想孩子过得更好。不要觉得父母总是只会唠唠叨叨，所说的话都是啰嗦多余的。若能如此，长辈与晚辈之沟则能通顺畅矣！

长辈和晚辈沟通困难，一个重要原因就是年龄的差距，这种差距使得长辈和晚辈子在心理和行为方式上都存在很大的差异。要跨越这道鸿沟，重在沟通和理解。

有一位大学毕业生想到南方闯一闯，家长不同意，他这样找理由说服父亲："爸，我常听你说，你16岁就离家到外地上学，自己找工作，独自奋斗到今天！我现在比你当时还大两岁呢，我是受你的影响才这样决定的，我想你会理解和支持我的。"

这样一来，儿子成功地说服了父亲，父亲无法再坚持自己的意见了。

（6）要尽量地赞美老年人

值得注意的是，老年人常常希望向年轻人证明自己的一生没有白白度过，拥有许多值得回忆的美好东西，因而其内心需要赞美的渴望要更为强烈些。所以，在与老年人的相处中，年轻人要尽量地赞美老年人。

阿伟小两口经常到父母家吃饭，每次回来阿伟的母亲总是烧上几道可口的饭菜，乐此不疲。她觉得，儿子和媳妇回来吃饭，家里才显得有生气。阿伟的媳妇每次回来吃饭总是夸奖婆婆的厨技高。

"妈，还是您烧的菜好吃，前几天我们单位同事聚餐，花了好几百元，那菜照您做的差远了。妈，您的菜烧的这么香，我都舍不得放筷子，这样下去，我还怎么减肥了。"

儿媳妇的话说得阿伟妈妈嘴都合不上了。

还有这样一个例子。

近代中国百岁老人马相伯是著名的爱国人士，在他八十寿辰大典之际，他的弟子如蔡元培、章太炎、于右任等人纷至沓来，真正是贺客盈门，热闹非凡。人们送的寿幅上大都是写着"寿比南山""松鹤延年"等赞颂之词。唯独他的小孙子别出心裁地在祝寿大典的致词中赞美他为"童心不漏，童趣横溢，童思敏捷的老少年"。这一赞誉之词令马相伯老人万分高兴。这一奇闻也很快传了出来，为世人所接受，人们称马相伯为"百岁少年"，他本人也每每以"童心不漏"为娱，并自豪地说："做一个有童心的老孩子有什么不好，只有这样才能与孩子们想到一块儿，如果年岁一大，就老气横秋了，那怎能理解自己的孩子。"

在这个事例中，马相伯的孙子选取了马老的寿辰为背景，结合平常马老的心思，别具一格地道出了赞美词。如果马老是位很严肃的老人，那么马老的孙子的赞词也许就不会收到这样的效果了。正因为马相伯的孙子熟悉马老，才能恰当地运用赞美之词，把对老人的赞美说到了他的心坎上。

（7）给长辈祝寿

民间素以进入 60 岁为寿年，50 岁以下或有父母健在者均不能称寿，只以过生日相称。通常过生日这天要煮鸡蛋、吃面条。鸡蛋叫"喜蛋"，面条叫"长寿面"，表示祝愿"长寿百岁"。如今除了吃喜蛋、长寿面之外，还买生日蛋糕，有的还按年龄点燃蜡烛，以示庆贺。

为老人祝寿，要备制礼品，一般多以老人喜爱的食品、衣物为主。生日蛋糕不可缺少，比较讲究的人家，也有撰写"寿联"和设"寿中堂"的。

在老人生日当天，子女或亲友携带寿糕及食品等给老人祝寿，家人聚餐，晚辈及亲友向老人敬酒、祝辞，有的唱《祝您生日快乐》歌曲，也有的在寿糕上点燃与年龄相同数量的蜡烛，以表示老人健康长寿。

①给父母祝寿

给父母祝寿，女子应当都来参加，并由子女中的一人致祝寿辞，寿辞内容一般包括感谢父母的养育之恩，讲述父母一生的辛苦，以及对父母的祝福。

各位亲友、各位来宾：

晚上好！

首先我代表我们王氏家族向各位的光临表示热烈的欢迎和由衷的感谢！

今天是我的父（母）亲七十寿辰，看着眼前我的父母斑斑的白发，我们兄弟姊妹心情十分激动，是二老用超过常人的艰辛养育了我们五位儿女，是二老用成龙成凤的严爱供养我们读书成人，奠定了我们人生的起点，是二老用永不气馁的鼓励和高标准的要求激励我们开拓事业，造就了我们的今天。虽然他们不曾是高官显贵、名流宿儒，但他们的一生却是创业的一生，刚强的一生，他们是普通的，但在我们子女的心中二老永远是神圣的、伟大的！

之所以，我今日能结交现在到来的诸位高朋密友，这一切都是二老的培养给了我与大家共挽人生的机会。

我们儿女的成功来自于父母的支持和鼓励，来自于父母的执著和刚强，我们的成功就是他们的希望、就是他们的成功。在此，我代表您的儿女向二老表示：我们要牢记你们的教导，承继你们的精神，忠孝传代，遗风子孙，团结和睦，刚毅进取，事业有建树，生活更富庶，使王氏家族蒸蒸日上。

我们共同祝愿您二老：

万事如意，寿比南山！

谢谢各位亲朋好友的到来，诚望诸位：

金樽满豪情，

玉箸擎日月，

开怀且畅饮，

和我天伦乐。

谢谢大家！

②给姥姥祝寿

给亲戚中的长辈祝寿，更要注意言词了，要生动、贴切，这样才能显示出晚辈的尊敬。如：

首先，允许我代表我们兄弟姐妹向大家致以节日的问候，祝大家新年新气象，新年好心情！在这先给大家拜新年！

今天是我们的敬爱姥爷七十寿辰，我们兄弟姐妹的心情十分激动，在这里我首先代表所有的晚辈向姥爷送上最真诚、最温馨的祝福！是二老用超过常人的艰辛养育了我的妈妈姐妹七人，是二老用成龙成凤的严爱供养他们读书成人，奠定了她们人生的起点。风风雨雨七十年，姥爷阅尽人间沧桑，她一生中积累的最大财富是他那勤劳善良的朴素品格，他那宽厚待人的处世之道，他那严爱有加的朴实家风。这一切，伴随他经历了坎坷的岁月，更伴随他给我们迎来了今天的幸福生活。而且这笔宝贵的财富已经渐渐被我们晚辈所继承，如果姥姥有在天之灵看到我们家今天的蒸蒸日上也会万分高兴的。虽然我们家不是高官显贵、社会名流，但二老的一生却是奋斗的一生，刚强的一生，姥爷是普通的，但在我们晚辈的心中永远是神圣的、伟大的！

我们儿女的成功来自于父母的支持和鼓励，来自于父母的执著和刚强，我们的成功就是你们的希望、就是你们的成功！在此，我作为代表向祖辈父辈表示：我们要牢记你们的教导，承继你们的精神，团结和睦，积极进取，勤劳朴实，宽厚善良，在学业、事业上都取得丰收！

祝姥爷福如东海，寿比南山，福寿安康，万寿无疆，健康如意，福乐绵绵，笑口常开，益寿延年！

③代人祝寿

逢长辈过生日时，自己不能亲自参加，拜托别人代为主持，此时，生日祝词是这样的。

各位来宾、各位亲朋好友，大家下午好：

又是一个万物争荣的季节，在公元 2007 年 7 月 8 日这个美好的日子里，我们欢聚一堂，在这里为我们的老寿星卢老太太举行八十大寿仪式。在此，我谨代表张先生同乡会所有会员，祝愿老太太增福增寿增富贵，添光添彩添吉祥。

诸位朋友，各位来宾，今天真是群贤毕至，鼓舞欢欣。前来祝贺的有老朋友，老乡亲，还有不少海外特地归来拜寿的亲友人士。这正是：亲朋共享天伦乐，欢声笑语寿满堂。

不知道大家注意没有，老寿星的脸上始终泛着红光，寓意就是福寿满堂，欢乐远长。在这里让我们共同祝愿老寿星寿比南山、天伦永享。

在六十年的风雨中，老太太含辛茹苦的将她的子女抚养成人。六十年的风风雨雨，六十载生活沧桑。岁月的泪痕悄悄地爬上了她的额头，将老人家的双鬓染成白霜。大千世界里，孩子们把心中的话语都撒向老人那宽厚慈爱的胸膛。"严于律己，宽以待人，认真工作，发愤图强"简单的话语，让儿女镌刻在心，永记不忘。老人的辛苦并没有白费，在她的教育下，子女们都已经长大成人，为老人赢得了无上的荣光。她的儿女－－受人尊敬的张先生已经成为名侯一方的成功人士。现如今老寿星一家四世同堂，正可谓儿子孝，儿媳能，女儿贤，女婿强。就连在校学习的孙子，孙女，外孙，外孙女们也是聪明伶俐，成绩优异，捷报频传，后继有人。

让我们一起恭祝老寿星，福如东海，日月昌明。松鹤长春，春秋不老，古稀重新，欢乐远长。同时也祝愿在场嘉宾的每一位来宾都幸福安康！最后祝各位来宾万是如意，心想事成，让我们共同度过这美好的时光。

谢谢大家！

又如：

春秋迭易，岁月轮回，当新春迈着轻盈的脚步向我们款款走来的时候，我们欢聚在这里，为侯先生的母亲——我们尊敬的王老妈妈共祝八十大寿。

在这里，我首先代表所有老同学、所有亲朋好友向王妈妈送上最真诚、最温馨的祝福，祝王妈妈福如东海，寿比南山，健康如意，福乐绵绵，笑口常开，益寿延年！

风风雨雨八十年，王妈妈阅尽人间沧桑，她一生中积累的最大财富是她那勤劳善良的朴素品格，她那宽厚待人的处世之道，她那严爱有加的朴实家风。这一切，伴随她经历了坎坷的岁月，更伴随她迎来了今天晚年生活的幸福。

而最让王妈妈高兴的是，这笔宝贵的财富已经被她的爱子侯天明先生所继承。多年来，他叱咤商海，以过人的胆识和诚信的品质获得了巨大成功。然而，他没有忘记父母长辈养育之恩，没有忘记父老乡亲提携之情，没有忘记同学朋友相助之意，为需要帮助的亲友慷慨解囊，为家乡建设贡献力量。可以说，他把孝心献给了母亲，把爱心献给了家乡，把关心献给了亲人，把诚心献给了朋友。我想，让我们共同响起热烈的掌声，为侯先生送去无穷无尽的信心！

祝寿的话即要表达祝福，更要合体，让对方感到温馨，愉悦，切不可不顾具体情况，信口开河。

村里有一位99岁高龄的长者做寿，同村人均来祝贺。村中有一位爱逞口舌之快的游手好闲之徒，经常东家一言、西家一语的胡说八道，信口开河，以致村里人都讨厌他。这次见老者做寿，他又想借此机会去混顿饭吃。

所有的来宾还未入席前，这人便站在庭下对老者鞠躬作揖道："祝您老人家长命百岁，希望我明年也能祝贺您百岁大寿。"

老者一听，心想我今年就已经99岁了，你祝我活百岁，这不是咒我明年就死吗，于是马上说："好啊，我看你的身体没什么大碍，明年一定能来为我祝寿。"

在场所有的人顿时哄堂大笑起来，弄得这位平时油嘴滑舌的家伙狼狈不堪，饭也没吃成就灰头土脸地跑了。

④祝寿语

龙耀七旬新纪跨，寿山诗海任飞腾。

龙年贺祖龙，寿比泰山松。

李桃枝叶茂，诗坛不老翁。

五十阳春岂等闲，几多辛苦化甘甜。
曾经沧海横流渡，亦赖家庭内助贤。
连日凝神新墨劲，五更着意旧诗鲜。
如今但祝朝朝舞，当信人生二百年。

金沙峭岸一株松，干劲枝道塑祖龙。
桃李盛时甘寂寞，雪霜多后竞青葱。
根深更爱阳春雨，叶茂犹怜翠谷风。
师表才情堪敬仰，古稀不愧焕神容。

南山信步好逍遥，杖国而今又杖朝。
诗苑丰收夸老将，政坛竞秀领风骚。
阳春白雪抒怀抱，明月清泉尚节操。
汝向期颐跨劲足，我来祝福奉蟠桃。

德为世重
寿以人尊

菊水不皆寿
桃源境是仙

鹤算千年寿
松龄万古春

寿考征宏福
和平享大年

露滋三秀草
云护九如松

南山欣作颂
北海喜开樽

上苑梅花早
仙阶柏叶荣

筹添沧海日
嵩祝老人星

筵前倾菊酿
堂上祝椿龄

椿树千寻碧
蟠桃几度红

榴花红击瑞
柏叶翠凝香

坐看溪云忘岁月

笑扶鸠杖话桑麻

人如天上珠星聚

春到筵前柏酒香

杏花雨润韶华丽

椿树云深淑景长

岭上梅花报春早

庭前椿树护芳龄

红梅绿竹称佳友

翠柏苍松耐岁寒

德如膏雨都润泽

寿比松柏是长春

寿考维祺征大德

文明有道享高年

琥珀盏斟千岁酒

琉璃瓶插四时花

天上星辰应做伴

人间松柏不知年

室有芝兰春自韵

人如松柏岁常新

海屋仙筹添鹤算

华堂春酒宴蟠桃

志大年高一身干劲

童颜鹤发满脸春风

体健身强宏开寿域
孙贤子肖欢度晚年

左吟太行右挟东海
光浮南极星起老人

海屋春秋增添筹算
平泉花木颐养天年

有德流仁讴歌送喜
增荣益誉眉寿保年

花好月圆庚星耀彩
兰馨桂馥甲第增辉

北海开樽本园载酒
南山献寿东阁延宾

节界中秋月圆人寿
筹增上算桂馥兰馨

曲谱南薰四月清和逢首夏
樽开北海一家欢乐庆长春

喜享遐龄寿比南山松不老
欣逢盛世福如东海水长流

【社交情景口才】

社会交往中的表达艺术

　　社交口才是人的一项重要的处世能力，一句不恰当的话可以让祸从口出，一句恰到好处的话也可以使不可能成为可能，即福从口入。在很多的社交情况下，好命运就掌握在"口"中。

情景 *28* 拜访他人，增进情感

没有社交活动的人生是残缺不全的，没有朋友往来的人生是极其不幸的。在人的一生中，我们需要通过正常的人际交往与这个社会保持联系。健康正常的互访活动，对于建立、加深这种联系，交流信息，沟通感情，都有着其他方式所不可替代的作用。而语言的交流与运用，又在拜访活动中起着至关重要的作用，我们应当给予足够重视。

（1）拜访名人，应对有礼

孔融在10岁时，和父亲一起来到洛阳。当时，洛阳有个叫李元礼的人，在社会上有很大的影响，官至司隶校尉。因为他多才多艺，道德高尚，前来拜访他的人有很多。但是，只有他家的亲戚和才华出众的社会名流，守门人才给通报。孔融几次央求父亲带他去见见李元礼，父亲生怕他不懂事，得罪人家，所以一直没有同意。

这一天，孔融瞒着父亲一个人来到李家的门口，冲着守门人行了个礼，用充满童真的声音说："李大人是我的亲戚，我要进去见他。"

守门人见他长得乖模乖样，一举一动都十分得体，是个书香人家子弟，就进去通报李元礼。

孔融被请进客厅，李元礼并不认识他，就问道："你真是我的亲戚吗?"

孔融答道："说来话长，过去您的祖先老子和我的祖先孔子有师生关系，因此我和您自然是老世交了。"

见这个孩子这么从容不迫、能说会道，在座的宾客都感到非常惊诧。李元礼禁不住连声赞道："好口才，真是个神童啊！"

这时，手下人进来禀报：大中大夫陈韪到。

陈韪大摇大摆来到客厅，听见大家正在赞扬一个不知名的孩子，他感到非常好奇，忙向人们询问事情的缘由。人们把孔融的话告诉他，陈韪不以为然地说："小时候聪明伶俐，并不意味着将来就会有出息。"

大家都觉得他说的话没有道理，但碍于情面又不好回驳他。堂上的气氛一下子凝固了。

"我想，陈大人在小时候一定是很聪明伶俐的吧。"孔融不慌不忙地回敬陈韪说。

陈韪想：这不是用我的话来回击我吗？说我小时候聪明不就是说我现在是个没出息的笨蛋吗？不由得脸色通红。

大家见这位大官尴尬地站在那儿发愣，心中不由得暗自发笑。

(2) 切勿出言无忌

在拜访友人时要注重自尊自爱，并且时刻以礼待人。与主人或其家人进行交谈时，要慎择话题。切勿信口开河，出言无忌。

朱元璋做了皇帝以后，有很多以前的穷朋友前往拜访，他们都想凭借这种关系来求得官职，有些人直接把从前在一起的一些恶作剧或不太光彩的事情全部说出来，以为这样就可以使皇上怀念旧情而重用自己，结果不是被轰走，就是被推出斩首。

但是，有一个小时候在一起玩的伙伴却凭着一张巧嘴得到了朱元璋的重用。他也不远万里前来拜见皇上，皇上问他有什么事要禀报。他向皇上行过大礼，而后不慌不忙地说："万岁，曾记否？当年微臣随驾扫荡庐州府，打破罐州城，汤元帅在逃，拿住豆将军，红孩子当关，多亏菜将军。"

朱元璋听了非常高兴，既把小时候在一起偷豌豆、煮豌豆的事情说了出来，又顾及了自己的面子和尊严。当时在煮豌豆的过程中，罐子不小心被打破了，自己只顾抢豆吃而被红草叶哽住，幸亏得到了这位好伙伴的帮助，才用菜叶把红草带下了肚子。朱元璋马上封他为御林军总管。

（3）妙语应对拜访难题

1972年，美国总统尼克松访问苏联，有一次在某机场准备起飞，不料飞机引擎突然发动不起来。对于这种很丢面子的事情，勃列日涅夫非常恼火，同时也很着急。他指着一旁的民航部长问尼克松总统："请问总统先生，我应该如何处分他？"

这等于说是给尼克松出了一道难题，如果尼克松能够巧妙应对的话，前苏联也可以借此挽回一点面子。

"提升他！"尼克松微笑着答道。

"为什么？"勃列日涅夫感到非常奇怪。

"因为在地面发生故障总比在空中发生故障好。"尼克松解释说。

勃列日涅夫笑了起来，尼克松总统以他幽默地回答缓和了尴尬的场面，也使勃列日涅夫有了台阶可下。

情景 29 对待采访，要有招数

对待采访，一定要有一个良好而积极的态度，不要以为自己是名人就耍大牌，也不要以为自己微不足道感到自卑。特别是对于企业来说，更是这样。

应对媒体方面不当的问题，导致的后果已经众所周知。那么，企业应该怎样应对媒体的采访呢？可以按照以下基本原则进行：

(1) 要尊重媒体，不卑不亢

以"应对"而非"应付"的态度正确对待媒体采访。

2005年8月份，某中德合资企业由于企业融资接受媒体的采访，记者问："股权在融资后的变化及中资股份减少多少？"等问题，其中涉及到民族情感和民族企业等敏感性问题，企业发言人回答只有一句话："这些问题将在公司法的框架下有步骤地进行，如果届时您（记者）需要最新的消息，我将及时给您提供。"当时此事处理较妥，事后因方方面面的原因，直到股份结构调整完毕，记者再也没有进一步采访，双方保持了良好的心理感觉和合作关系。

(2) 要诚实，不要耍弄媒体

在这里诚实的概念，并不是指某一个人的秉性，而是指一个企业或团队的共同的素质，一种企业生存的基因。接受媒体采访也是一种公关营销，做得好就是对企业一次免费的广告宣传，反之则会带来巨大的负面影响。营销研究中有一个规律：做营销之前先做人。做人要厚道，更要诚实，做企业也是一样。

2001年秋，第九届全运会在广州召开。11月16日晚，组委会方面传出了部分运动员兴奋剂检测、血检不合格的消息。其中，"马家军"某主力队员最为引人注目。随后，"马家军"总教头马俊仁对媒体宣称："该主力队员是吃了安利的一种补钙的药，所以，才会导致她血液黏稠，血检超标。"一时间，"安利钙镁片含有兴奋剂"的消息不胫而走，很多消费者和经销商质疑安利公司，并且安利钙镁片在两天中的销量大跌。

面对这场飞来横祸，安利公司第一时间成立了"危机处理小组"，以最快的速度召开新闻发布会，有一百多家媒体到来。在新闻发布会上，安利搜集提供了所有安利成为奥运会中国代表团的唯一专用营养品的资料。而且，聘请大量专家，中国运动医学学会主任、国际奥委会医学委员扬天乐等，在回答记者提问时说："安利公司的营养补充食品，我们中国兴奋剂检测中心都曾经测试过，均未发现违禁成分，它不是药品，而是安全、有效的营养补充食品。"

随后，安利组织公众代表团参观了安利除美国本土外的最大的生产基地，让消费者亲身感受先进生产设备和管理方法以及严格的质量检测手段。

（3）不发怒，采取合作而非对抗态度

记者也有不同的性格，有的记者提问方式会使企业新闻发言人听了很不舒服，想拍桌子，但是一定要克制，因为双方都有各自的定位，要互相宽容才能合作。媒体要负责，企业更要理性。对记者的问题，应当进行合作性的发言，而非对抗性的发言。

对于名人来说，无论是政治上的名人，还是文艺上的名人，无可避免地要面对各种记者的采访合作的态度尤为重要，合作的好，宣传的效果就好，否则，在媒体宣传下，会造成很恶劣的社会影响。

（4）预设问题

问题预设是隐藏在问句中的判断。或这类隐藏在问题之中，或希望得到更加明确的回答，以证实隐含于问题之中判断的真假，或希望通过回答，以了解对方的观点。

请看基辛格与一名记者的对话。

基辛格在莫斯科向随行的美国记者团介绍美苏关于限制战略武器的四个协定签署会谈情况时说："苏联生产导弹的速度每年大约250枚。"

记者们马上接着问："我们的情况呢？我们有多少潜艇导弹在配置分导式多弹头？有多少'民兵'导弹？"

基辛格说："导弹有多少，我不清楚，至于潜艇，数目我是知道的，但不知道是不是保密的？"

记者说："不是保密的。"

基辛格说："不是保密的吗？那你说是多少呢？"

记者无言可答了。

基辛格这里两次用到了问题预设，而该记者在瞬息之间如果能够对基辛格的预设做出正确的反应，那么他最好保持缄默，这样，基辛格"无可奉告"的目的同样达到了。

(5) 回问问题

问题回问是对问题的提问，如上面的例子中，记者提道："我们有多少潜艇导弹在配置分导式多弹头？"基辛格对这一问题进行提问说："不知道是不是保密的？"就是对记者问题的一个反问。如果发现对方的提问有破绽，反问是反守为攻的有力武器；如果对方缺乏谈判素养，提问咄咄逼人，回问亦可暗藏锋芒而又不失温文尔雅的风度。

在一次记者招待会上，有一位记者向蒙博托问了这样一个问题："你一定很富有吧？据说你的财产达到30亿美元。"

蒙博托听后，哈哈大笑，回答道："一位比利时议员说我有60亿美元，你听到过吗？"

(6) 回驳问题

回驳是对问题预设的否定。根据问题与回答之间的关系可知：一个回答同问句针锋相对便是对问题的回驳，或称为问题回绝。提出问题预设的虚假性或矛盾性即为反驳，它通常是采取直接反驳形式。

尼克松曾问周恩来总理说："如果美国政府承认北京政府，你们将会做出什么反应？"

周总理答道："你们要承认我们？你完全错了，问题在于，我们是不是会承认你们。"

经过分析不难看出，尼克松的问题中有两个预设，第一步：美国政府承认中国政府。第二：对美国政府的承认，中国政府将会做出反应。周总理运用了直接反驳方法，从根本上驳斥了美国的优越感和不平等态度，维护了国家尊严。

（7）回避问题

问题回避即提问没有达到目的，没有增加任何新信息，回答的内容没有超出原问题中已知成分的范围，而与问题预设无差别，仅仅是简单的重复。被采访者对记者所提问题不情愿回答，或回答起来有一定难度时，往往会运用这种方法。

1972年基辛格随尼克松总统动身前往莫斯科途中，经过维也纳时，就即将举行的美苏首脑会谈问题，举行了一次记者招待会。《纽约时报》记者马克斯·弗兰克尔提出了一个所谓"程序性问题"，他问："到时，你是点点滴滴地宣布呢？还是来个倾盆大雨，成批地发表协定呢？"

基辛格回答说："我明白了，你看马克斯同他的报纸一样多么公正啊！他也要我在倾盆大雨和点点滴滴之间任选一个。所以，无论我们怎么办，总是坏透了。"他略停了一下说："我们打算点点滴滴地发表成批声明。"全场顿时哄堂大笑。

基辛格的回答方式是属于回避问题的一种，通过他的回答，记者没有得到任何信息，同时也躲过了记者的继续纠缠。

一次，英国一家电视台采访中国当代青年作家梁晓声，现场拍摄电视采访节目。

这位英国记者忽然让摄像机停下来，然后对梁晓声说："下一个问题，希望您能毫不迟疑地用'是'或'否'来回答，好吗？"

梁晓声不知是计，欣然答应。

谁知那位英国记者一扬手，遮镜板"啪"地一声响，记者把话筒放到自己嘴边，说道："没有'文化大革命'，就不会产生你们这一代青年作家，那么'文化大革命'在您看来究竟是好是坏？"说完把话筒立即伸到梁晓声嘴边。摄像机对准了梁晓声的脸。

梁晓声的形象和声音将会由摄像机转告给广大观众。此时，无论梁晓声回答"是"，还是回答"否"，都是不妥的。但梁晓声刚才是答应用最"简洁"的一两个字回答问题的呀。因此不按照应诺的条件回答也不是个办法。看来对方是蓄意要出他的洋相。

在这进退维谷之际，梁晓声却不动声色地说："在我回答您这个问题之前，我也问您一个问题：没有第二次世界大战，也就没有以反映第二次大战而著名的作家，那么您认为第二次世界大战是好是坏？"梁晓声把话筒转向英国记者……

(8) 反击问题

美国代表团访华时，曾有一名官员当着周总理的面说："中国人很喜欢低着头走路，而我们美国人却总是抬着头走路。"此语一出，话惊四座。

周总理不慌不忙，脸带微笑地说："这并不奇怪。因为我们中国人喜欢走上坡路，而你们美国人喜欢走下坡路。"

美国官员的话里显然包含着对中国人的极大侮辱。在场的中国工作人员都十分气愤，但由于外交场合难以强烈斥责对方的无礼。如果忍气吞声，听任对方的羞辱，那么国威何在？周总理的回答让美国人领教了什么叫做柔中带刚，最终尴尬、窘迫的是美国人自己。

情景 *30* 朋友沟通，说到点上

有些人以"不是朋友，就是敌人"为人际交往的界限，这样做会使敌人一直增加，朋友一直减少，最后把自己孤立。如果改为"不是敌人，就是朋友"，这样朋友就会越来越多，敌人越来越少！没有永远的敌人，也没有永远的朋友；敌人会变成朋友，朋友也会变成敌人，这是社会的现实。当朋友因某种缘故而成为你的敌人时，你不必太忧伤感叹，因为他有可能再度成为你的朋友！有了这样的认识，你就能以平常心来交友。

（1）谈笑自如的朋友

朋友之间可以无话不说，友谊这汪清泉就在谈笑自如的交谈中流淌着。

北宋时期苏轼和黄庭坚是以诗文闻名于世的一对好朋友。有一次，他们一起讨论书法，苏轼说："您近来的字虽愈来愈遒劲，不过有的地方却显得太硬瘦了，几乎像树梢绕蛇啊！"说罢大笑。黄庭坚说："师兄批评一语中的，令人心折。不过，师兄的字……"苏轼忙说："你干吗吞吞吐吐，怕我受不了吗？"黄庭坚于是大胆言道："师兄的字，铁画银钩，遒劲有力，然而，有时写得就像是石头压的蛤蟆。"话音一落，两人都笑得前仰后合。

古代艺术大师们在谈笑间互开玩笑，达到了互相帮助、互相促进的目的。

　　有时，朋友之间产生了点小矛盾，开个玩笑，说句逗趣的话，比正儿八经说道理的效果更佳。

　　老王和老张是一对好朋友，由于误会而产生了隔阂，有一段时间没有交往了。有一天，老王跑到老张家，进门便说："老张啊，我今天是来唱'将相和'的。"老张感到很不好意思，忙接过话头说："要唱'将相和'也该我'负荆请罪'啊！"两人在笑声中握手言欢。

　　试想，老王与老张若不用这种说笑式交谈，要驱除各人心中的云雾，该说多少话呀！而且效果未必有这么好。所以说，说说笑笑，谈笑风生，是朋友间交谈的一大特色。友谊往往就在这亲密无间的说笑声中得到了升华。

（2）朋友之间，幽默相处

　　法国大文学家小仲马与朋友之间的交往充满了幽默。

　　小仲马的朋友约他一起去看戏，演出中间人们聚精会神地凝视着舞台。只有小仲马反转身来，面向观众，嘴里不住地念叨："一个，两个，三个……"

　　朋友感到很奇怪，禁不住问道："哦，我的朋友，您在干什么啊？"

　　"现在上演的是您的剧本，我在统计，有几个人正在打瞌睡。"小仲马回答说。

　　没过多久，小仲马的《茶花女》公演了。两人又一起去观看。

　　这次，那个朋友也不停地回头寻找打瞌睡的人，他的工夫没有白费，终于找到了一个打瞌睡的人。"哈哈，您看，那边不是有一个观众在打瞌睡吗？"

　　小仲马顺着朋友指的方向望去，果真有一个人在打瞌睡，于是他一本正经地说："怎么，您不记得了吗？他正是上次看您的戏时睡着的人，想不到他至今还没有睡醒。"

（3）真诚地帮助朋友

管仲二十来岁时就结识了鲍叔牙，起初二人合伙做点买卖，因为管仲家境贫寒就出资少些，鲍叔牙出资多些。生意做得还不错，可是有人发现管仲用挣的钱先还了自己欠的一些债，这钱还没入账就给花了，现在会计上的名词叫：坐支，而且私自花钱恐怕离贪污公款罪也不远了。更可气的是到年底分红时，鲍叔牙分给他一半的红利，他也接受了。

这可把鲍叔牙手下的人气坏了，有个人对鲍叔牙说："他出资少，平时他开销又大，年底还照样和您平分效益，显然他是个十分贪财的人，要我是管仲的话，我一定不会厚着脸皮接受这些钱的。"鲍叔牙斥责他手下道："你们满脑子里装的都是钱，就没发现管仲的家里十分困难吗？他比我更需要钱，我和他合伙做生意就是想要帮帮他，我情愿这样做，此事你们以后不要再提了。"

（4）多看朋友的优点

《礼记》中有这样一句话："水至清则无鱼，人至察则无徒。""完美主义"用在与人的交往上实在不是明智之举，因为每个人都有这样那样的缺点，而你一旦盯住这些不放，那无疑会放大了这些缺点，人也变得爱挑剔，试想这样的人你会愿意与他交往吗？这种弹性不足的人，在我们生活中会经常遇到。因此，想要结交到更多的朋友，就应该多看别人的优点和长处，这样你自然也会变得宽容许多。许多看似不可交往的人，也就可能成为你的朋友。

春秋时的管仲和鲍叔牙是一对"莫逆"之交，鲍叔牙非常了解管仲，知道他有安邦定国的卓越才能，是一位不可多得的人才，于是在齐桓公面前举荐他，希望他摒弃前嫌，任人唯才。他们也被人奉为朋友之间的楷模。

（5）和朋友发生矛盾时要真诚道歉

在交往的过程中，我们经常会和朋友发生摩擦产生矛盾，如果是因为自己做错了事才使朋友生气时，你应该怎么办呢？你不妨用用这句话——
"我真诚地向您道歉"。

凯斯思和莫斯里是一对高尔夫球伙伴。一次业余高尔夫球比赛中，莫斯里的比赛开局良好，但是，后来击球很糟糕，凯斯思和莫斯里跑到球道的侧面等着另一个选手大卫击球。莫斯里在击球时错误地看高而打空了，使球只沿着跑道跑了几码远。原本心情就不好的大卫脸色变得铁青，大发雷霆，他走向莫斯里，并大声地责备他。

而莫斯里，却没有对他朋友的无理生气进行回击，也没有嘲笑和敷衍他的朋友，他只是真诚地说："大卫，我的朋友，我真诚地向你道歉。"气愤从大卫身上慢慢消失，就像是水从浴缸中慢慢排出一样。"没关系，"大卫嘟哝着说，"这不是您的错。"

"我真诚地向你道歉"这句话如此具有魔力，在"真诚"的攻势下，化解了大卫的愤怒，也坚固了两人之间的友谊。

当然，你也不能过多地道歉，他们接受道歉就表明你的道歉已经足够了。

情景 **31** 初次交往，热情表现

有些人一见到陌生人就感到无所适从，"不好意思"交谈，有人感到无从启齿，"没有办法"交谈。他们或是局促一角，尴尬窘迫；或欲言又止，嗫嚅迂讷；或说话生硬，使人误解……产生这种现象的重要原因就是：缺乏和陌生人交谈的勇气。

试想一下，一个没有勇气同陌生人交谈，或者不会与陌生人交谈的人，又怎能交到知心的朋友呢？

（1） 尽快熟悉对方，消除陌生

同陌生人交谈的最大困难就在于不了解对方，因此同陌生人交谈首先要解决好的问题便是尽快熟悉对方，消除陌生。要想做到这一点就要多了解别人，在不断说话中逐渐消除陌生感。

（2） 表现出对对方的兴趣

在同陌生者交谈时，要特别表现出对他的职业、性格、爱好的兴趣。在对方谈话过程中，不时地插入一两个小问题，或由衷地表示你的赞叹、感慨："啊，这太有意思了。""真想不到，会是这样的吗？"让对方觉得你很愿意听他的谈话并因此在第一次谈话时就把你看成他的知己。

（3） 造成轻松愉快的气氛

同陌生人交谈，要努力造成一种轻松愉快的气氛。首先从你自己做起，你同他谈话要直率而坦然，最要紧的是使对方不感到拘谨。尤其是对那些比较害羞，很不习惯于同陌生人谈话的人，你一定要设法使他放松，可以先同他谈些零碎的无关紧要的事，越随便越好，就像同老朋友谈话一样轻松、自在。要尽可能让对方多谈话，在谈话过程中，要随时留心对方态度的变化。不要以为你感兴趣的对方也一定感兴趣，对对方的兴趣，你要充分的尊重。当对方谈兴正浓时，你千万不可打断他；而当对方兴趣转移时，你则不要纠缠原来的话题，而应随机应变，巧妙地引出新话题。要认真倾听对方的讲话，但不能一眼不眨地紧紧盯住对方（任何人都受不了这种眼光）。你的眼神要随时表现出你对他的理解、信任和鼓励，而不是怀疑、挑剔和苛求。一道严厉的目光，会使对方把只说了一半的话吞回去。

（4） 发现陌生人同自己的共同点

为了发现陌生人同自己的共同点，可以在同别人谈话时留心分析，揣摩，从中发现共同点，多找一些双方共同感兴趣的话题。两个人一旦有了共同感兴趣的话题，心理距离会很快缩短。

在广州的某百货商店里，一位在南海舰队服役的军人对服务员说："请你把那个东西拿给我看看。"他把"我"说成苏北土语。此时，另一位在广州某陆军部队服役的苏北籍军人正好在场，听了前者这句话，也用手指着货架上的某一商品对营业员说了一句相同的话，两句字里行间都渗透苏北乡土气息的话，使两位陌生人很快交谈起来，从老家问到部队，从眼下任务谈到几年来走过的路。

身在异乡的一对老乡的亲热劲，不知情的人怎么也不会相信是因为对方一句家乡话而造成的结果。可见细心揣摩对方的谈话确实是可以找出双方的共同点，使陌生的路人变为熟人，发展成为朋友的。

这种共同点，即可以是仅为谈话双方共有的，也可以是众多人共有的。

田中义一是日本很有名气的政治家，他非常善于利用人们的亲近心理，营造温馨的交际环境，来取得预期的交际效果。有一次，他到北海道进行政治游览，有位穿着考究看来很像当地知名人士的男子走出欢迎行列向他表示问候。田中义一急忙走上前去，紧紧握住那人的双手，十分热情地说道："啊，您辛苦了。令尊还好吗？"那个男子感动得一时说不出话来。田中义一的政治游览，也因此大获成功。事后，田中义一的随从对主人的亲密举动十分不解，忍不住问道："那人是谁？"田中义一的回答出人意料："我怎么知道，但谁都有父亲吧！"

田中义一的交际成功，无疑是他选择了一个比较好的切入点，即在男子心目中迅速建立了亲情意识，使男子觉得他是一个值得信赖、和蔼可亲的人，从而在心理上对田中义一产生了认同感。

(5) 寻找对方也熟悉的人和事

与陌生人交谈时，最好寻找对方也熟悉的人和事。以此牵线搭桥，引出话题。尤其是双方都与之关系很深的人和事。当谈到此类话题时，你们之间的距离就会很快缩短。

还可以巧妙地借用彼时、彼地、别人的某些材料为题，借此引发交谈。有人善于借助对方的姓名、籍贯、年龄、服饰、居室等，即兴引出话题，常常会收到好的效果。

不久前出差住在一家旅店，一个先杨光而住的旅客已悠闲地躺在床上欣赏电视节目，一个后杨光而住的，放下旅行包，稍拭风尘，冲了一杯浓茶，边品边研究起那位先杨光而来者："师傅来了好久了？"

"比这位客人先来一刻。"他指着正在看书的杨光边说。

"听口音不是苏北人啊？"

"噢，山东枣庄人！"

"啊，枣庄是个好地方啊！我在读小学时就在《铁道游击队》连环画上知道了。三年前去了一趟枣庄，还颇有兴致地玩了一遭呢。"听了这话，那位枣庄客人马上来了兴趣，二人从枣庄和铁道游击队谈开了，那亲热，不知底细的人恐怕要以为他们是一道来的呢。接着就是互赠名片，一起进餐，睡觉前双方居然还在各自身边带来的合同上签了字：枣庄客人订了苏南某人造革厂的一批风桶；苏南客人从枣庄客人那里弄到一批价格比较合理的议价煤。

他们的相识，交谈与成功，就在于他们找到了对"枣庄""铁道游击队"都熟悉的这个共同点。

（6）提一些"投石"式的问题

与陌生人交谈时，还可以先提一些"投石"式的问题，在大略了解后再有目的地交谈，便能说得更加自如。如在聚会时见到陌生的邻座，便可先"投石"询问："你和××是老乡还是老同学？"无论问话的前半句对，还是后半句对，都可循着对的方面交谈下去；如果问得都不对，对方回答说是"老同事"那也可谈下去。

如果能问明陌生人的兴趣，循趣发问，便能顺利地进入话题。如对方喜爱象棋，便可以此为话题，谈下棋的情趣，车、马、炮的运用，等等。如果你对下棋略通一二，那肯定谈得投机。如果你对下棋不太了解，那也正是个学习机会，可静心倾听，适时提问，借此大开眼界。

（7）攀亲认友

一般来说，对任何一个素不相识者，只要事前作一番认真的调查研究，你都可以找到或明或隐、或近或远的亲友关系。而当你在见面时及时拉上这层关系，就能一下缩短心理距离，使对方产生亲切感。

三国时代的鲁肃就是一位攀亲认友的能手。他跟诸葛亮初次见面时的第一句话是："我是你哥哥诸葛瑾的好朋友。"就凭这一句话就使交谈双方缩短距离，为孙权跟刘备结盟共同抗击曹操打好了基础。

有时，对异国初交者也可采用攀亲认友的方式。

1984年5月，美国里根总统访问上海复旦大学。在一间大教室内，里根总统面对一百多位初次见面的复旦学生，他的开场白就紧紧抓住彼此之间还算"亲近"的关系："其实，我和你们学校有着密切的关系。你们的谢希德校长同我的夫人南希，都是美国史密斯学院的校友呢。照此看来，我和各位自然也就都是朋友了！"此话一出，全场鼓掌。短短的两句话就使一百多位中国大学生把这位洋总统当作十分亲近的朋友。

接下去的交谈自然十分热烈，气氛极为融洽。
你看，里根总统这段开场白的设计是多么巧妙！

（8）扬长避短

人人都有长处，也都有短处。人们一般都希望别人多谈自己的长处，不希望别人多谈自己的短处，这是人之常情。跟初交者交谈时，如果以直接或间接赞扬对方的长处作为开场白，就能使对方高兴，对你产生好感，交谈的积极性也就得到极大激发。反之，如果有意或无意地触及对方的短处，对方的自尊心受到伤害，就会感到扫兴，感到"话不投机半句多"。

日本作家多湖辉所著的《语言心理战》一书中记述了这样一件趣事：被誉为"销售权威"的霍依拉先生的交际诀窍是：初次交谈一定要扬人之长避人之短。有一回，为了替报社拉广告，他拜访梅伊百货公司总经理。寒暄之后，霍依拉突然发问："您是在哪儿学会开飞机的？总经理能开飞机可真不简单啊。"话音刚落，总经理兴奋异常，谈兴勃发，广告之事当然不在话下，霍依拉还被总经理热情地邀请去乘他的自备飞机呢！

（9）表达友情

用三言两语恰到好处地表达你对对方的友好情意，或肯定其成就，或赞扬其品质，或欢迎其光临，或同情其处境，或安慰其不幸，就会顷刻间暖其心田，感其肺腑，使对方油然而生一见如故、欣逢知己之感。

西安事变和平解决后，桂系代表、进步人士刘仲容先生由西安秘密前往延安，毛泽东第二天即邀请他到寓所会见。毛泽东在门口表示"欢迎刘先生光临"，刘仲容回答道"毛先生日理万机，多有打扰了。"毛泽东马上说："刘先生不远千里而来，不避危险而来，总得见见面嘛。"这短短的两句话既表热烈欢迎之情，又达高度赞扬之意，言简意赅，情深意长。刘仲容听后深感温暖，如逢故旧，便以推心置腹的热忱态度毫无拘束地跟毛泽东促膝长谈。

（10）添趣助兴

用风趣活泼的三言两语扫除跟初交者交谈时的拘束感和防卫心理，以活跃气氛，增添对方的交谈兴致，这是炉火纯青的交际艺术。

1988年10月，陈伯达刑满释放不久，著名作家叶永烈即去采访他。曾显赫一时而今刚度过18年铁窗生涯的陈伯达感到往事不堪回首："公安部提审我，我作为犯人，不能不答复提问。对于采访，我可以不接待，不答复。"

对于这位对自己不抱合作态度的采访对象，叶永烈有充分的思想准备。如何开场才能使他知道我毫无恶意？该用怎样的语言才能使他跟我愉快地合作？一进门，叶永烈就告诉陈伯达，1958 年，陈伯达到北京大学作报告，他作为北大学生听过这个报告："当时你带来一个'翻译'，把你的闽南话译成普通话。我平生还是头一回遇上中国人向中国人作报告，要带'翻译'！"多么有趣的往事，多么风趣的语言！陈伯达一听，哈哈大笑，感到面前的这位不速之客很亲近，气氛一下子变得轻松起来。真是"柳暗花明又一村"，原先尴尬的采访终于能够顺利地进行下去，为叶永烈45 万字的《陈伯达传》增添了不少资料。

天涯何处无朋友？交谈何必曾相识！要用三言两语便惹人喜爱、一见如故，关键是功夫要花在见面交谈之前。上述各例之所以成功，除了有高超的语言技巧，无一不是在未见初交者其人之前早已作了大概了解。

美国前总统富兰克林·罗斯福跟任何一位来访者交谈，不管是牧童还是教授，不管是经理还是政客，他都能用三言两语赢得对方的好感。秘诀就是：罗斯福在接见来访者的前一晚，必花一定时间了解来访者的基本情况，特别是来访者最感兴趣的题目。这样，一交谈就能有的放矢，切中要害。不然，纵使有三寸不烂之舌，也只能是对"牛"弹琴了。

情景 *32* 面对异性，自然坦诚

语言的交流更多的是一种感情上的互动。交谈的目的是为了给双方带来愉悦的身心感受。特别是和异性交往，更应该以轻松愉悦为目的，加强彼此间的感情互动。要做到这一点，关键是如何找到有趣味的话题，含蓄地赞美对方，制造新鲜与浪漫气氛等等，让情感在彼此的内心流转，让对方加深对你的好感。

（1）克服羞怯

与异性交往时要感情自然，仪态大方，不失常态。初次见面的羞怯与退缩是难以避免的，女性尤为如此。但是，多次接触后仍然羞怯，就会引起对方的误解，因为只有恋人间才以羞怯间接表达自己的感情。所以，在正常的两性交往中，尤其是女性要注意克服不自然的羞怯心理，以免使正常的异性交往误入歧途。

唐朝诗人崔颢在《长干行》中，描述一个女子与一不相识的男子在舟行途中攀谈："君家何处住？妾住在横塘。停船暂借问，或恐是同乡。"言语自然大方而且是女方主动开口。而男方也并不认为一个陌生女人向他发问有什么不妥，所以也礼貌地回答："家临九江水，来去九江侧。同是长干人，生小不相识。"

异性交往应该尽量大方，特别是已婚女性，讲话时不要羞羞答答、忸忸怩怩。

（2）真实坦诚

在交往过程中要做到坦荡无私、以诚相待，相互信任是建立和发展良好异性关系的前提和基础。这是指异性交往的态度问题。也就是说，与异性交往，要像结交同性朋友那样结交真朋友。

（3）留有余地

虽然是结交朋友，但所言所行要留有余地，不能毫无顾忌。比如谈话中涉及两性之间的一些敏感话题时要尽量予以回避。交往中的身体接触要把握好分寸，不能过于轻浮。也不要过分拘谨。在与某位异性的长期交往中，要注意把握好双边关系的程度，不要走得"太深""太远"，以免超越正常异性交往界限。

（4）要坦率

异性相处，常常会感到不自然，甚至会口齿不清、手忙脚乱。究其原因，主要是来源于传统观念的压力和异性的神秘感，也就是一种极端的"异性意识"在起作用。所谓"异性意识"，是指在与异性交往时，过于关注性别及性的问题，在同异性交往时产生难为情或胆怯心理。它是与异性接触的屏障，必须从心理上排除，把一切思虑与困惑丢掉，拿出自然而坦率的态度来。应该看到，异性交往并不都是为爱情"铺路搭桥"，异性间完全可以有非爱情的亲密交往和纯真的友谊。因此，在进行社会交往时，应从主客观需要出发，像对待同性一样，该说的就说，该做的就做，该袒露的思想就袒露，该交流的想法就交流。

（5）要礼貌

坦然地交往，并不意味着可以放任自己的言行举止，必须有礼有节。而且，异性交往比同性交往更要求彬彬有礼，讲究分寸。如果不分场合，不看对象，对任何人都表示出亲热，心直口快，喜欢攀谈，就可能引起对方或他人的误会，使之产生错误的联想，双方都会感到尴尬，从而影响到正常的交往。同时，要注意不要随意涉及个人隐私。倘若彼此十分了解，是知心朋友，必要时可谈谈对方的一些"秘密"，但也最好是先由对方主动谈起。如果不具备这些条件，那就必须控制自己，不要轻率冒昧。而且，要注意保持适当的礼仪。譬如，在进出社交场所时，为女性开门；与异性见面时，一般应是女方先伸手，男方才能与之握手；在一起研究问题或交谈时，既不能太拘谨，又要使言谈举止得体适度。

（6）要理智

在与异性交往时，不能混淆友谊与爱情这个界限。也就是说，异性交往有个度的问题。出于以"恋爱"或"婚姻"为目的去结交异性朋友，必然会使男女间正常的交往变得拘谨和庸俗。而且，过早地把自己交往范围限制在两个人的世界里，很容易对自己、情感的完善与发展造成不利影响。我们要把与异性交往看作是日常生活中普通的事情，而不要让这种交往太神秘化和特殊化；在交往中要理智地把握自己，遵守社会公德和正确的行为规范，以健康的动机、友善的态度和庄重的行为与对方交往，而不做任何损害对方的事情，从而赢得对方的尊重与友谊。

（7）要互相尊重

交往双方一定要相互信任，互相尊重。由于男女之间在气质、性格、身体、爱好等方面都有着较大的差异，因而异性间的交往是非常敏感的，这就须异性之间在交往过程中，要互相理解、互相信任、互相尊重。

（8）对传统观念区别对待

我们既要反对男女之间"授受不亲"的传统观念，又要注意"男女有别"的客观事实。异性之间，只要是正当的纯正的友情，完全是可以堂堂正正的往来接触。但异性朋友中间，确实性别不同，因而明智的人要学会服从文化和社会禁忌，一举一动都要大方得体，不能过于随便。

（9）不应过分随便亲昵

男女之间过分拘谨固然令人难堪，但也不可过分随便，诸如嬉笑打闹、你推我拉之类举止应力求避免。须知，男女毕竟有别。过分随便亲昵，会使你显得轻佻而引起对方反感，容易造成不必要的误会。有些话题只能在同性之间交谈，有些玩笑不宜在异性面前乱开，这些都是需要注意的。

（10）不宜过分严肃冷淡

与异性交谈，不能一本正经，态度严肃，而要有幽默感。幽默是人际关系的润滑剂，是智慧的结晶，它带给别人的是快乐，谁会拒绝这种让人心情愉悦的交流方式呢？有这样一则故事：

在拥挤的公共汽车上，一小伙子不慎踩了别人的脚，回头一看，原来踩到的是位姑娘，姑娘满脸怒气，小伙子忙说："对不起，对不起，我不是故意的。"接着又伸出一只脚，认真地说，"要不，你也踩我一下？"姑娘一下子被这句话逗乐了。小伙子再次趁机搭讪，姑娘很乐意地和他交谈。他的幽默，给姑娘留下了很深的印象。

（11）不可过分卖弄

在与异性交往中，如果想卖弄自己见多识广而讲个不停，丝毫不给别人以说话的机会；或者在争辩中有理不让人，无理也要辩三分，都会使人反感。当然，也不要总是缄口不语，或只是"嗯""啊"不已。如果这样，尽管你面带笑容，也会使人觉得你城府太深，使人扫兴。

情景 33 参加宴席，说出精彩

现代社会的交际，少不了宴会，作为主办者，为了让宴会取得成功，就需要注意展示自己的口才以及社交能力，为宴会营造一个良好的气氛。宴会上离不开酒，幽默风趣的祝酒词更能增强你的魅力。美酒良言虽能促进彼此间的感情，但也要注意把握一个"度"，千万不要因为贪杯而失仪误事。

（1）以诗祝酒

宴会中，免不了相互祝酒，一是为了加强了解，增加感情。二是为了活跃宴会的气氛。祝酒词有即兴发言的，也有准备稿子的。且看某市市长出访德国马尔巴赫市，在欢庆两市成为友好城市的晚宴上的一段致词。

让我端起金色的葡萄酒，在诗人席勒的故乡，用他著名的《欢乐颂》

里的一段话，为我们已经签订的盟约干杯！巩固这个神圣的团体，凭着这金色美酒起誓：对于盟约要矢志不移，凭星空起誓。

这段祝酒词风格独特。它突出该市是席勒的故乡这一典型特征，引用席勒的名诗名句，把酒会的欢乐气氛及双方长期友好合作的愿望表达得淋漓尽致。

1984 年，缅甸总统吴山友访问上海，上海市长在祝酒词中引用了陈毅元帅《致缅甸友人》的诗句："我住江之头，君住江之尾，彼此情无限，共饮一江水。"

大家都知道中缅交界只有一江之隔，两岸人民共饮一江水。话语亲切，表达了中缅两国人民之间的情谊，外宾当然十分高兴。

总而言之，灵活掌握祝酒词的语言艺术，就能使宴会在愉悦中一步步达到高潮。

（2）旁敲侧击，诙谐幽默

宴会上可以显示出一个人的才华、学识修养和交际风度，有时一句诙谐幽默的话语，会给别人留下很深的印象，使人无形中对你产生好感。所以，应该知道什么时候该说什么话，语言得当，并巧妙地运用你的诙谐幽默。这很关键。

有一次，著名诗人但丁去突尼斯进行访问，他应邀出席当地执政官举办的一次宴会。

席间送给但丁的是很小的一盘煎鱼，而送给使节的却是一盘很大的煎鱼。

但丁逐一把盘中的小鱼拿起来，靠近耳朵又一一放进盘中。

执政官不知何意，忙问："您在干什么？"

但丁说："不久前，我的一位好友在海上旅行时不幸逝世，于是我们给他举行了海葬。我刚才逐个向这些小鱼询问，友人的遗体是否已安然埋入海底。小鱼回答说：它们还很小，知道的事情也不多。但我相信同桌的大鱼一定知道，如果我向它们打听，肯定能够知道结果。"

执政官明白了但丁的意思，马上命令仆人给但丁端上一条大的煎鱼。

请看下面有关达尔文的一个故事。

有一次达尔文应邀请赴宴。宴会上，他刚好和一位年轻漂亮的女士并排坐在一起。

"达尔文先生，听说您断言，人类是由猴子变来的?"漂亮女士带着戏谑的口吻问他。

"是的。"达尔文答。

"那么，我也属于您的论断之列吗?"漂亮女士又问。

"是的! 不过要说明的是，你不是由普通的猴子变来的，而是由长得非常迷人非常可爱的猴子变来的。"达尔文笑着答道。

几乎所有在谈话中出现的失误或错误，都是由于缺乏考虑造成的。只要注意一下自己的讲话和观察对方的反应就可以发现自己的不足。因此说话之前一定要三思，要尽量谨慎措辞。

在一次社交宴会上，一名美丽的少妇在与石油大王洛克菲勒的交谈中，好似不经意地提了一个问题："洛克菲勒先生，我想问您一个问题。您今年多大岁数了?"

洛克菲勒一边拍着脑门，一边说："我想一想，大概不是75岁，就是76岁了吧!"

少妇忍不住笑了起来： "真有意思，您怎么连自己的年龄也记不清呢?"

洛克菲勒说："这不奇怪! 我满脑子都装着其他的各种数字，什么股票数啦，宝石重量数啦，土地面积数啦，所以，就把自己的年龄忽略了，反正它也用不着担心，因为它不会有减少或降低的危机。"

(3) 机智拒酒

在宴会上往往会遇到劝酒的现象，有的人总喜欢想方设法让别人多喝几杯，认为不喝到量就是不实在。"以酒论英雄"，对酒量大的人还可以，酒量小的可就犯难了，有时过分地劝酒，反而会伤害朋友间的感情。

李某新婚大喜之日，当酒宴进入高潮时，某"酒仙"似醉非醉："请三位来宾，每人喝一瓶。"面对"酒仙"言辞上的咄咄逼人，三位来宾中的许先生站起来说："我想请教你一个问题：'三人行，必有我师'，这是不是孔老夫子的话？""酒仙"回答："不错！"许先生见其已入"圈套"，便说："既然圣人说：'三人行，必有我师'，你又提出要我们三人一起喝，你现在就是我们三位最好的老师，请你先示范一瓶，怎么样？"这突如其来的一击，直逼得"酒仙"束手无策，无言以对，只得解除"酒令"。

（4）言词温和，不伤和气

说话需要注意遣词，恰当的用字，不仅可以准确地表达自己的意思，而且能够起到感染听者的效果。马克·吐温说："恰当地用字极具威力，每当我们用对了字眼……我们的精神和肉体都会有很大的转变，就在电光石火之间。"

抗日战争期间，在厦门大学举行的一次酒会上，英籍客座教授大放厥词，污蔑厦大不如"英伦三岛之中小学校"，说："欧美开风气之先导，执科学之牛耳。敝国有诗圣拜伦、雪莱，剧圣莎士比亚，现代生物学之父达尔文，力学之父牛顿。可叹中华泱泱大国，国运蹇促，岂可侈谈'物华天宝，人杰地灵'之邦乎？"

当时的厦大校长萨本栋不慌不忙，理直气壮地反驳道："教授先生，你别忘了，中国的李白、杜甫如彗星经天之日，英伦还是中世纪蒙昧蛮荒之时；中国李时珍写下了《本草纲目》之际，达尔文之父祖不知竟在何处？"

英教授先是无言以对，继而恼羞成怒："校长阁下，请记住，是美利坚合众国的伍斯特学院和斯坦福大学造就了您的学识和才能！"

萨校长微微一笑："博士先生，我也要提醒您，中华文明曾震惊世界，如果没有中国远古的四大发明的话，也绝不会有不列颠帝国的近代产业革命。"

（5）调动智慧，化被动为主动

在宴会上，有时会遇到别人的无礼，你该怎么办？有随机应变能力的人，能调动自己的智慧，化被动为主动，使尴尬烟消云散。"兵来将挡，水来土掩"，你可视不同的对象选择不同的应付办法。

若判明来者不善，是怀有恶意、故意挑衅，你可以"以眼还眼，以牙还牙"，有理、有利、有节、有礼貌而巧妙地回敬对手，针锋相对，"原物"顶回。

一次，德国著名钢琴家库勒克应富翁白林克的邀请，参加了一个宴会。

宴会进行到一半的时候，白林克请他弹奏一曲，钢琴家不好回绝，勉强弹了一曲。

事后他才得知白林克原来是个皮鞋匠，发了财以后便经常举行宴会，巴结社会名流，以此抬高自己的身价。没过多久，钢琴家也举行宴会，除了文坛名人以外，还请了富翁白林克和那天出席宴会的一些有钱人。

饭后，库勒克递给暴富翁白林克一双破旧的破靴，说："麻烦您给我补补。"

"这是什么意思？"白林克吃惊地问。

库勒克说："我是钢琴家，你是皮鞋匠，上次我参加你的宴会，你让我当着大家的面表演我的绝活，这一回，你也要当着众人的面展示你的手艺。"

情景 **34** 探望病人，巧作劝慰

病人很脆弱，最需要周围人的关心和慰藉。他们最大的希望就是早日康复，希望在遭受疾病和伤痛的折磨时，获得安慰，增添战胜病魔的力量和勇气。因此，患者比平时更强烈地渴望关心。

探望病人时，首先应选择适当时机，尽量避开病人休息和医治时间。由于病人的饮食和睡眠比常人更为重要，所以不宜在早晨、中午、深夜以及病人吃饭或休息时间前往探视。如果是探望住院的病人，还应在医院规定的时间内前往。若病人正在休息，应不予打扰，可稍候或留言相告。

探望病人的目的在于对病人表示关心和安慰，使其心情愉快，积极协助医护人员同疾病作斗争，以便早日康复。如不注意探病时谈话的内容和技巧，有时会适得其反。探病谈话一般应做到以下几点。

（1）运用安慰性语言

探视者对患病者的安慰，有如冬日里的暖炉，令患者备感温暖贴心。这时候，安慰的语言比任何时候都显得生动、有力，它易于勾起情感的共鸣，稳定患者的思想情绪，有利于患者疾病的治疗。

有个初患胆囊疾病的患者，因为疾病发作时疼痛难忍，加之一时未得到确诊而心理恐慌，大喊大叫。这时，患者的一个同事闻讯前来探望，并安慰说："请你冷静一下，医生正准备给你作B超检查。你放心，这个部位不会有大病，我的一个亲戚和你有过相似病症，一查才知道不过是胆囊炎，容易治疗。"

一席安慰话，似乎是一剂灵丹妙药，患者的情绪很快稳定了下来。

（2）运用鼓励性语言

人们对患者适时的鼓励，是对其心理上的支持，它对调动患者战胜病魔的意志和勇气有着举足轻重的作用，病人面对鼓励心里会感到舒服，是一种有益的精神寄托。这种有益的精神状态对于疾病的恢复有帮助，能够唤起患者的信心，提升其抵抗疾病的信心。

有一个年轻的建筑工人在高空作业时不慎摔伤，处于昏迷状态。患者在医院里苏醒后，觉得下肢不听使唤，遂怀疑自己将终身残废，萌生了轻生念头。患者的一个友人发现他这一思想苗头后及时鼓励说："你年轻力壮，生理机能强，新陈代谢旺盛，只要你积极配合治疗，日后加强锻炼，肯定不会残废，这是医生说的，请你相信我！"在不断的鼓励下，终使患者抛却了轻生念头，增强了治疗信心。

（3）运用劝说性语言

一些患者在治疗过程中，往往会因为手术的疼痛或怀疑有危险而产生恐慌心理，进而拒绝治疗。面对患者的这一心理障碍，人们去医院探望时，应该积极做些说服工作。尤其是一些颇具现身说法性的劝说性语言，说服力更强，效果最好。

有一个年老的胃癌早期患者，因为害怕剖开腹腔而拒绝手术。其家属虽一再劝说，都不奏效。后来，一个曾经做过胃切除手术的老朋友前来探视，他通过自己的亲身经历劝慰道："你看我做了手术后恢复得多好。你还是早期，手术后更容易复原。所以，你不用害怕。"通过朋友的劝说，这个患者终于接受了手术。

（4）运用暗示性语言

有些患者往往因为自己的疾病好转缓慢而灰心。这时，探视者如果能抓住患者在治疗过程中出现的某些症状缓解的依据，适时予以积极的暗示，将会消除患者的悲观心理，使其鼓起希望的风帆，积极配合治疗。

有一个患黄疸型肝炎的患者通过一段时间的住院治疗，总以为自己的病没有好转，产生了悲观情绪，丧失了治疗信心。这时，一个亲戚前来探视，遂暗示说："你的脸色比以前好多了，听医生说，你的黄疸指数已有所下降，这说明你的病情在好转！"这句暗示性语言，客观实在，使患者的精神倏然振作，于是，他乐观地接受治疗，加快了康复进程，不久便病愈出院了。

（5）要注意病人的忌讳

患了绝症的病人，探病谈话要忌讳提及真情。疾病本身就令患者感到恐惧，如果你再不时地加入一些说辞，患者就会感到忐忑不安，心生无名恐惧。即使所患并非绝症，谈话也不宜触及病人最难受的症状。

与其问："您常失眠？"不如较笼统地问"您近来感觉好些了？"

病人实怕病情恶化，当发现病人脸色憔悴时，不能大吃一惊地问："您的脸色怎么这样难看？"而要说："这儿医疗条件不错，您的病一定会很快好转的。"

（6）要多谈些外面的新鲜事

问病情宜简要，多讲些外面生动有趣的新闻，使病人心情愉快，有利康复。比如：

你可以描述说，窗外阳光灿烂，春光明媚，花也开了，果实又红了，等康复以后约其一块去感受大自然的美好气息。

（7）要说些有益于养病的话

向病人介绍自己或熟人治愈该病的经验，介绍报刊上登载的与疾病斗争的人和故事。多讲讲病人家庭和睦、工作单位情况良好的事，解除病人的后顾之忧，专心养病。也可以描述诸如某个亲属取得了什么成绩，得到了什么奖励，工作上有了什么起色等等。让患者分享成功的喜悦，使其精神饱满，感到有希望和动力，这些对疾病的恢复都有一定的帮助。

(8) 语气委婉，语调亲切，情真意切

面对身患绝症的人，怎样表达自己的感情常使人犯难。"别担心，一切都会好的。"人们说这话时可能已经知道患者的病无可救药。事实上，到医院探望病人时应现实一些，但所说的话应该积极乐观一些，可以这样问候病人："你感觉怎样？我能帮你做些什么？"这表明当他需要你时，你就会在他身边。同时，不要怕与病人的身体接触，轻轻拍拍病人的手或主动拥抱一下病人，这都胜过语言的安慰。

情景 *35* 劝架息事，不左不右

人际交往中难免会有矛盾和纠纷，有了这些尴尬和僵局，就需要调解和说和，也就免不了要有人来担当此任。事实上，只要圆场有术，采取不左不右的处事态度，真心分析判断矛盾所在，世上就没有劝不开的架，没有解不开的死疙瘩。

在社交活动中，能给矛盾双方适时地提供一个恰当的台阶，使当事人免丢面子，是圆场的一大原则。然而，台阶怎么个给法，圆场应该怎么打，并不是所有的朋友都很清楚。下面对怎样圆场作简单总结。

（1）调侃自嘲，低调退出，自找台阶

一群二十年后相见的老同学中，有一男一女曾是同桌，因而说话遮拦便少一些。女同学不久前丈夫因病去世，男同学并不知道，因而在玩笑中无所顾忌地提及其丈夫。另一同学知情，便忙阻止，但他不知其详，玩笑开得更为厉害。阻止的同学只得说出实情，这个男同学可谓无地自容，非常尴尬。不过他迅速回过神，先是在自己脸上打了一下，之后调侃地说："你看我这嘴，几十年过去了，还和当学生时一样没有把门的，不知高低深浅，只知道胡说八道。该打嘴！该打嘴！"女同学见状，虽有说不出的苦涩，但仍大度地原谅了老同学的唐突，苦笑着说："不知者不为怪，事情过去很久了，现在可以不提它了。"

一旦因自己失误而造成尴尬或僵局，最聪明的办法是：多些调侃，少些掩饰；多些自嘲，少些自以为是；多些低姿态，少些趾高气扬。像上述无意中触人隐痛的男同学那样，用调侃自嘲之法，低调退出，便容易轻松地找到可下的台阶。

（2）指鹿为马，巧妙解释，化解矛盾

有时某种行为在特定场合中虽有着特定意义，但圆场者为了化解，却巧妙地解释为另一种意义。

戈尔巴乔夫偕夫人赖莎访问美国时，在赴白宫出席里根送别宴会途中，他在闹市突然下车和行人握手问好。前苏联保安人员急忙冲下车，围上前去，喝令站在戈尔巴乔夫身边的美国人把手从口袋里抽出来。他怕行人口袋里有武器，行人一时不知所措。这时，身后的赖莎十分机智，立即出来打圆场，她向周围的美国人解释说："保安人员的意思是要人们把手伸出来，跟我丈夫握手。"顿时，气氛变热烈了，人们亲切地同戈尔巴乔夫握手致意。

在这里，赖莎机巧应变，妙打圆场缓解了当时尴尬的场面。

（3）擅用虚荣心，以恭维圆场

如果别人十分懊恼或不快时，只要对他说几句得体的美言，便会云开雾散了。

一次，解缙陪朱元璋在金水河钓鱼，整整一个上午一无所获。朱元璋十分懊丧，便命解缙写诗记之。没钓到鱼已是够扫兴了，这诗怎么写？解缙不愧为才子，稍加思索，立刻信口念道："数尺纶丝入水中，金钩抛去永无踪，凡鱼不敢朝天子，万岁君王只钓龙。"朱元璋一听，龙颜大悦。

（4）善用假设，巧避锋芒

在特定的交际场合，有时碍于面子，有时把握不准，这时可以用假设句去表达。

甲有两个朋友乙和丙，不料这二人反目成仇，一天乙对甲说，丙在众人面前说甲的坏话并揭其隐私。甲听后半信半疑，骂丙吧，怕冤枉好人；不骂吧，一来怒气难消，二来怕乙尴尬，他琢磨了一会儿，说了一句两全其美的话："如果那样，丙这人可不咋样！"

在这两难境地，假设句可说是最好的解围方式。

（5）主动承担责任，化干戈为玉帛

劝解的过程中，如果自己主动替别人承担责任，当事人就会觉得没有了继续纠缠的理由，就会主动收手，甚至还会向对方提出道歉，从而避免了矛盾的升级，化干戈为玉帛。

小王和老周同在办公室工作。一次，小王去市政府听报告，老周不知道，因此对小王很有意见，当面质问小王为什么不告诉他听报告的信息，两人因此而大吵起来。彭主任了解吵架的原因后，对老周说："听报告没有通知你，这不是小王的错，是我没有要他通知你，因为你们两人有一个

人去听报告就行了。你如果有意见就对我提吧，不要责怪小王啊。"老周听后，觉得自己错了，于是主动向小王致歉，他们又和好如初。

（6）唤起当事人的荣誉感

人人都爱面子，都珍惜自己的荣誉，在劝架时如果唤起当事人的荣誉感，当事人就会更冷静的处理矛盾，因此，劝架者讲述吵架者可引为自豪的一面，唤起其内心的荣誉感，使其自觉放弃争吵。

在一辆公共汽车上，乘务员关车门时夹住了乘客，但自己还不认账，这时一青年打抱不平，对乘务员说："你是干什么吃的！不爱干，回家抱孩子去！"乘务员嘴像刀子，两人吵了起来。这时，车上有位老工人看看青年胸前的厂徽，想起了什么，挤了过去，拍拍青年的肩膀说："小丁，你当机修大王还不够，还想当个吵架大王吗？"青年说："师傅，我可不认识你呀！""我认识你，上次我去你们厂，你'站'在门口的光荣榜上欢迎我，那特大照片可神气呢！"小伙子一下红了脸。老工人说："以后可不要再吵架了，这不是解决问题的办法嘛。"一场纠纷就这样平息了。

情景 *36* 寻求帮助，话语诚恳

毕竟，一个人有能力是有限的，在很多时候，我们都需要别人的帮助，很多时候，我们会因为害怕被人拒绝，而感到为难和尴尬，那么如何能做到求人办事不难呢？

(1) 理解别人

有些人寻求帮助，总认为别人一定神通广大，而很少考虑对方的感受。实际上情况并非如此。每个人都有自己的难处，你如果能分担、理解这种难处，就不会感到求人办事太难。

有位编辑向一位名作家邀稿。那位作家一向以难于对付著称，所以这位编辑在去他家之前，感到既紧张又胆怯。

开始并不成功，因为不论作家说什么话，这位编辑都说"是，是"或者"可能是这样的"，无法开口说明要求他写稿的事。他只好准备改天再来向他说明这件事，今天随便聊聊天就结束这次拜访。

突然间他脑中闪过一本杂志刊载有关这位作家近况的文章，于是就对作家说："先生，听说你有篇作品被译成英文在美国出版了，是吗？"作家猛然倾身过来说道："是的。""先生，你那种独特的文体，用英语不知道能不能完全表达出来？""我也正担心这点。"

他们滔滔不绝地说着，气氛也逐渐变为轻松，最后作家竟答应为编辑写稿子。这位不轻易应允的作家，为什么会为了编辑一席话，而改变了原来的态度呢？因为他认为这位编辑并不只是来要求他写稿，不仅读过他的文章，对他的事情也十分了解，所以不能随便地应付。让对方以为自己对他的事非常清楚，就能像那位编辑一样，在心理上占优势。

(2) 注意对方的情绪

俗话说："出门观天色，进门看脸色。"别在别人心情不好的时候麻烦他帮你做事情。一定要注意对方所处状态，也要注意对方的情绪和心理状态。

如果他一边跟你说话一边接电话、看手表，那一定是有很急的事情，此时不宜给对方添麻烦。

当对方情绪低落，但依旧很热情地跟你说"对不起，今天我心情不好，不过，你说罢……"那么此时无论他多热情，你也最好换个时机说事。

如果你求他的事情过了些时日仍没有答复，那就不要再请求了，等过两天时机对了再点一点，这样多重复几次之后，对方也就容易接受你的请求了。

察言观色除了揣摩对方的情绪心态以外，还有重要的一条就是不能犯忌。如果犯了对方的忌讳，恐怕本该成的事情也难办了。

（3）求人要交心

要想得到别人真诚的帮助，对人一定要以诚相见，道清事情原委，症结所在，以唤起对方的理解和同情，来帮助自己解决问题和困难。反之去求人，又不说明怎么回事，使人觉得你不是信任他，只是一种利用，心中会添反感，你得到的便是"委婉拒绝"。

（4）态度是关键

寻求帮助，态度很重要，一般说来，都是恭敬有礼、诚恳真挚的。讲态度，要反对两种倾向：一是对人生硬死板，不善周旋，特别是地位高者，财力厚者，给人一种居高临下、非办不可的威压。比如："这是经理的命令"或"你有什么了不起的，你不过是个普通职员"等等。这些职务言语不用说也知道，很容易引起职员们的强烈反抗心理！

但是，反用这种"职务言语"的话，使得公司内人际关系趋于顺利的也有。

比如，经理交给部属某件工作时，走到部属的桌旁，说："有一件事情想拜托你……"

因此，态度非常重要，即使贵为经理也是这样。

二是过于卑琐，毫无骨气，为达到目的，丧失身份，乞求告怜，任人奚落，事情虽然办了，但人格也会丢失殆尽。

情景 *37* 说服他人，步步引导

在日常生活中，人们常常遇到这样一种情景，你在与别人争论某个问题，分明自己的观点是正确的，但就是不能说服对方，有时还会被对方"驳"得哑口无言。

一般来说要想说服别人，说服者还应当从下面三个方面入手。

（1）贵在坚持

持续不断地对当事人进行劝说，列举了大量的事实论证，从各方面和各个角度去说明，一旦当事者明白了其中的道理和缘故，就会改变自己以往的看法。

日本理研光学公司董事长市村清先生，想说服W先生购买新发明的阳画感光纸，但他听说W先生对这类新技术、新发明一向不感兴趣。

一次拜访中市村清先生细心向他解说蓝色晒图应如何改用阳画感光纸，一次、两次……六次、七次，一再拜访。有一天，W先生不耐烦了，破口大骂："我说不行就是不行，要讲几次你才了解？"

他生气了，证明他已经开始在意你的行为了，这是有希望的事情。既然已经生气了，让他情绪稳定下来就太可惜了。如此，市村清第二天清晨又去了。

"昨天跟你讲过，怎么你又来啦。"

"噢，昨天很难得挨骂，所以我又来了。"市村清先生微笑着回答，"打扰你了，再见。"W先生一下子呆住了，而市村清先生认为他已经有了反应，达到了一定效果，所以暂时以退为进。

第三天一早他又去了，俩人在四目再次相接触时，W先生终于被市村清说服了。

（2）让事实说话

什么东西都没有事实来得实在，如果让当事人看到不可反驳的事实时，自然没有话可说，矛盾也就不复存在。

当一种观念形成时，有时外人用话语的确难以改变它。此时，可用事实这种最有力的武器来说服他。

改变一个人对一件事的偏见，就要找到与他观念相悖的事实，自然而然地引进这个事实，并在时机成熟时阐述它、发挥它，使之真正成为你的有力论据。若要改变一个人对另一个人的偏见常常要难得多。但用同样的方法也可以做到，只不过需要更长的时间，更多的坚持，也即积累更多的事实。让事实说话，让说话的声音更有力。

刘邦率军攻入咸阳之后，被金碧辉煌的宫殿迷了眼，被艳丽妖冶的宫中美女迷了魂。当他进入秦二世的寝宫时就不想离开了。

这时，大将樊哙进来了，厉声对他说："你是想赢得天下，还是想当一个富翁？

秦国就是因为奢侈淫靡才被推翻的，你不该留恋这些奢靡浮华的东西，咱们回灞上去吧！"

刘邦怎么也不想走，支吾着说："我很困乏，今夜就在此留一宿吧！"

谋士张良进来劝道："沛公为天下除暴才起兵反秦。今天刚进入秦都便想据此作乐，恐怕今日亡秦，明日就要亡公了！何苦为图安逸而走败亡之路呢？樊哙将军的话虽苦口却是良药，望沛公采纳。"

刘邦最后还是听从了他们的劝说，与咸阳百姓约法三章，封闭秦朝宫室，引军退至灞上。

樊哙和张良以秦王朝的灭亡事实的教训，劝刘邦放弃了享乐的想法。

刘邦是一个能够分清是非的君主，采纳了他们的意见。

(3) 利用暗示

这个"智救高山自杀者"的故事很好地说明了暗示方式对说服效果的重要作用。

学校放暑假，同学数人相约游阿尔卑斯山。山路崎岖，左盘右折，陡上加陡，好不容易上得山来，往上一看，危崖峭壁，险峻陡立。胆小的人就在这儿停住，准备往回走了。

忽然，大家发现有个姑娘正站在突出崖外的一块岩石上，随时都有掉下深渊的危险。有个同学高叫一声："姑娘，小心掉下去！"说着，他准备过去扶姑娘一把。

"你不要过来！你过来我就跳下去！"原来是个想寻短见但又犹豫不定的人，大家你一言我一语地劝说她，但她还是没有回心转意的意思。

在这决定一个人生死的紧要关头，一个手拿相机的男同学出现了，他灵机一动，想出了一个解决的办法。

只见他端着相机对姑娘说："你站在这里，背后正好是一座像莲花一样的山峰，十分壮观美丽。我给你拍张照片，就算是最后一张照片，也好给父母兄弟，亲朋好友留个纪念吧。"

姑娘犹豫了半刻，终于转过身子说："好吧，那就拍一张吧。"于是男生端起相机取景，时而很自然地向前跨一步，时而又招呼姑娘："站过来一点，背景更漂亮。你看看，峰峦巍峨，林木葱茏，大山多美丽！自然多可爱……"姑娘禁不住也转眼欣赏起周围的壮丽山色，就在这一刹那，那个男生猛扑上去，抱住姑娘，往地上一滚。姑娘终于得救了。

大山是美丽的，生命是美丽的。热爱自然之美，更会珍惜生命之美。这个男同学就是从人的这种爱美心理这一"软肋"出发，想出如此办法拯救了少女。

(4) 善于抓住有利的时机

一个人的心理状况是客观现实在头脑中的反映，外界的刺激会引起人的心理变化，导致人的心理波动。这时人们往往情绪反应强烈，感到不安，特别是年轻人情感更为动荡，极易冲动，情感有余，而理智不足，一旦情感的潮水漫过理智的堤坝，就会在激情的驱使下采取过火行为，事后则追悔莫及。如果在情绪产生强烈波动，还未导致不正常行为的时刻予以说服，加以引导，说明利害得失，对方内心受到震动，就会恢复理智，幡然醒悟。而如果过早地进行说服，会被对方认为神经过敏或无中生有；如果时过境迁，再去说服教育，容易被对方看成"事后诸葛"或"马后炮"。这些都不能收到好的效果。要抓住最佳时机，就要善于在人的思想、情绪容易发生变化或可能出现问题的关口及时进行说服教育。

有一次，小贝利参加了一场激烈的足球比赛。赛后，伙伴们都精疲力竭，有几位小球员点燃了香烟，说是能解除疲劳。小贝利见状，也要了一支。他得意地抽着香烟，看着淡淡的烟雾从嘴了喷出来，觉得自己很潇洒、很前卫。不巧的是，这一幕被前来看他的父亲撞见。晚上，贝利的父亲坐在椅子上问他："你今天抽烟了？"

"抽了。"小贝利红着脸，低下了头，准备接受父亲的训斥。但是，父亲并没有这样做。他从椅子上站起来，在屋子里来回地走了好半天，这才开口说话："孩子，你踢球有几分天赋，如果你勤学苦练，将来或许会有点儿出息。但是，你应该明白足球运动的前提是你具有良好的身体素质。可今天你抽烟了。也许你会说，我只是第一次，我只抽了一根，以后不再抽了。但你应该明白，有了第一次就会有第二次、第三次……每次你都会想：仅仅一根，不会有什么的。但天长日久，你会渐渐上瘾，你的身体就会不如从前，而你最喜欢的足球可能因此渐渐地离你远去。"

父亲顿了顿，接着说："作为父亲，我有责任教育你向好的方向努力，也有责任制止你的不良行为。但是，是向好的方向努力，还是向坏的方向发展，主要还是取决于你自己。"

说到这里，父亲问贝利："你是愿意在烟雾中损坏身体，还是愿意做个有出息的足球运动员呢？你已经懂事了，自己做出选择吧！"

说着，父亲从口袋里掏出一沓钞票，递给贝利，并说道："如果不愿意做个有出息的运动员，执意要抽烟的话，这些钱就作为你抽烟的费用吧!"说完,父亲走了出来。

　　小贝利望着父亲远去的背影,仔细回味着父亲刚才那深沉而又恳切的话语,不由得掩面而泣,过了一会,他止住了哭泣,拿起钞票,来到父亲的面前。"爸爸,我再也不抽烟了,我一定要做个有出息的运动员!"

　　一般来说,当人们的生活出现困境或变化时,极容易产生思想波动和不安情绪,此时需要抓住进行说服的好时机。说服的时机是否恰当,可以通过观察对方的情绪表现进行判断。如果对方心平气和,态度比较配合,这往往是说服的好时机。如果发现对方表现反感和对立情绪,我们除应检查谈话方式方法或自己的观点、态度是否正确外,还应考虑谈话的时机是否成熟,此时最好及时终止谈话,以免造成不好的后果。

(5) 字斟句酌,以情动人

　　有一天,卡耐基突然同时接到两家研习机构的演讲邀请函,一时之间,他无法决定接受哪家邀请。但在分别与两位负责人洽谈过后,他选择了后者。在电话中,第一家机构的邀请者是这样说的:"请卡耐基先生不吝赐教,为本公司传授说话的技巧给中小企业管理者。由于我不太清楚您所讲演的内容,就请您自行斟酌吧。人数估计不超过一百人……万事拜托了。"

　　卡耐基认为,这位邀请者既没明确地提示他应该做什么、要做到什么程度,也没有清楚交代听讲人数,而且说话时平淡无力,缺乏热忱。给人的感觉,便是一副为工作而工作的态度,让人感受不到丝毫的热情,这给他留下相当不好的印象。

　　而另一家机构的邀请者则是这样说的:"恳请卡耐基先生不吝赐教,传授一些增强中小企业管理者说话技巧的诀窍。与会的对象都是拥有50名左右员工的企业管理者,预定听讲人数为70人。因为深深体悟到心意相通的时代离我们越来越远,部属看上司脸色办事的传统陋习早已行不通。因此,此次恳请先生莅临演讲的主要目的,是希望让所有与会研习者明白,不用语言清楚地表达出自己想法的人,就无法成为优秀的管理人才。"这位邀请者话语思路清晰,目的明确,态度诚恳。于是卡耐基欣然接受。

（4）利用反驳的方式说服他人

德国女数学家爱米·诺德，虽已获得博士学位，却没有资格在大学开课。当时，著名的数学家希尔伯特十分欣赏爱米的才能。他到处奔走，要求批准爱米·诺德为哥廷根大学的第一名女讲师。但在教授会上还是出现了争论。

一位教授激动地说："怎么能让女人当讲师呢？如果让她当讲师，以后就要成为教授，甚至进大学评议会，难道能允许一个女人进入大学最高的学术机构吗？这简直无法想象。"

另一位教授也持反对意见："当我们的战士从战场回到课堂，发现自己拜倒在女人脚下读书，会作何感想呢，希尔伯特先生？"

希尔伯特站起来，并不动怒，却坚定地说："先生们，候选人的性别绝不应成为反对她当讲师的理由。大学的评议会，你们认为是澡堂吗？"

最终，爱米·诺德如愿以偿地成为哥廷根大学的第一名女讲师。

还有一个故事。

1972 年 5 月，尼克松访苏。会谈中，双方在限制战略核武器问题上分歧很大。勃列日涅夫为了说服尼克松，讲了一个故事：

从前有一个俄罗斯农民，徒步跋涉到一个荒僻的乡村。他知道方向，但不知道距离。当他穿过一片桦树林时，偶然遇到了一个瘦瘦的老樵夫，于是就向他打听到这个村子还有多远？老樵夫耸耸肩说：我不知道。农民吸了一口气，把褡裢换了换肩，便撒腿走了。突然，老樵夫大声嚷道：顺着道儿，再走 15 分钟就到了。农民感到莫名其妙，转身又问道：那你为什么刚才不说？老樵夫徐徐答道：我先得看你的步子有多大啊！

尼克松听罢会心地一笑，对勃列日涅夫说："请问阁下，你究竟是愿意当那个农民还是当那个樵夫？"说罢，两人都大笑起来，会谈气氛一下子轻松了，也取得了一些进展。

情景 *38* 赞美他人，恰到好处

赞美是一件好事，但绝不是一件易事。赞美别人时如不审时度势，不掌握一定的赞美技巧，即使你是真诚的，也会变好事为坏事。所以，开口前我们一定要掌握以下技巧。

(1) 顾大体，识大局

赞美别人，不仅要有远见卓识，还要求顾大体，识大局，不要因一己之赞刺伤他人。尤其是在单位里，同事之间的利益冲突较严重，大家都对成绩、进步、收获、优点、长处等方面问题很敏感。如果你只赞扬其中一个人，"言者无意，听者有心"，会引起其他人反感。

某师范学院对教师控制很严，有进无出，只要你进了这个学院工作就不会放你走。很多老师千方百计想调动都被卡住。刘某最后放弃了工作关系，只身到北京"打工"，在全校反应强烈。某君称赞刘某说："现在是谁有本事谁走，谁没本事谁窝囊。刘老师就是比别人强，说走就走，谁也拦不住。只有这样的人才能成大事。"这句话传出去后，从领导到同事对他都很反感，一句赞美，大犯众怒。

没水平的赞美不仅收不到赞美之效，有时反而会使事情更糟，反使自己名誉扫地。在这个世界上，任何事情都不是一成不变的，因此我们对事物的评价应该立于客观、公正的基础之上，赞美更应如此。所以，我们在赞美他人时须慎重，在深思熟虑之前不要轻易下结论。倘若你不经仔细考虑而随意地夸奖他人，很容易让自己陷入尴尬的境地。

（2）了解对方，用真诚的赞扬寻求帮助

当一个人很有兴趣地谈到他的专长，或他所取得的成绩，或他某项业务的辉煌时，你适时地提出与之相关的需求，在这样的时刻，他拒绝你的可能性最小，你的要求得到满足的成功率最大，这是经过心理学家及社会学家的实验所证明的。那么，当你有求于人时，就需要运用赞美，营造一个合适的氛围，使你的需求最大可能和最大限度地得到满足。

金文认识许多学术界的泰斗，并常常得到他们的指点。问及他们之间的相识，也是缘于赞美运用的得法。因为有很多人也曾拜访过这些大师，但往往谈不几句便无话可说，很快被"赶"了出来，而他竟成为大师们的座上客，其中的奥秘自不待言。一心想在学术领域有所建树的金文，自然也很仰慕这些大师，他得知拜访这些人不易，在拜访每一位专家时，他先将这个人的专著或特长仔细研究一番，并写下自己的心得。见面之后，先赞扬其专著和其学术成果，并提出自己的想法。由于他谈的正是大师毕生致力于其中的领域，自然也就激起大师的兴趣，双方自然就有了共同话题，谈话之中，金文又提出自己不理解的地方，请求大师指点，大师自然不吝赐教，于是金文既达到了结交的目的，又增长许多见识，并解决了心中存在的疑惑，可谓一举多得。

（3）从细微处入手

在日常生活中，人们有非常显著成绩的时候并不多见。因此，交往应从具体的事件入手，善于发现别人哪怕是最微小的长处，并不失时机地予以赞美。如果你只是含糊其辞地赞美对方，说一些"你工作得非常出色"或者"你是一位卓越的领导"等空泛飘浮的话语，不但会引起对方的猜度，甚至产生不必要的误解和信任危机。赞美愈详实具体，说明你对对方愈了解，对他的长处和成绩愈看重。让对方感到你的真挚、亲切和可信，你们之间的距离就会越来越近。

韩信被刘邦由楚王改封为淮阴侯以后，心里清楚刘邦是担心和嫉妒自

己的才能，因而常常称病不入朝，也不和他一起出巡。

韩信心中积满了怨恨，待在家中一直闷闷不乐，同绛侯、灌婴处于一样的地位令他感到耻辱。韩信曾拜访樊哙将军，樊哙以跪拜礼节迎送，并称臣子，说："大王竟肯光顾臣下的家中，臣深感荣幸！"韩信离开时笑着说："我此生竟和樊哙这样的人处在同等地位上！"

刘邦曾经和韩信商讨将领们的本事高低，认为他们各有自己的长处。

"像我，你说能率多少兵？"刘邦问韩信。

"陛下只能率十万。"韩信答道。

"那么你呢？"刘邦又问。

"我是多多益善呀。"韩信回答说。

"你率兵多多益善，怎么反被我捉住了呢？"刘邦笑着问。

"虽然陛下不擅长率兵，但却擅长率将，这是我被陛下捉住的原因。何况陛下您顺应天意，不是人所能及的。"韩信说。

（4）合乎时宜

赞美的效果在于相机行事、适可而止，真正做到"美酒饮到微醉后，好花看到半开时"。当别人计划做一件有意义的事时，开头的赞扬能激励他下决心做出成绩，中间的赞扬有益于对方再接再厉，结尾的赞扬则可以肯定成绩，指出进一步的努力方向，从而达到"赞扬一个，激励一批"的效果。

（5）雪中送炭

俗话说："患难见真情。"最需要赞美的不是那些早已功成名就的人，而是那些因被埋没而产生自卑感或身处逆境的人。他们平时很难听到赞美，一旦被人当众真诚地赞美，便有可能振作精神，大展宏图。因此，最有实效的赞美不是"锦上添花"，而是"雪中送炭"。哪怕是维护对方尊严的间接赞美，照样能给当事人带来好的效果。

某纽约商人看到一位铅笔推销员衣衫褴褛，顿生怜悯之情，于是扔了一美元就走开了。走出几步后，他又觉得这样做不妥，就返回来从卖铅笔人那拿过几支笔，并歉意地解释自己刚忘了取笔了，请不要介意。最后他说："你我都是商人，你有商品卖，且上面有标价。"

几个月后，在一次朋友聚会的晚宴上，一位穿着整齐的推销商迎上这位纽约商人，并自我介绍："可能你已经忘记我了，我也不知道你的名字，但我永远忘不了你，你就是那个重新给我了自尊和自信的人。我一直觉得我自己是个推销铅笔的乞丐，直到你告诉我，我也是一个商人为止。"纽约商人没有想到自己简简单单的一句话，竟使一个处境困窘的人重新树立了信心，并且通过努力取得了可喜的成绩。

情景 **39** 批评他人，点到为止

俗话说："人非圣贤，孰能无过？"当我们面对别人犯错时，能够做的补救措施之一，就是指出其错误，促其浪子回头，迷途知返。不过，批评犯有过错的人，与平常的说话是有较大差异的，过或不及，都难于取得令人满意的效果。因此，批评或劝诫犯有过错的人，必须把握言语内容、形式和分寸，切忌言语过激烈。

（1）摆事实，讲道理

批评宜以理服人，摆事实，讲道理，既要让被批评者意识到自己的错误所在，心悦诚服地去改正，又要不伤其面子。如果一味地挖苦侮蔑，或者以对方的缺陷为笑柄，过分地伤害他人的自尊，往往会适得其反。我们要学会换位思考，批评者与被批评者交换角度，让被批评者站在批评者的角度去看待问题。如果你率直地指出某一个人不对，一些严厉的批评话语脱口而出，很可能让被批评者承受不住，而得不到好的效果，而且还会给

对方造成很大的伤害。并且使自己也成为不受欢迎的人。

"啪！"一只漂亮的小玻璃杯掉在地上，碎了。正在一起玩耍的幼儿园小朋友们都停止了游戏，看着王阿姨，又看看"肇事者"兰兰，谁都不敢吭声。

王阿姨见此，沉吟了片刻，微笑着说："小朋友，我们做游戏时要小心，以后不要弄坏了玩具，好不好？""好——"小朋友们齐声说着，又蹦蹦跳跳地开始游戏了。

放学后，兰兰主动找到王阿姨，哭着鼻子说："王阿姨。您真好，不像我妈总是骂我。我再也不会打坏东西了。"

王阿姨见状，忙替她擦干眼泪，抚摸着她的小脸蛋，亲切地说："我们兰兰是个听话的好孩子，王阿姨怎么舍得骂你呢？再说你今天是不小心呀，以后注意一点儿，就不会了。"

理解体谅的态度不仅会舒缓犯错方紧张的情绪，同时也更易于对方改正错误。

（2）给对方一个缓冲余地

当批评他人时，我们要想着给对方留有一定的余地，指出正确的方向让对方着手去做。被批评者也会欣然受你的批评。这也是一种间接处理问题的方式，给对方一个缓冲余地。

美国总统卡尔文·柯立芝成功地处理过这样一件事情：

美国总统卡尔文·柯立芝任职期间，在一个周末，曾对他的女秘书说："你穿的这套衣服很漂亮，你是一个很有魅力的女子。"柯立芝生性比较沉默寡言，这大概是他有生以来对一位秘书最热情的赞辞。这赞辞让那位秘书很意外，不知所措。柯立芝接着说："好啦，别愣在那儿，我这样说只是让你高兴。从现在起，我希望你对标点符号再注意点。"

柯立芝没有直接对秘书提出批评，以免刺伤她的自尊心，而是采用欲抑先扬的手法，先赞赏女秘书的魅力，然后在此基础上提出批评。这样一来，即不会让女秘书感到尴尬，同时也更容易让她接受批评。

（3）委婉地暗示对方

事实上，谁都不愿在公共场合被人戳穿自己的错处或隐私，因此，在交际中，如果不是为了某种特殊需要，一般应尽量避免触及对方所避讳的敏感区，避免使对方当众出丑。必要时可委婉地暗示对方你已知道他的错处或隐私，使他产生一种压力。但不可过分，只需点到为止。

在广州一著名的大酒家，一位外宾吃完最后一道茶点，顺手把精美的景泰蓝食筷悄悄插进自己的西装口袋里。服务小姐不露声色地迎上前去，双手擎着一只装有一双景泰蓝食筷的绸面小匣子说："我发现先生在用餐时，对我国景泰蓝食筷颇有爱不释手之意。非常感谢您对这种精细工艺品的赏识。为了表达我们的感激之情，经餐厅主管批准，我代表本店，将这双图案最为精美并经严格消毒处理的景泰蓝食筷送给您，并按照大酒家的'优惠价格'记在您的账簿上，您看好吗？"那位外宾立刻明白了这些话的弦外之音，在表示了谢意之后，说自己多喝了两杯"白兰地"，头脑有点发晕，误将食筷插入衣袋里，并且聪明地借此"台阶"，说："既然这种食筷不经消毒是不能使用的，我就'以旧换新'吧！哈哈哈。"说着取出内衣里的食筷恭敬地放回餐桌上，接过服务小姐给他的小匣，不失风度地向付账处走去。

英国首相丘吉尔也曾成功地处理过一件类似的事情。

一次，英国首相丘吉尔和夫人克莱门蒂娜一同出席某要人举行的晚宴。席间，一位著名的外国外交官将一只自己很喜欢的小银盘偷偷塞入怀里，但他这个小小的举动被细心的女主人发现了，她很着急，因为那只小银盘是她心爱的一套古董中的一部分，对她来说很重要。怎么办？女主人灵机一动，想到求助于丘吉尔夫人把银盘"夺"回来，于是她把这件事告诉了克莱门蒂娜。丘吉尔夫人略加思索，向丈夫耳语一番。只见丘吉尔微笑着点点头，随即用餐巾作掩护，也"窃取"了一只同样的小银盘，然后走近那位外交官，很神秘地掏出口袋里的小银盘说："我也拿了一只同样的小银盘，不过我们的衣服已经被弄脏了，所以应该把它放回去。"外交官对此表示完全赞同，两人将盘子放回桌上，小银盘物归原主。

当别人因一时起贪念而想顺手牵羊时，你千万不能当众斥责他，令其丑态百出。你应像酒店中的那位服务员或丘吉尔一样，委婉地指出他的错误，让他有个台阶下。

（4）不可出口伤人，挖苦讽刺

对待他人要讲究方法，掌握分寸是至关重要的，当对方犯错误的时候也不例外。即使对方是你的属下、朋友、孩子，在批评的时候也要注意分寸。要动之以情，晓之以理，切不可出口伤人，挖苦讽刺，侮辱人格。

某公司有一位主管把自己负责的车间管理得秩序井然，员工严守纪律，自愿为公司效劳。这是因为每当发现有人生产态度欠佳，或者是生产过程中出了什么差错时，他会在下班后，把那人叫到办公室，然后亲切地问他："最近你家里还好吧？在我的印象里，你一直都是严守纪律、工作热情高而且技术不错的人，把工作交给你，我很放心，希望你能再接再厉。"他一这样说，那位职员早已是羞红了脸，非常诚恳地跟主管交代原因并道歉。

这位主管确实高明，他没有粗着脖子去训斥有错的职工，而是明知你有错，却偏偏要夸你不错，让对方知错、改错。这样，既照顾了对方的自尊，又鼓励了他，还为自己开展工作赢得了好局面，可谓一箭双雕。

（5）曲意讽喻，幽默表达

曲意讽喻的方式是我国传统的幽默表达技巧。

有一个人去参加宴会，见主人招待他没有菜肴，便跟主人要来副眼镜，说视力不好使，带上眼镜后，大谢主人，称赞主人太破费了，上了这么多菜，主人道："没什么菜，怎么说太破费？"客人说："满桌都是，为何还说没有？"主人说："菜在哪里？"客指盘内说："这不是菜，难道是肉不成？"主人心领神会，一改怠慢的态度，连忙让侍者换上了美味佳肴。

这位客人对主人的吝啬不好直说，于是转弯抹角，几句妙语实在值得玩味。既表明了自己的不满，又讥讽了友人的小气。

下面这则笑话很是高明。

从前有个有钱人，非常吝啬，待人很刻薄。有一天吃饭的时候，来了客人，他把客人留在客厅里，自己偷偷地溜到里面吃饭去了。客人很生气，大声说道："这座厅堂很可惜，许多梁柱被蛀虫咬坏了！"主人听见了，急忙走出来，问道："虫子在哪里？"客人笑了笑，答道："它在里面吃。外面怎么知道？"

还有这样一则故事。

罗西尼是19世纪著名的意大利作曲家。一天，一个作曲家拿着一份七拼八凑的乐曲手稿来请教他，演奏过程中，罗西尼不停地脱帽。那位作曲家问他："屋里太热了？"罗西尼回答说："不，我有见到熟人脱帽的习惯，在阁下的曲子里，我碰到那么多熟人，不得不连连脱帽。"

罗西尼巧妙地用"那么多熟人"来暗讽曲子缺乏新意，抄袭太多。

(6) 批评应该适可而止

一般来说，批评应该适可而止，没有必要抓住不放，因为我们批评的目的是为了治病救人，是为了帮助别人。如果对一个人的错误，抓住不放或者把过去的错误不断重提，总是纠缠不休，这样不仅于事无补，而且也会引起对方的反感和抵触。因此说批评话的时候，一定要注意适可而止，否则就有悖于批评的"治病救人"目的了。

(7) 用恰当的连接词

许多人喜欢用先褒后贬的批评方法，其实这样未必有效。

如一个老师对一个学生说："你这学期的成绩有所提高，我真为你高兴。但如果你不偏科，在英语上面多下点儿工夫，那会更好的！"

这时，那学生在"但是"之前是接受的，但在"但是"之后他就会开始对老师表扬的诚意产生怀疑了。他甚至认为，表扬只是一个铺垫，目的却是批评他是偏科的，从而引起反感。这样就达不到我们批评的目的，并且让他人产生曲解。

这位老师也可以这样说："你这学期的成绩有所提高，我真为你高兴。如果你下学期继续认真努力，那你英语成绩会像其他科目一样好的。"这样，学生会欣然接受他的表扬与批评的。

所以，建议你在批评他人时，尽可能把语句中的转折关系改成递进关系，这样效果会更好。

（8）谐音相关法

谐音相关法就是运用同音异义现象，一语双关，从侧面点出错误之处。

八里乡的路全是坑坑洼洼的泥路，可是乡领导却迟迟未能解决修路问题。一遇雨天，群众出行很不方便。

一天，县领导来视察，见到路面情况对乡领导说："你们这里的路啊，下雨是'水泥路'，晴天是'扬灰路'。"

在谈笑中，领导巧用谐音，从侧面指出当地的路需要加大力度治理。这样间接批评要比直接批评效果好。

（9）以身作则法

有时，我们用自己的实际行动，去教育和提醒对方。这样做会取得意想不到的效果，须知榜样的力量无穷的。

孩子们刚上小学一年级时，都不知道做值日生的责任，所以有一个星期无人履行值日职责。但是班主任崔老师只是向大家说："今后一周我做值日生。"

于是，每天放学时，学生们看到老师打扫教室，摆正桌椅，关好门窗等。以后再让他们值日时，他们都按照老师的做法来做，都做得很好。就这样，他们在没有受到批评的情况下学会了做值日生。老师的这种做法非常明智，虽然没有批评他们，但是通过以身作则，学生们知道了如何做是对的。我们也不妨用以身作则的方法，暗示他人改变行为。

（10）应用幽默的语言，善意提醒

批评的语言不同于赞美容易被人接受，因为它涉及一个人的心理、情绪、自尊心、思想状态等诸多因素。所以，由于批评不当而招致对方怨恨的事例是很多的。

所以，在批评的过程中，使用富有哲理的故事、双关语、形象的比喻等，以此缓解批评时的紧张情绪，启发批评者思考，从而增进相互间的感情交流，使批评不但达到教育对方的目的，同时也营造出轻松愉快的气氛。

有位名作家应邀到某学校演讲，时间安排在一天下午第一节课，这段时间是学生最爱打瞌睡的时候。他一上台，就声明说："在这闷热的午后，要各位听我这老头儿说话，一定会想打瞌睡，我想没关系，各位可以安心地睡。但是有两个原则要遵守，一是姿势要优雅，不可趴在桌上；二是不准打呼噜，以免干扰别人听讲。"语毕，全堂轰然大笑，瞌睡虫一扫而空。

还有一则故事。

有个人在一处禁捕的水库内网鱼。远处走来一位警察，捕鱼者心想这下糟了。警察走近后，出乎意料，不仅没有大声训斥，反而和气地说："先生，您在此洗网，下游的河水岂不被污染？"这情景令捕鱼者十分感动，连忙诚恳地道歉。若是警察当初责骂他，那效果就不一样了。

有时针对对方的错误应当逐渐地"敲醒"对方，启发对方做自我批评。

据某单位几位老同志反映，晚上住在机关宿舍楼上的青年同志不注意保持安静，老同志在楼下睡不好。党委书记和这些年轻人闲谈时，讲了一则笑话进行暗示：

有个老头神经衰弱，稍有响动，就很难入睡。恰好楼上住了一个经常上晚班的小伙子。小伙子每天下班回家，双脚一甩，将鞋子"喀嚓"抛了出去，重重地落在地板上，每次都将好不容易才入睡的老头惊醒。老头提了意见。当晚小青年下班回来，又习惯地把脚一甩，将一只鞋抛了出去，当他用脚要抛第二只鞋时，突然记起老头的话，于是轻轻地脱下第二只鞋。第二天一早，老头埋怨小伙子说："你一次将两只鞋甩下，我还可以重新入睡，你留下一只不甩，害得我等你甩第二只鞋等了一夜。"

笑话说完，小青年们哄堂大笑之后，悟出了笑话的所指，以后就注意改正了。

情景 *40* 拒绝他人，巧妙说"不"

当要拒绝他人时，我们心里总是想：不，不行，不能这样做，不能答应！等等，可是，嘴上却不敢明说，只能含糊不清地说："这个……好吧……可是……"这种口不应心的做法，总会让我们陷入十分尴尬的境地。

有时，对一些明显不合情理或不妥的做法必须予以回绝，但为了避免因此引起冲突，可采用隐晦曲折的语言向对方暗示，以达到拒绝的目的。拒绝时，还应该注意以下几个方面。

（1）巧妙幽默回绝

幽默的语言具有鲜明的个性和趣味性，现代社会中，一个具有幽默感的人不仅更容易被他人所接受，而且更为重要的是，幽默的语言可以化解尴尬，营造轻松愉快的气氛。所以，在与他人交往中，完全可以多用一些风趣、幽默的语言来表明自己的立场和态度。

有一些女孩子，常常接到自己不喜欢的异性的求爱。这时假如以幽默应对，既保全了对方的面子，又坚决地表达自己的想法。

有位打字员小姐，收到一封她不敢恭维的男同事的求爱信，她拒绝了，可对方一如既往，继续写信。于是，有一天，这位小姐把她重新打了一遍的信连同原信一起寄了回去，并附了一张条子："我全都替你打完了。"从此，小伙子再也不寄这种信了。

这位小姐巧妙地利用她的职业特点，幽默地回绝了男同事的求爱，但又不会使对方特别难堪，实在令人佩服。

文学大师钱钟书先生是个"甘于寂寞"的人。他不愿被人炒作，也不愿抛头露面，只想一心做学问。他的《围城》出版后，在国内外引起了轰动。许多记者想见一见他，但都被他谢绝了。

一天，一位英国女士打来电话，说她很喜欢《围城》，想见见钱先生。钱钟书婉言谢绝，但那位女士却十分执著，最后钱钟书实在没有办法了，便以其特有的幽默语言对她说："假如你吃了一个鸡蛋觉得不错，你认为有必要去认识那只下蛋的母鸡吗？"

以趣谈理，用幽默风趣的语言谈论道理，特征在趣，目的在理。恰如其分的幽默风趣的语言，可以使人在笑声中愉快地领悟你言语中的道理，接受你的劝说。

幽默虽会引人发笑，但引人发笑并不是目的，而是为了营造拒绝的气氛，使对方在愉悦之中得到深刻的启示，在心中留下轻松、活泼、美好的智慧痕迹。

（2）以"制度"为准则

小李在电器商场工作。一天，他的一位朋友来买DVD。看遍了店里陈列的样品，他还没有找到令自己十分满意的那种。最后，他要求小李领他到仓库里去看看。小李面对朋友，"不"字出不了口。于是，他笑着说："前几天我们经理刚宣布过，不准任何顾客进仓库。"尽管小李的朋友心中不悦，但毕竟比直接听到"不行"的回答要好多了。

（3）以"他人"或物为理由

在拒绝别人时，我们可以以"他人"或物为借口，陈述一种客观原因，让对方知难而退。

请看下面一段对话。

甲："我们的意思是使下一次会议能在纽约召开，不知贵国政府以为如何？"

乙："贵国饭菜的味道不好，特别是我上次去时住的那个旅馆更糟糕。"

甲："那么您觉得我今天用来招待您的法国小吃味道如何？"

乙："还算可以，不过我更喜欢吃英国饭菜。"

乙方用"美国饭菜不好""法国的饭菜还可以""喜欢吃英国饭菜"，委婉含蓄地拒绝了在美国、法国开会的建议，暗示了希望在英国举行会议的想法。

明确直言的拒绝，有时自己感到过意不去，也令对方感到尴尬。这就需要采用一些巧妙委婉的拒绝方式，既表达了自己的愿望，又将对方失望与不快的情绪控制在最小范围内，不影响彼此之间的人际关系。

（4）以对方的不足为理由

军阀吴佩孚的势力日渐强大，成为权倾一方的实力人物。一天，他的一位同乡前来投靠他，想在他那儿谋个差事儿做。吴佩孚知道那位同乡才能平平，但碍于情面，还是给他安排了一个上校副官的闲职。不久那位同乡便嫌官微职小，再次请求想当个县长，要求派往河南。吴佩孚听了，便在他的申请书上批了"豫民何辜"四个大字，断绝了他的念头。谁知过了些时间，那人又请求调任旅长，并在申请书上说："我愿率一旅之师，讨平两广，将来班师凯旋，一定解甲归田，以种树自娱。"看到同乡这样没有自知之明，吴佩孚真是又好气又好笑，于是提笔批了"先种树再说"五个大字。

拒绝应对事不对人，即以所求是否合理、是否能办到为准，而不应以对方地位的尊卑，双方利害、大小为准。如果非拒绝不可，必须讲究方法。

（5）摆明实际情况，陈述利害关系

在遇到亲戚朋友委托你办事而你无法办到的时候，要讲清道理，陈明利害关系，明确地加以拒绝。这样，朋友会理解你，以后也不会"麻烦"你了。

小辉的舅父是一家石油厂的厂长。小辉同朋友一起合开了一家加油站，想让舅父给批点"等外油"，这样可降低成本。

舅父诚恳地对小辉说："我是厂长，的确我打个招呼，你就可以买到'等外油'。但我不能为你说这个话，这是几千人的厂子，不是我一个人的。我只有经营权力，没有走后门的权力。你是我的外甥，你也不愿意看到我犯错误而让大家指指点点吧？生活上有什么困难，我可以帮助你，这个要求我不能答应，我不能用厂长的权力为亲属谋私利呀！"

小辉听了舅舅的话，什么说的也没有了，从此他再也不给舅舅找类似的"麻烦"了。

（6）用暗示来拒绝

有些人寻求帮助，由于种种原因，不好意思直接开口，喜欢用暗示来投石问路。这时你最好用暗示来拒绝。

两个打工的老乡找到城里工作的李某，诉说打工的艰难，一再说住店住不起，租房又没有合适的，言外之意是要借宿。

李某听后马上暗示说："是啊，城里比不了咱们乡下，住房可紧了。

就拿我来说吧，两间耳朵眼大的房子，住着三代人。我那上高中的儿子，晚上只得睡沙发。你们大老远地来看我，不该留你们在我家好好地住上几天吗？可是做不到啊！"两位老乡听后，就非常知趣地走开了。

（7）为对方指明一条出路

实事求是地讲清自己的困难，同时热心介绍能提供帮助的人。这样，对方不仅不会因为你的拒绝而失望、生气，反而会对你的关心、帮助表示感谢。

蔡老师是五年一班的班主任，她的儿子今年又中考，负担挺重，恰巧班上新转来一名学生，课程拉下了一段，学生家长很信任蔡老师，想请蔡老师为孩子补补课。蔡老师腾不出身，很不好意思。对家长说："真对不起，我实在有点腾不出身来，这样吧，我有个小侄女刚毕业分到某小学工作，让她帮助补一补可以吗？"家长听了非常高兴。

当你在拒绝对方的同时又为对方指明一条出路时，对方会觉得你能设身处地地为他考虑，会十分感激你。那时他觉得你不是拒绝他而是在帮他。

（8）以"缓兵之计"拒绝

当对方提出请求后，不必当场拒绝，你可以说："让我再考虑一下，明天答复你。"这样，既使你赢得了考虑如何答复的时间，也会使对方认为你是很认真对待这个请求的。

某单位一名职工找到车间主任要求调换工种，车间主任心里明白调不了，但他没有马上说"不可能"，而是说："这个问题涉及到好几个人，我个人决定不了。我把你的要求让厂部讨论一下，过几天答复你，好吗？"

这样回答可让对方明白：调工种不是件简单的事，存在着两种可能，使对方思想有所准备，这比当场回绝效果要好得多。

一家汽车公司的销售主管在跟一个大买主谈生意时，这位买主突然要求看该汽车公司的成本分析数字，但这些数据是公司的绝密资料，是不能给外人看的。可如果不给这位客人看，势必会影响两家和气，甚至会失掉这位大买主。这位销售主管并没有说"不，这不可能"之类的话，但他的话中婉转地说出了"不"："这个……好吧，下次有机会我给你带来吧。"知趣的买主听过后便不会再来纠缠他了。

情景 *41* 应对挑衅，心平气和

在社交场合，有时会遇到别人有意无意地奚落或责难等，使当事人内心感到极深的刺痛，人格受到巨大的污辱，并且一想起来就感到难受和气愤。在日常交往中，应对那些不怀好意的挑衅方式，通常有以下几种方法。

（1）明辨事理，直言不讳

假如你的老板或上司当着很多同事的面指责你，而且很可能下次还会这样做时，你可以用下列的话来应对，从而以冷静的自信来维护你的自尊。如提出："我们是否能单独探讨一下这个问题。"假如你的同事或朋友在公开场合责备你，而情况又不属实，使你十分难堪时，你不妨心平气和地对他直言："我们是否私下谈谈这个问题？我要求你把情况搞清楚了再说话。我已受到你的伤害，如果你今后继续不注意影响，不尊重事实，那我以后很难再信赖你，并将永远对你失去信任。"如果是你的亲友无故责怪你，你就得明确地告诉说："你已经让我难堪了，但你总该告诉我这都是为了什么缘故吧？我什么地方把你得罪了？"当然，假若你的确是做错了什么事，哪怕不是有意的，那就应该诚恳地道歉。

（2） 直面挑衅，幽默反击

有时面对窘境，直接回击未必能奏效，用幽默的语言化解可能会更好。

英国诗人乔治·莫瑞是一位木匠的儿子，很受当时英国上层社会的尊重。他从不隐瞒自己的身份，这在当时的英国社会是不多见的。

一天，一个富家子弟来拜访他，一见面就问："对不起，请问阁下的父亲是不是一位木匠？"

"是的。"诗人答道。

"那你父亲为什么没有把你培养成木匠呢？"富家子弟故作不解地问。

诗人笑了笑，不紧不慢地说："阁下的父亲想必是绅士？"

"是的！"富家子弟傲气十足地回答。

"那你父亲怎么没把你培养成一位绅士呢？"诗人问道。

（3） 坚决回击，以牙还牙

对无理的言行进行反击，需要理智作基础，以有理、有礼、有利、有节为原则，做到针锋相对，巧妙应答。所以，反击的语言要与对方的语言表现出某种关联，这种"关联"将充分表现出你的智慧与力量。

这天，博学多才的俄罗斯学者罗蒙诺索夫在宫廷里与贵族舒瓦洛夫伯爵争执了起来。

伯爵理屈词穷，便气急败坏地大声吼道："你简直是一个大傻瓜。"

罗蒙诺索夫揶揄地笑答道："阁下，有人说，在俄国大臣下面当一个傻瓜是一件非常荣幸的事情，即使是这样我也不愿意。"

伯爵夫人听到这嘲讽的话，更是暴跳如雷，她发疯似的嚷叫着："我要把你开除出科学院！"

罗蒙诺索夫神态自若，坦然地回答了伯爵夫人的咆哮："请原谅，无论如何，你都无法把科学从我身上开除出去。"

《记者和周恩来的故事》的故事更能说明问题。

某次，一个美国记者采访周恩来时，看见桌上放着一只派克钢笔，他以讥讽的口吻问到"请问总理阁下，你们堂堂中国人为什么还要用美国的钢笔呢？"周恩来淡淡一笑答道："谈起这只派克钢笔，话就长了。这是一个朝鲜朋友的抗美援朝战利品嘛，他作为礼物送给我。我想无功不受禄，本想推辞，朋友说留下做个纪念吧，我觉得这支钢笔有特殊的意义就收下了贵国这只派克钢笔。"

（4）借题发挥，金蝉脱壳

即表面肯定对方的说话，并顺着对方之意，而实际顺势把对方拉进他自己设置的泥潭里。

诗人海涅是个犹太人，在一个晚会上，一个不怀好意的人对他说："我发现了一个小岛，这个小岛竟然没有驴子和犹太人？"海涅白了他一眼，不动声色地说："看来，只有你我一起去那个岛上，才会弥补这个缺陷。"

海涅早已看透对方污蔑自己，把自己比作驴子，于是来个顺水推舟，将对方"拉下水"，从而使对方自陷泥潭，自取其辱。

（5）佯装入套，突出重围

即假装没识破对方的圈套，照直钻进去。这种方法的效果是显示出自己完全不在乎对方的那种小伎俩，胸怀坦荡。

有一次，一个人写了一封讽刺信给美国著名作家海明威说："我知道你现在一字千金，今日我附上一块美元，请你寄个样品来看看。"遇到这种无聊者，如果你置之不理，那人很可能认为你可欺，有可能会进一步来骚扰。而海明威怎么做呢？他却"名正言顺"地收下钱，回答一个字"谢"。因为海明威早已识破对方的刁难，就照着对方的要求办，结果搞得那人难下台，自讨没趣。

（6）借用其语，巧搭台阶

一天，有个不怀好意的人嘲笑安徒生道："你脑袋上面的那个玩意是个什么东西，能算是顶帽子吗？"安徒生明知这是在污辱自己，便不假思索地回敬道："你帽子下面那玩意是个什么东西，能算是个脑袋吗？"

显然，安徒生的话语和对方的话语结构、语词相仿，只是颠倒了几个关键词，显得对立色彩格外鲜明，使对方自受其辱，逃之夭夭。

（7）笑脸相迎，以柔克刚

有些场合，个别心怀恶意的人故意挑衅，并且来势汹汹，盛气凌人。如果你此时也大发雷霆，以牙还牙，往往场面不堪收拾，还不如以温文尔雅、彬彬有礼的方式笑迎攻击者，巧妙地回敬对手，常常达到意想不到的效果。用这种委婉曲折的方法反驳对方，常会取得奇特的功效。

歌德也碰到过不怀好意的挑衅。有一天，歌德漫步在魏玛公园。不料，在一条小径遇到了那个曾把他的所有作品贬得一文不值的批评家。在这条狭窄的过道，只能通过一个人。他们面对面地站着。

那个批评家十分傲慢，把头一昂，毫不退让地说："对一个傻子，我绝不让路！"

歌德微笑着说："我却正好相反。"然后，站到一边。

强者让步，避免一切无价值的纠缠，不是胆怯，不是懦弱，不是无能，而是大度、智慧和勇敢。

公司老板对新来的秘书小刘的工作不满意，这种不满似乎达到了非开除他不可的地步。

老板对秘书说："我从来没有碰到像你这样一个办事马虎大意的秘书！我原先聘用的那些秘书身上所具备的优点你几乎都没有，而他们有的缺点你倒应有尽有！你的灵活性不够，太呆板，什么事儿都照本宣科；你的文才平平，远在他们几人之下；你总是不能把办公桌拾掇得使我满意，你的字儿写得也与他们几个相差甚远，只可惜他们几个都申请辞职了，不行，我不能让你这么一个不够格儿的秘书再浪费我的工资啦！"

老板唠唠叨叨地说完，似乎下定了要辞退他的决心。

秘书这时心平气和地对老板说道："先生，您说了我那么多的缺点，可您却忽视了我一个最大的优点，那就是：在听了您这么多批评之后，我仍然虚心的接受，没打算辞职呀！"

老板听他这么一说，不禁怔住了，紧接着，他哈哈大笑起来，小刘也因此保住了一个对他来说得之不易的工作机会。

（8）出其不意，合情合理

有一个在皇宫做官的人叫西特努赛，他口齿伶俐，足智多谋，因此遭到一些人的妒忌。

有一天，上朝之前，一个官员向他挑衅说："人们都说你有很高的本领，可是，你能猜出我心里想什么吗？"

"我能够了解你们每个人的内心世界。你们心里在想什么，我全都知道。不信咱们打赌。"他笑着对着每个官员说。

官员们绝不相信他会有这个本事。为了让他在皇帝面前出尽洋相，于是一致同意每人用一两银子作为赌注，与他打赌。

连皇帝也认为他不会赢。

上朝时，大家一致催他快说。西特努赛看了看大家，不慌不忙地高声说道："在场的各位大人心里在想什么，我非常清楚。诸位想的是：自己这一生都要为朝廷效力，都要忠于皇上，永远不会背叛、谋反。各位大人是不是这样想的？如果有哪位不是，不妨站出来说说！"

官员们一听，顿时傻了眼，他们万万没有想到他会来这一招，都只好认输，乖乖地掏出银子。

情景 *42* 尴尬场面，巧妙化解

社交场上，每个人都难免会因为小小的失误而处于被动、尴尬的境地。此时，我们如何挽回局面，巧妙应对，大致说来有以下几点方法。

（1）随机应变

一次，美国总统里根访问巴西，由于旅途疲乏年岁又大，在欢迎宴会上，他脱口说道："女士们，先生们！今天，我为能访问玻利维亚而感到非常高兴。"

有人低声提醒他说溜了嘴，里根忙改口道："很抱歉，我们不久前访问过玻利维亚。"

尽管他并未去玻利维亚，但当那些不明就里的人还来不及反应时，他的口误已经淹没在后来滔滔的大论之中了。

这种将说错的地点、时间加以掩饰的方法，在一定程度上避免了当众丢丑，不失为补救的有效手段。只是，这里需要的是发现及时、改口巧妙的语言技巧，否则要想化解难堪也是困难的。

一个叫李君的青年结婚时，由于新房的顶棚是用纺织袋封的。所以当新娘子被众星捧月一般接进洞房时，贴在顶棚上的大红喜字被震落下来。这在结婚时可是大忌讳，代表着不吉利。洞房内顿时一片寂静。正在这个难堪的关头，新郎急中生智，突然喊道："喜从天降，太好了，太好了！这老天爷看我娶新娘也来道喜，凑热闹来了！我李君何德何能，竟敢劳驾老天爷您老人家来祝贺呀!"一场尴尬就这样在人们的赞叹声和掌声中化解了,洞房又恢复了喜庆的气氛。

(2) 转移注意力

某校某班在一次高考中,数学和外语成绩突出,名列前茅。校长在评功总结会上这样说:"数学考得好,是老师教得好;外语考得好,是学生基础好。"

在座教师听罢沸沸扬扬,都认为校长说法显得有失公正。刘老师起身反驳:"同一个班,师生条件基本相同。相同的条件产生了相同的结果,原是很自然的事,不公平的对待,实在令人费解。原有的基础与尔后的提高,有相互联系,不能设想学生某一学科基础差而能提高得快,也不能设想学生某一学科基础好而不需要良好的教学就能提高。校长对待教师的劳动不一视同仁,将不利于团结,不能调动广大教师的积极性。"

会场有人轻轻鼓掌,然后是一阵静默。而静默似乎比掌声对校长更有压力和挑战意味。校长没有恼怒,反而"嘿嘿"地笑起来,他说:"大家都看到了吧,刘老师能言善辩,真是好口才。很好,很好!言者无罪,言者无罪。"

尽管别人猜不透校长说这话的真实意思,然而却不得不佩服他的应变能力:他为自己铺了台阶,而且又快又好。听了上述回答后,无人再就此问题对校长跟踪追击。

既要撤退,就不宜做任何辩解,辩解无异于作茧自缚,结果无法摆脱尴尬。

(3) 借题发挥

在现实中,借题发挥也大有用武之地。

某中专学校在一次智力竞赛中,主持人问:"三纲五常中的'三纲'指的是什么?"

一名女生抢答道："臣为君纲，子为父纲，妻为夫纲。"恰好颠倒了三者关系，引起哄堂大笑。

当这名女生意识到答错后，她将错就错，借题发挥："笑什么，解放这么多年了，封建的旧'三纲'早已不存在，我说的是新'三纲'。"

主持人问："什么叫做新'三纲'？"

她说："现在我国是人民当家做主，上级要为下级服务，领导者是人民的公仆，岂不是臣为君纲？当前独生子女是父母的小皇帝，家里大小事都依着他，岂不是子为父纲？在许多家庭中，妻子的权力远超过了丈夫，'妻管严'比比皆是，岂不是妻为夫纲吗？"

她的话音一落，场上掌声四起。大家为她的言论创新叫绝，为她的应变能力叫好。

(4) 坦率道歉

必须指出，"坦率"的目的仅在于把问题讲清楚，这不等于"直率"，解释也必须讲究策略。

做错事情之后，大多数人都会马上去向人低声道歉，接着便灰溜溜地离开。但许多情况下，仅靠一句"对不起"是不足以获得谅解的。以博拉的事件为例。

有一次博拉在同同事谈话时称其上级是"机器人"，结果被上级知悉。于是博拉给上级写了一张条子，约他抽空谈一谈，上级同意了。

"显而易见，我用的那个词绝无其他用意，我现在备感悔恨。"博拉向上级解释说，"我之所以用'机器人'之类的字眼，只不过是想开个玩笑，我感到上级对我们有些疏远、麻木。因此，'机器人'三字只不过是描述我这种感情的一种简短方式。"上级为博拉合情合理的解释和自我批评而深受感动，他甚至当即表态，说要努力做到善解人意，做个通情达理的人。

把问题讲清楚，通过这种方式，上级平心静气地接受了博拉的道歉，并顺利地解决了他们之间的感情危机。

在与别人相处时，如果做错了事，出现了尴尬场面，不妨真诚地向他人道歉，效果也许会更好，让我们看看华盛顿是怎么做的吧。

美国开国总统华盛顿还是一位上校的时候，他率领着部队驻守在亚历山大。在选举弗尼亚议会的议员时，有一个名叫威廉·佩恩的人反对华盛顿所支持的候选人。同时，在关于选举问题的某一点上，华盛顿与佩恩形成了对抗。华盛顿出言不逊，冒犯了佩恩，佩恩一怒之下，将华盛顿一拳打倒在地。华盛顿的部下闻讯，群情激愤，部队马上开了过来，准备教训一下佩恩。华盛顿当场加以阻止，并劝说他们返回营地，就这样一场干戈暂时避免了。

第二天一早，华盛顿派人送给佩恩一张便条。要求他尽快赶到当地的一家小酒店来。佩恩怀着凶多吉少的心情如约到来，他猜想华盛顿一定要和他进行一场决斗，然而出乎意料，华盛顿准备了丰盛的宴席。华盛顿见佩恩到来，立即站起来迎接他，并笑着伸过手来，说道："佩恩先生，犯错误乃人之常情，纠正错误是件光荣的事。我相信昨天是我不对，你已经在某种程度上得到了满足。如果你认为到此可以解决的话，那么握住我的手，让我们交个朋友吧。"华盛顿热情洋溢的话语感动了佩恩。从此以后，佩恩成为一个热烈拥护华盛顿的人。

（5）自我解嘲

以前，我国的一支专业代表团应邀到奥地利一家钢铁公司参观，在热情好客的奥地利主人的带领下，参观了厂区的先进设施。后来，被安排到了一间摆设讲究的接待室里，奥方人员继续向我方人员介绍情况。

"女士们，先生们，请允许我用投影电视向你们介绍本公司的情况。"

一位工程师说着便打开了开关，可是老半天不见投影。在场的工程师们面面相觑，不知所措。

突然，一位小姐急急忙忙冲进来，焦急地问："哪儿火警？"

"火警？"工程师们惊愕了："我们正准备放投影电视。"

小姐走近操纵台，耸了耸肩："我的天哪！先生们，这是火警开关，旁边才是投影开关。"

当时的情景十分尴尬，特别是当着外国朋友的面。

一位工程师也耸了耸肩，风趣地说："还算工程师，瞧，我们加起来，还不如一位小姐！"

顿时，引起一阵哄堂大笑。当然也使他们在笑声中解脱了窘境。

(6) 以退为进

谈判陷入僵局，双方难以达成一致意见时，如果恰当地以退为进，会收到意想不到的效果。

某蔬菜公司一位副科长到外地调运蔬菜，卖方想趁机捞一把，因而报价很高，双方的谈判眼看就要搁浅，这让副科长心急如焚。然而，为了稳住对方，他摆出一副无可奈何的样子自嘲道："其实，你们把我给看高了，我只不过是个小科长，还是个副的，手里能有多大的权力？再说，天气这么热，我花大价钱办一笔赔本的买卖，这个责任我担当得起吗？"他这一番"自嘲"既表明了自己在价格上的态度，又让对方感到在价格上使他让步是强人所难。于是，卖方不再坚持自己的要价，双方顺利地完成了交易。

(7) 运用幽默

当你面对突如其来的窘境时，生气动怒很难让你摆脱窘境。此时，如果你能运用幽默的方式，就能巧妙地脱身。

一次，柏林空军军官俱乐部举行盛大招待宴会，主宾是著名的乌戴特将军。敬酒时，一位年轻的士兵不小心将啤酒洒到了乌戴特将军光亮的秃头上，士兵手足无措，全场的人也都目瞪口呆，宴会厅鸦雀无声。此时，乌戴特将军并没有发怒，而是微笑着对颤抖的士兵说："兄弟，你以为这种疗法会有效吗？"在场的人，闻言大笑起来，宴会又恢复了一片欢乐。乌戴特将军一句幽默的自嘲，不仅化解了尴尬，摆脱了窘境，而且还展示了自己大度的胸怀。

(8) 绵里藏针

生活中，人与人之间摩擦无时不在、无处不有，这时候如果两人针锋相对，互不相让，就容易引发矛盾冲突。面对这些矛盾，有时不便于公开直接回击时，绵里藏针，它会让你以退为进，在无声无息中表明你的立场和态度，给对方以回击。

20世纪50年代初，美国总统杜鲁门接见傲慢的麦克阿瑟将军。见面中，麦克阿瑟拿出烟斗，装上烟丝，然后把烟斗叼在嘴里，取出火柴。当他准备划火柴点烟时，才停下来，对杜鲁门说："我抽烟，你不会介意吧?"显然，这不是在真心征求意见，在他已经做好抽烟准备的情况下，如果杜鲁门说介意，那就会失风度。面对这种挑衅，杜鲁门看了一眼麦克阿瑟，说："抽吧，将军。别人喷到我脸上的烟雾，要比任何一个美国人脸上的烟雾都多。"这时，傲慢的麦克阿瑟慢慢地把火柴放回了火柴盒，取下嘴里的烟斗放在了桌子上。

有时矛盾会愈演愈烈，冲突升级，这时就需要我们应用理智，大度退让，避免事情向更坏的方向发展。

春节刚过，小李在公共汽车站上等车时，挤了一个中年人一下。没等小李开口说"对不起"，便听那中年人开口说："猪年才到，就这么拱，要拱到年底，那还不把这站台拱个大洞!"人群中顿时爆发出一阵笑声。小李也不是"省油的灯"，马上回了一句："怪，狗年都过了，怎么还乱叫!"这一下，人群笑得更欢了。就这样，两人你一言我一语地不停对骂。围观的人越来越多，小李心想再这样骂下去和那中年人非动手不可。于是就自嘲说："唉，大哥，到底是你比我多吃几年咸盐，走过的桥比我走过的路都多，你比我幽默，我认输!"小李一句自嘲的话，说得中年人也很不好意思。一场火药十足的对骂就这样被他三言两语化解了。

【演讲情景口才】
大庭广众之下的语言魅力

　　拿破仑说："一枝笔，一条舌，能抵上三千毛瑟枪。"演讲可以成为一种无形的武器，谁掌握了这种技能，谁就掌握了话语权，谁就拥有奔向自身目标的主动权。

情景 *43* 演讲艺术，精练恰当

演讲是一个动态过程。演讲所形成的特殊情境给其中每句话赋予特定的含义。这要求演讲者在炼句时首先要从整体出发，从演讲情境考虑，作到精短、严整、自然、亲切。

（1）挖掘独到见解

某地举办"爱我神州"演讲赛。演讲者们个个激情满怀，尽情讴歌我们伟大祖国上下五千年的辉煌历史，几乎无一不谈及雄伟的万里长城、领先世界的四大发明，以及文明卓著、地大物博等。一个一个如此讲下去，评委和听众都感到有些疲劳和厌倦。轮到最后一个上台了，可他一开口，就把会场的气氛改观了。他说：

同志们，前边的同志对我们伟大祖国悠久的文明史、雄伟壮观的长城和给世界文明带来飞跃发展的四大发明进行了充分的讴歌。听着这些，我们不能不承认，我们祖国拥有这一切，的确令人自豪，感到神圣和可爱。（说到此，他突然把声音提高八度）但是，我认为，只有这些还不够！因为，长城尽管又高又长又厚，却没能挡住侵略者的铁蹄！指南针是我们祖先的发明，却引来了武装到牙齿的侵略者，引来了帝国主义的战舰，引来了毒害中国人民的鸦片！火药是我们中华民族智慧的闪耀，但却使外国强盗刀剑换枪炮，侵占我家园国土，奸杀我华夏同胞！至于洁白纸张的创造，正好方便列强与我签订种种不平等条约，写下丧权辱国的几十条、上百条……（此时，他开始激动了）是的，我们的祖先，曾是何等荣耀！我们的祖国，曾是怎样的富裕、强大过！但是我们又清楚地知道，这一切终归是祖先的，是祖先的骄傲！我们，后世的炎黄子孙们，绝无权力在祖先的功劳簿上沾沾自喜、大吹大擂！古话说，好汉不提当年勇，我们怎能忘记自己肩上的重任！（掌声）祖国，只有在我们的辛勤劳动中，在我们粗糙的大手中，变得在全世界范围内领先，变得强大、富裕，才遂了我们的意，才称了我们的心！"（热烈鼓掌）

（2）从听众的鉴赏水平出发

听众的性别、年龄、种族等自然特点和情感、意志、趣味等心理特点以及文化、教养、境遇等社会特点，都要纳入演讲稿的构思之中。

1972 年，尼克松总统访华时在答谢宴会上的祝词中说：

昨天，我们同几亿电视观众一起，看到了名副其实的世界奇迹之一——中国的长城。当我在城墙上漫步时，我想到了为了建筑这座城墙而付出的牺牲；我想到它所显示的在悠久的历史上始终保持独立的中国人民的决心；我想到这样一个事实，就是，长城告诉我们，中国有伟大的历史，建筑这个世界奇迹的人民也有伟大的未来。

面对在座的中国官员，作为美国总统的尼克松热情赞扬了中国人引以自豪的长城，是很能博得好感的，也淡化了两国政府的原则分歧所造成的阴影。演讲还围绕长城借题发挥又说了几段话，使"拆除我们之间的这座城墙"这个并不轻松的话题显得轻松。敏感的听众意识使演讲者选择了长城这个自然、得体、巧妙的角度。

（3）要适合现场表达

秋瑾在著名演讲《警告二万万同胞》中讲道：

陈后主兴了这缠足的例子，我们要是有羞耻的，就应当兴师问罪！不然，难道他捆着我的腿？我不会不缠的么？男子怕我们有知识、有学问，爬上他们的头，不准我们求学，我们难道不会和他分辨，就应了么？这总是我们女子自己放弃责任，样样事一见男子做了，自己就乐得偷懒，图安乐。男子说我没用，我就没用；说我不行，只要保着眼前舒服，就做奴隶也不问了。自己又看看无功受禄，恐怕行不长久，一听见男子喜欢脚小，就急急忙忙把它缠了，使男人看见喜欢，庶可以藉此吃白饭。

这段文字既是精妙的语句组合，又是晓畅通俗的口语；既有催人猛醒的连珠炮式的反问，又有冷静剖析的精到陈述；既有信手拈来的散句，又有回环复沓的顶针式排比；既有变化多端的语气语态，又在语句上恣意而为。短句为主，长短参差，如同信口而说，但又富于韵律；逻辑严密，高屋建瓴，还不失拉家常一样平易、幽默。只是阅读，就觉得演讲者的声音、神情、态度呼之欲出。这样的文字无疑是适合亦讲亦演的现场表达。

（4）适合于现场调控

鲁迅在演讲《文学与政治的歧途》中有段精彩的描述：

北京有一派人骂新文学家，说："你们不应该拿社会上的穷人和人力车夫做材料。你们作诗作小说应该用才子佳人做材料，才算是美，才算是雅，你们为什么不躲进象牙之塔？"但他们现在也都跑到南方来了，因为北京的象牙之塔已经倒塌，没有人送饭给他们吃，不能不跑了……为人生的文学家，平时就很危险，到了革命的时候，死的死，流落的流落，因为他们的感觉比普通一般人敏捷，他们所看到的想到的，平常的人都不了然，他们的境遇往往是困苦的，所以能够看见别的困苦。

这段文字一方面成功地表达了演讲内容，另一方面又顾及了现场调控。其中，北京的"一派人"的话中有一句："你们为什么不躲进象牙之塔？"而引用过来自然就引起听众对演讲者如何作答拭目以待，然而只用一个"但"字转到他们不"美"不"雅"地逃到南方混饭吃，以其行驳其言，俏皮机智，令人哑然失笑。接着又用为人生的文学家的艰难处境与之对比，含蓄地予以赞扬。如果说这是一个不露形迹的情绪热点的话，那么前面的冷嘲就是有力的反衬式铺垫和蓄势。这段演讲看似漫不经心，但对材料的选择和组合，对先谈什么后谈什么以及怎样说，都有精心的考虑，以求得更好地调控和驾驭听众。

（5）精练而恰到好处的引用

他山之石，可以攻玉。在演讲中，我们可以引用别人的语录、名言、诗歌和故事等，以增加我们演讲的分量。

著名演讲家李燕杰在《爱与美的凯歌》演讲中就有不少大段的精彩引用，有马克思对爱情的见解和马克思之女爱琳娜对她父母爱情生活的评价，有陈毅与夫人张茜、高士其与夫人金爱娣的幸福生活，还讲了文学作品《简·爱》《青春之歌》中的爱情故事，吟诵了《孔雀东南飞》中描写刘兰芝、焦仲卿爱情悲剧的诗句，最后展读一对大龄青年热恋中的书信。恰当的引用，不但有力地表现了演讲的中心，揭示了事物内在的规律，而且由于生动、具体、准确，开阔了听众的视野，丰富了听众的知识，给人留下深刻的印象。并且，这些不断出现的引用形成了一次演讲过程中引人注目、使人兴奋的聚焦点，犹如一段风景中的若干景点。

（6）抒情和议论

国际工人运动的杰出活动家、反法西斯的卓越战士季米特洛夫 1933 年在莱比锡被审讯时，以大量的事实痛斥检察长和庭长后，面对敌人的非法判决，仍激情昂扬地说道：“伽利略被惩处时，他宣布：'地球仍然在转动着！'具有与伽利略同样决心的我们共产党人今天宣布：地球仍然转动着——历史的车轮向着共产主义这个不可避免的、不可压倒的最终目标转动着……”

把法庭当成战场，将被告转为原告，大义凛然、威武不屈，用抒情与议论结合的语言塑造出了共产党人的崇高形象。抒情句、议论句组成的段落用在叙述句后的好处在于完成由感性到理性的升华，由个别性到普遍性的总结，将一件也许是平凡、普通的事件渲染得情意真切，意义深远，使听众明白其中的道理和包含的感情，从而激起听众的共鸣。

（7）自问自答

演讲中，为了紧紧抓住听众的注意力，常常是演讲者先提出一个问题，停顿数秒钟，让人们有所思索后再做解答。于是这个解答便为设计精彩段落提供了机会。演讲者务必要给听众做出认真的、满意的答案，因为你的解答正是听众翘首期待的。

郭沫若在萧红墓前的五分钟演讲中，根据萧红24岁写成轰动文坛的《生死场》，31岁英年早逝，提出了"年轻精神"的话题，马上又问道："什么是年轻精神的品质呢？"随后他依次阐述了应具有的三个特征："是真理的追求者""是博爱的实践者""是勇敢的战士"。

英国首相丘吉尔在一次著名的短暂演讲中也用了此法。

1940年5月，英国在德国强大攻势下面临生死存亡的关头，丘吉尔受命组织新一届政府，他在发表的首次演讲中说："你们问：我们的目标是什么？我可以用一个词来回答：胜利——不惜一切代价去赢得胜利……"

用解答提问构成的精彩段落应做到思路清晰，论证有力，用词精练，感情充沛，以增强语言的感染力，活跃演讲气氛，激发观众兴趣，使演讲不断保持活力。自问自答的精彩段落在结构上可以安排在开端、中间和结尾的任何一个地方。

（8）深入浅出的议论

不论是何种功能、内容、类型的演讲，议论都是必不可少的，尤其是论辩演讲、政治演讲，能否成功，关键就在于是否有深刻的论证、严密的推理和能否将一个抽象而深奥的道理深入浅出地表达出来。只有做到这些，听众才能心悦诚服，懂得你所阐发的道理，相信你阐发的观点，接受你阐述的理论。

美国著名作家海明威被授予1954年度诺贝尔文学奖，他在授奖仪式上的发言给人们留下深刻印象的不是独特的海明威式的写作风格，也不是真诚的谦虚和谢意，而是石破天惊般的见解："写作，在最成功的时候，是一种孤独的生涯。"接着他用明白晓畅的语言说："作家的组织固然可以排遣他们的孤独，但是我怀疑它们未必能够促进作家的创作。一个在稠人广众之中成长起来的作家，自然可以免除孤独寂寥之虑，但他的作品往往流于平庸。而一个在孤寂中独立工作的作家，假若他确实不同凡响，就必须天天面对永恒的东西，或者说面对缺乏永恒的状况。"

没有华丽的词藻，没有故弄的玄虚，可是态度鲜明而恳切，感情真挚而得体，使精辟的思想坦然地呈现于听众面前。

(9) 使用排比句和排比段

排比句是常见的演讲精彩段落的构成方式之一，它可将若干句子结构大体相同的自然段，分行排列成意义相近、语势紧逼的排比段。这种修辞手法，可以加强语言的旋律感、节奏感，从而流畅地抒发情感。

美国著名的黑人运动领袖马丁·路德·金1963年发表的《在林肯纪念堂前的演讲》，在回顾了100年前林肯的《解放黑奴宣言》后，连用三个"一百年后的今天"起头的句子表明"黑人仍无自由可言"，在提出这次黑人运动的目的后，又连用三个"现在是"起头的句子阐明现在是实现"自由和正义"的时刻。在演讲即将结束时，演讲者又激情满怀地倾诉了他的几个"梦"，每段都用"我梦想着"起头构成一组排比段，诗一般的语言，描绘出一幅幅令人神往和憧憬的画面。

(10) 使用激动人心的事情

许多成功的演讲证明，一件催人泪下的往事追述，常常胜过精彩的论证，因为事实胜于雄辩。一件饱含深情娓娓道来的事情，由于它的生动具体，不但能磁石般地吸引听众，更能长期地保存在听众的记忆中。

被称为现实生活中"牧马人"的曲啸在以《人生·理想·追求》为题的演讲中，就有许许多多事情令人终身难忘，如被错判20年徒刑，为了不连累妻子，劝说妻子和他离婚，"就这样我们在哭声中分手了"。又如粉碎

"四人帮"后，曲啸被平反昭雪，当他听到"同志"这亲切的称呼时，这位久经折磨也未掉一滴眼泪的硬汉，此刻是"泪飞顿作倾盆雨"。事中见情，情景交融，感人至深。

（11）演讲的选词

他的一生是短促的，然而也是充实的，作品比岁月还多。唉！这坚强的，永不知疲倦的工作者，这哲学家、思想家，这诗人、天才，在我们中间，过着暴风骤雨般的生活，充满了斗争、争吵、战斗，一切伟大的人物在每个时代遭逢的生活。今天，他安息了。他走出了纷争与仇恨。他在同一天步入光荣，步入了坟墓。从今以后，他和祖国的星星在一起，辉耀于我们上空的云层之间。

你们站在这里，有没有羡妒他的心思！

各位先生，面对这样一种损失，不管我们怎样悲痛，就忍受一下这些重大打击吧！打击再伤心，再严重，也先接受下来再说吧。在我们这样一个时代，不时有伟大的死亡刺激充满了疑问与怀疑的心灵，因而对宗教信仰发生动摇，这也许是适宜的，这也许是必要的。上天使人民面对着最高的神秘，对死亡加以思维，知道自己做的是什么，死亡是伟大的平等，也是伟大的自由。

上天知道自己做的是什么，因为这是最高的教训。一个崇高的心灵，气象万千走进另一个世界。他本来有着天才看得见的翅膀，久久停在群众的上空，忽而展开人看不见的另外的翅膀，骤然投入了不可知。这时候每个人心中所能有的，只有庄严和严肃的思想。

不，不是不可知！不，我在另一个沉痛的场合里已经说过了，我就不知疲倦地再说一遍吧：不，不是夜晚，而是光明；不是结束，而是开始；不是空虚，而是永生！你们中间有谁嫌我这话不对吗？这样的棺柩，表明的就是不朽。面对着某些显赫的死者，人更清楚地感到这种理智的神圣命运，走过大地为了受难，为了洗净自己。大家把这理智叫做人，还彼此说：那些生时是天下的人，死后就不可能不是灵！

这是雨果的《给巴尔扎克》的最后几段，演讲饱含激情，用词清晰、具体、生动。读来流畅，听来悦耳。

（12）演讲要锤炼语句

十二年来，我饱尝了作为一个教师的酸甜苦辣，喜怒哀乐；十二年来，我更深层次、更立体地把握了教师的整体形象。教师是辛苦的，为了学生，他们夜以继日，整日操劳；教师是清贫的，为了别人他们含辛茹苦，不计酬劳；教师是磊落的，为了事业他们两袖清风，虚心清高；但教师是伟大的，为了祖国他们孜孜以求，不屈不挠。

这段话句式完整，匀称贯通，自然优美。演讲的语句要经过一番锤炼才能达到这样的水平。

一般来说，除了学术演讲，政论型演讲较多地运用长句、散句外，其他演讲的语句以短句、整句为多为美。

短句指字数少、形体短、结构简单的句式。演讲中运用短句可以明快、活泼、有力地表达感情，简洁、干净、利落地叙述事理。卓别林的演讲正是如此：

战士们，你们别去为那些野兽们卖命啊！他们鄙视你们，奴役你们，统治你们，吩咐你们应当做什么，应当想什么，应当具有什么样的感情！他们强迫你们去操练，限定你们的伙食，把你们当牲口，用你们当炮灰。你们别去受这些丧失了理性的人摆布了。

整句是相对于散句而言的，它紧凑有力，严密集中。演讲在适当运用散句的基础上要多运用整句。整句包括排比、对偶、对比、顶真、回环等。

情景 *44* 演讲分类，各具特色

演讲可以分为：经济演讲、政治演讲、学术演讲、礼仪演讲，等等。不同的演讲具有不同的要求，经济演讲，要实事求是；政治演讲，要旗帜鲜明；学术演讲，要见解独到；礼仪演讲，要真挚感人。

（1）经济演讲，实事求是

企业家要想顺利地传递信息、指挥生产和开展经营活动，都需要进行经济演讲。总体来说，经济演讲的特点有高度的求实性、策略性和解说性。

①求实性

经济演讲服务于经济效益。因此，演讲的各部分和所有论点都要经过深思熟虑、严密论证，所提建议以及号召应具有充分的根据。除了出于某种策略考虑外，引用的数据要求准确无误，且有说服力，目标明确而具体。它所提出的措施在企业内部常常具有行动纲领的性质，最终要在工作中得到落实。所以，经济演讲既要有鼓动性，能鼓舞士气，使职工看到希望，又要实事求是地把企业的困难和问题告诉职工，使职工对现状有清醒的认识，从而以主人翁的姿态主动为企业服务。

②策略性

经济信息在经济领域中起着越来越重要的桥梁作用。它沟通经济实体之间的联系，能起到启迪、诱发、激励、协调经济生产的作用。在经济管理中，信息也起着上情下达、反馈控制的作用。因此，经济演讲特别重视信息的传播。一方面，它要通过准确的信息传播促进经济活动的开展；另一方面，出于以盈利为目的的策略考虑，对于部分信息实行严格的保密。因此，经济演讲十分重视信息，又特别讲究策略。

③解说性

解说就是用明确的语言把事物的形状、性质、构造、成因、关系、功用等解释清楚；把人物的经历、特点等表达明白。经济演讲中企业家常常要将企业的现状、发展情况、产品以及生产计划等向听众做介绍。这些主要依赖解说来进行，特别是关于经验介绍和科学总结更要求做详尽的解说，多举实例，尽可能把经验上升为理论，从中找出规律性的东西，以便推广。

经济演讲大致可分为公关型，就是指企业家洽谈贸易，阐述本企业的对外政策，宣传本企业的发展形势和产品特色等；总结型就是指企业领导向被授权的大会汇报工作并分析评价工作成绩等；动员型就是指企业领导向职工解释生产计划以及计划实施的意义和效益，以便最大限度地调动职工的积极性；经验介绍型就是指围绕产品质量、销售、管理等经济活动所进行的科研探讨等。

（2）政治演讲，旗帜鲜明

政治演讲是政治斗争的重要武器，一般是指针对国家内政事务和对外关系，表明立场、阐明观点、宣传主张的一种演讲。政治演讲的特点是内涵丰富，适应面广，政治观点旗帜鲜明，逻辑严谨而且鼓动力量很强。

①政治观点要旗帜鲜明

美国著名政治家帕特里克·亨利的《在弗吉尼亚州议会上的演说》就是一个典型。18世纪中叶，北美人民反对殖民主义，争取自由独立的呼声日益高涨，而美国一些资产阶级领导人却主张与殖民者妥协和解，英国趁机调集大批军舰，企图镇压北美人民的反抗。在紧急关头，著名政治家帕特里克·亨利发表了这篇蜚声世界的演讲。他首先采取欲擒故纵、以退为进的表达手法，缓和会场紧张气氛，然后展开凌厉的攻势，以大量铁的事实，揭露英国殖民主义者的贪婪，指明妥协退让的危害，划清是非界限，旗帜鲜明地提出必须"拿起武器"与英国殖民主义者斗争。整篇演讲，充满炽热的爱国激情和献身精神，擂响了争取独立的战鼓，产生了深远的影响。

政治演讲的目的在于宣传自己政党、集团或个人的政治见解和主张，借以说服和鼓动听众，使其接受并付诸行动。因此，好的政治演讲，总是具有巨大的思想容量、精辟的政治见解和旗帜鲜明的立场观点的。不仅如此，其观点总是先进而健康的，符合历史发展的规律，起着推动社会前进的积极作用。

②逻辑论证严谨有力

列宁的演讲就具有"不可战胜的逻辑力量"。当年，有很多听到过列宁演讲的人都说"列宁演讲中的逻辑好像许多万能的触角，从各方面把你钳住，使你无法脱身，你不是投降，就是完全失败。"

因此，充分而雄辩的说理，严谨而有力的逻辑论证，是成功的政治演讲又一基本特点。特别是在论辩性的政治演讲中，要克敌制胜，单有真理是不够的，还要求有辨证的思维、严密的逻辑、高明的策略和犀利的语言等。因此，为了迅速圆满地达到政治演讲的目的，演讲者对其所要表达的观点要经过深思熟虑，使其具有很强的说服力。提出问题的前提背景、分析问题的材料依据、解决问题的方法步骤，逐条逐款环环相扣，布局合理，结构严谨，概念明确，判断恰当，推理合乎逻辑，始终保持思维论断的确定性和明确性。

帕特里克·亨利《在弗吉尼亚州议会上的演说》中讲道：

假如我们想得到自由，也就是说要拯救我们为之长期奋斗的神圣而珍贵的权利，不卑怯地放弃我们已投身多年并发誓不达目的决不罢休的崇高斗争的话，我们必须战斗！我再重复一遍，主席先生，必须战斗！拿起武器，诉诸万军之主，这才是我们唯一的出路。

在这段话中，帕特里克·亨利运用了两个省略了小前提的充分条件，向听众表明了"我们必须战斗"的充足理由，体现出强烈的论证性和雄辩的说服力。

请看一位美国伟人的演讲：

当我们今天得以享受到充分的自由时不要忘了独立宣言，虽然那没有几句话，却是二百多年来所给予我们每个人的保障。同样地，当我们这些年致力于种族平等时，不要忘了那也是因为某些字眼的组合而激发出来的行动所致，请问谁能忘记美国马丁·路德·金博士打动人心的那一次演讲，他说道："我有一个梦，期望有一天这个国家能真的站立起来，信守它立国的原则和精神……"

的确，用对了字眼不仅能打动人心，同时能引导行动。

以上逻辑论证严谨有力，指出《美国独立宣言》的重要性。

③有很强的鼓动力量

成功的政治演讲，都具有刚劲强烈的鼓动力量，特别是一些政治集会上的演讲，其内容往往意义重大，为人们所共同关注。演讲者或动员，或宣传，或批驳，或声讨，不仅旗帜鲜明、观点明确、逻辑严谨、论证有力，而且感情真挚，以情动人，常常起听众的强烈共鸣，产生"共振效应"，因而极富鼓动性和号召力。

政治演讲的鼓动力量不是游离于演讲内容以外的豪言壮语，也不是脱离实际的声嘶力竭的呼号，而是来自于政治观点和主张的正确程度，来自于演讲者的真知灼见和真情实感。

还是以帕特里克·亨利《在弗吉尼亚州议会上的演说》为例来说明。

在这篇演讲中，他态度严峻，言辞激烈，语调坚决，运用了一连串的反问句和排比句，显得气势恢弘有力，而且充满热情和赤诚。最后，他发出震撼人心的呼吁："我们知道别人将如何行事，但对于我来说，不自由，毋宁死！"爱国者的凛然正气，立即引起了强烈的反响。有一位参加会议的代表写道：他的演说"给人的印象是如此的强烈，如此的惊人，会议厅里没有人鼓掌，鸦雀无声。这样过了几分钟之后，议会的一部分成员从座位上跳起来。在他们兴奋的脸上可以看出这句话：'拿起武器！'他们的眼睛里闪耀着爱国热情的火花"。这段话十分形象生动地写出了帕特里克·亨利演讲的鼓动色彩是多么的强烈感人。

人们对林肯就任第二任总统的一篇演说赞誉备至，称之为"人类最光荣而最宝贵的成绩之一，是最神圣的人类雄辩的真金"。其演说内容如下：

我们对于大战灾祸能够早早结束，都很热诚祈求。但是，如果上帝仍欲使战争继续下去，并把世人辛苦了250年积下来的财富完全化尽，受过鞭笞的身体还要受一次枪刀的残害，那我们还是说："上帝的审判，完全是真实而公平的。"不论对什么人，我们都要慈爱而不要怨恨，我们还是遵照了上帝的意思，坚持正义，并继续努力完成我们的工作——整顿我们已经残破的国家，纪念我们战死的烈士，以及因战争而造成的孤儿寡妇，以达到人与人之间的永远的和平。

④幽默在政治演讲中的运用

幽默的方法不仅在一般演讲场合中得到广泛应用，而且在政治演讲中也受到重视。据说美国第十六届总统林肯，他的枕边经常放着一本《哈罗笑话集》，在空闲时间经常翻阅，因此能熟练地将幽默恰如其分地应用到自己的演讲中去。马克思更是在政治演讲中善于运用幽默法的典范。

1848年欧洲大革命前夕，马克思在布鲁塞尔民主协会做了《关于自由贸易的演说》。这篇演讲的主题是揭露和批判资产阶级以自由贸易为名，残酷剥削无产阶级的罪恶本质。在这篇演讲中，幽默的话语比比皆是。

马克思说："要是地主出卖我们的骸骨，那么你们这些厂主就会首先买去放在蒸气磨中磨成面粉。"又说："现在英国廉价的粮食，如同法国的廉价政府一样。"

马克思在这里通过幽默的手法，使演讲犀利尖刻而又生动多趣，从而增强了演讲的效果。

恩格斯说过：（马克思）"非常健谈，他可以把任何一个同他谈话的人紧紧地吸引住。他充满着幽默感，他的笑声是带有感染力的。"

（3）学术演讲，见解独到

学术演讲一般在学术研讨会、学术报告会和学术讲座上进行。它与授课相近，但在表达上很少有课堂教学那种相对固定的程式，也不像课堂教学那样受教材和教学大纲的约束。学术演讲一般都有科学严谨的内容，而且还要有独到见解，表达上要使用平易准确的语言等特点。

①内容要科学严谨

学术演讲要求内容具有高度的科学性。所谓科学性是指所阐述的理论正确反映客观事物内部联系及其发展规律，形成完整、全面、连贯、系统的体系。这就要求演讲内容要从实际出发，实事求是，有正确的观点、翔实的材料、充分有力的证据以及严密周全的论证。可以说，内容的科学性是学术演讲的生命，离开了严谨科学的内容，就毫无价值可言。

鲁迅先生1927年在广州所做《魏晋风度及文章与药及酒之关系》的演讲，就是学术演讲的典范。他运用历史唯物主义的观点，以大量历史事实为依据，详细论证了魏晋文风形成的原因，并且对曹操、何晏、王弼、嵇康、阮籍以及陶渊明等人的思想及内在矛盾进行了深入的探讨，做出了科学的评价。正因为鲁迅的见解完全是通过对大量史料的具体分析和严密推理而得出的，因而具有重要的学术价值。

②要有独到见解

学术演讲不仅要求内容有科学性，还要求有真知灼见，具有一定的独创性。所谓独创性，是指对原有理论有所突破，能提出新的问题、新的观点，构成新的理论体系等。独创性是推动科学前进的动力。如果只有简单的继承，而无突破性的发展，科学将难以前进。学术演讲最忌人云亦云，即使是介绍某一学科领域的发展状况或科学普及教育的演讲，虽然对独创性的要求不高，但也必须尽可能从讲述角度、讲述重点、讲述方法上多做文章，力图讲出一点新意来。

③语言要准确平易

学术演讲的语言要求准确平易。这是由学术资料的内容的科学性和独创性所决定的。为了完整恰当地表示概念、判断和推理，遣词造句必须非常严谨，表达必须简练明快，例证要求自然恰当。学术演讲是高层次的演讲，常常不可避免地要使用一些专业术语、独特的符号以及独特的表达形式等等。对于内行来说，这些是熟悉、生动、有趣的；而对于一般听众来说，却可能是陌生、艰涩、枯燥的。因此，演讲者为扩大演讲的影响，在做到语言严谨准确的同时，应力求达到平易、生动，有时甚至需要运用富有趣味性的语言来表达艰涩的学术观点，做到深入浅出。

鲁迅在《魏晋风度及文章与药及酒之关系》的学术演讲中，许多地方就运用了古今通变的手法，把遥远艰涩的历史事实巧妙地与现实联系起来，运用现实与历史的不协调的类比，产生出强烈的幽默讽刺效果。如当他讲到晋人"扪虱而谈"时，机智地打趣道："'扪虱而谈'，当时竟传为佳事。比方我今天在这里演讲的时候，扪起虱来，那是不大好的。"这种看似与学术无关的话，实际起了调节气氛、增强感染力的作用。

④借助各种辅助手段

为了增强听众的直观效果，使深奥抽象的道理具体化，学术演讲常常借助于多种辅助手段，如幻灯、投影、录音、录像、挂图、板书、实物，以及实际操作、演示，等等。在有关自然科学的学术演讲中，多种辅助手段的使用尤为突出。

（4）礼仪演讲，真挚感人

礼仪演讲是指在公众节日或重要庆典上发表的演讲。它是调节人际关系的重要手段，也是表达观点的重要方式，有凭吊和庆贺两种类型，意在表达感情、表示礼节和表述观点。演讲者常常以真挚感情打动听众，起到纪念和宣传的作用。礼仪演讲一般有下面几个特点。

①符合礼节规范

礼仪演讲是在特定的社交活动中进行的，特别要注意礼节规范，不可贸然行事。表情、态度、动作都要有讲究，要适应现场气氛，尊重民族习惯和民间风尚，彬彬有礼。礼仪演讲的特定内容决定了它有较为固定的结构形式。例如祝酒词，一般开头即说明祝酒缘由，结尾借酒祝贺，最后举酒干杯。

②有强烈的感情色彩

感情色彩是礼仪演讲最显著的特点。凭吊演讲感情深重，语调沉缓悲切，与丧事的悲痛气氛相协调。庆贺演讲情绪昂扬，语调高亢热烈，与喜庆的欢乐气氛相统一。不管是悲是喜，演讲者的感情总是明显外露，声情并茂；表达充分而自然，扣人心弦。在修辞上，比较接近文学语体。

历史上，出色的凭吊演讲很多，感情色彩的表达则丰富多彩。

林肯《在葛底斯堡国家烈士公墓落成典礼上的演说》，仅仅10个句子，感情却十分深厚，思想集中，措辞精练、朴实、典雅。郭沫若《在萧红墓前的5分钟演讲》，有感而发，饱含哲理，体现了对青年的热切期望，眷眷之情溢于言表。闻一多在李公朴追悼会上发表的《最后一次讲演》，悲愤交加，情绪激昂，字字句句似匕首投枪，势不可挡。恩格斯《在马克思墓前的讲话》，缅怀战友，情深意切，充分表达出无限敬仰与思慕之情。

庆贺演讲气氛热烈，演讲者常表达出爱戴、尊敬和祝愿之情。郭沫若的《科学的春天》就是一篇热情洋溢的庆贺演讲。

礼仪演讲不是单纯地为纪念而纪念，为庆贺而庆贺，而是常常由此及彼，借题发挥，通过凭吊或庆贺达到某种目的。

1947年10月10日，冯玉祥出席了在美国哥伦比亚大学教职员俱乐部举行的中国学生欢迎庆祝会。这天正好是当时"中华民国"的国庆纪念日，冯玉祥发表了著名的《国庆演讲》。他首先缅怀孙中山领导革命、创立民国的伟绩，然后话锋一转，矛头直指时弊和当时政府的腐败劣迹，并热情激励大家争取民主的胜利。其感情真诚，慷慨激昂，从而产生了深远的影响。

有几种常见的礼仪演讲应注意以下几个问题。

①主持颁奖大会

通常要在讲话开始时宣布领奖人的姓名。解释领奖人为什么得到荣誉称号，由谁评选产生。除了列举领奖人的成就或杰出的品格，可以简单地讲述某一事件或领奖人的特殊个性。

如果颁发的是有形的物品——奖章、证书、城市的钥匙，须简单地说明这些东西象征什么。奖品的实际意义是什么？领奖人将来看这些奖品时应该产生哪些回忆。

②发表获奖感言

除非预先得到发表讲话的邀请，否则应把讲话内容限制在几句话以内。

自豪地接受奖赏。不要显得过于谦恭或尴尬，好像不愿意接受奖赏一样，不要说"我实在不配得奖"。要记住你这样轻描淡写地对待你的奖品和别人的赞赏会让人很扫兴。

与应该得到奖励的其他人分享你的荣誉。但是不要如数家珍地列举所有作出贡献的人，这样的列举总是使颁奖晚会超出预计的时间。

向听众表示感谢。你能否将自己的成就跟听众联系起来，讲述一个富有寓意甚至是幽默的故事。说明奖赏对你意味着什么，再用展望未来的一句话收尾。

在今后的几年里，只要看到摆在家里的这个奖章，我就会想起我们曾经聚集在这里，就会想起和大家一起度过的那些令人振奋而充满挑战的时刻。谢谢你们，谢谢大家！

③主持追悼会

除非你觉得自己可以保持镇定持重的气度，否则不要接受这样的任务。这并非是指你完全不动声色，但是这意味着你要把自己的悲伤置之度外，向其他人表示安慰。承认你和大家一样感到悲伤、失落和愤怒，但是不要始终无法释怀。

向别人介绍死者值得称颂的优点。在场的某些人与死者可能只是职业或社交场所的相识，或者只是很久以前或最近才结识的朋友，所以必须全面地介绍死者，要提及体现死者优点的往事。

④祝酒

如果祝酒是正式事件的一部分，那么要预先做好安排，保证到时候每个人手中都有一杯酒。一定要准备不含酒精的饮料，这样每个人都可以参加。

将你的中心思想化成简短的良好祝愿，并把它记下来。认真选择措辞用语，幽默、文字游戏、押韵、暗喻、格言都可以在祝酒时采用。如果你想不出巧妙的句子，而有关祝酒词的书里的话都显得做作或勉强，那就气度优雅地说出自己衷心的祝愿，最后再加上一句呼吁作为结尾：

我们为小王和小李干杯。我们中间有些人今天可能是第一次认识他们，让我们共同举杯祝贺他们。希望他们从今以后能够相互扶持、同甘共苦、患难与共、白头偕老，最重要的是，永远像今天这样相亲相爱。

如果祝酒词不仅是几句话，而是一段简短的演讲，不要让听众始终举着杯子。

情景 *45* 演讲之前，打好基础

演讲是向听众传达信息，如果你不能满足听众的需要，不能提供足够多的信息，那么你的演讲一定不是好演讲。根据演讲主题查阅相关资料，找他人求教都是很好的办法。

为了保证演讲成功，演讲者常常要依据提纲的要求以及口语表达的需要，将所要讲的话原原本本地写出来，使演讲的内容更实在更具体。演讲稿实际上是由"心声"变为有声语言的中介，它既是以无声的语言（文字）记录的演讲者的心声，又是演讲者将"心声"转化为有声语言的凭借。演讲者在演讲现场的演讲就是将演讲文稿这种无声语言转变为诉诸听众听觉的表情达意的活语言的过程。

（1）准备属于自己的素材

从书上找材料，是可以有帮助的，但假如一个人仅想从书本上得到一大堆现成的材料，立刻据为己有而讲给别人听，难以获得听众热烈的掌声。

下面是演讲大师卡耐基讲述的一个故事：

多年以前我为银行界开办了一个公开演讲班。这个班是在每星期五晚上五点至七点上课。某星期五下午某银行的罗先生一看表发觉已经四点半了，可是他还没准备讲什么。他走出了办公室，就在报摊上买了一本杂志，在去演讲班的途中，他挑选了一篇题目为《你只有十年的成功时间》的文章阅读。他阅读的目的只是为了在班上轮到他讲时，他能说点什么，而不至于冷场。

上课一小时后，他站起来试着很有兴趣、很有说服力地叙说那篇文章的内容。然而他并未消化融会掉那些内容，因而并未真正成为他自己的东西，只是肤浅的记忆而已，讲出来也就缺乏激情，当然听众难以有较深印象。他提到的只是那篇文章的作者说这说那，但很少有罗先生自己的看法。于是有人对他说："罗先生，我们真正感兴趣的不是这篇文章作者怎么说，而是你和你的意见，告诉我们你本人有什么可说的，如果现在没有，就将这同样的题目留做下星期讲。你可将这篇文章再读一遍，并问自己是否和这位作者意见相同，相同的话就用你自己的经验证明他的见解。假如不同，就讲出何处不同与为何不同，这样讲出来才能吸引人，才能使人印象深刻。"

罗先生接受此建议，重读那篇文章之后，发觉他与原作者的意见完全不相同，于是他反复思考、发挥、整理自己的意见。在下一个星期罗先生站起来又讲这个题目时，讲的就是他自己的材料，是从他自己"矿源里"挖掘出来的"矿石"，因而真实感人，使这次演讲非常成功。

这就是准备，只有自己真实的经验并加上深思的演讲才会成功。

（2）材料一定要充足

对于别人的东西，只要经过自己消化了就能成为自己的东西。积累材料的过程就是收集属于别人的东西，纳为己有的过程。就是说在开始演讲前，就集中于某个题目，自己去注意和思考、斟酌并选择最能引起你兴趣的题材，加以润色，改造成另一种形式，就变成为自己的东西。

某著名演说家在关于怎样准备他的演说时，他如此回答："当我选择了一个题目时，就把它写在一个大信封上（他备有许多这样的信封）。假如我在读书时遇到一些好材料，认为将来用得上，就把它抄上，放入适合它题目的信封里。另外，我一直带着一本记事簿，当我在听别人演讲时，听到有切合我的题目的话，便立即把它记下，也放入信封内。当要演讲时，我就针对我要讲的题目取出我收集的所有材料，再加上我自己的研究，这样一篇好的讲演文章就形成了。在我许多年演讲中，从这里取一些，从那里择一点，因而演讲永远有材料，也不会陈旧。"

演讲材料需要充分积累。就像植物学家柏毅克收集植物样本一样，他在逝世前不久曾说："我常种植植物样本数十万株，但仅选择一两个特优的，其他的劣种多抛弃不留。"一篇演说也应当如此充分地准备材料，再从中加以选择。收集100个意见、思想，选择10个非常切合题目的，而抛弃另外90个。收集丰富的资料和知识，可以积累自己的材料，增加自信，可以使你的心境觉得安然有把握，讲话的态度自然大方。这是准备演说最重要的基本原则，演讲者不应该忽略此点。

著名史学家塔尔拜女士有一次在巴黎时，麦克鲁杂志的主办人麦先生曾发电报来请她写一篇关于大西洋海底电信的短文。于是她特地赴伦敦拜访欧洲重要海底电信的经理，从他那里得到很多资料。但是她还不罢休，又到英国博物馆参观了展览的各种电信，又读了海底电信的发展史，甚至还亲往伦敦郊外的工厂看海底电信建造的过程。

当问及她为什么要收集多过她所能应用的数十倍知识时，她回答说那样可以给她更充足的力量和自信，使她觉得发表出来的东西更有声势。

（3）选择有新意的材料

内容新颖是指演讲要有新意，谈论问题要给听众有超越一般、不同凡响的感受。比如你谈论"怎样看待人体美？""离婚率上升说明了什么？"这一类的题目，往往会引起别人的注意和兴趣。"可口可乐"是目前世界上最畅销的饮料之一，在某次会议上，主持人请该企业领导讲话，他谢绝了。理由是：一时讲不出新的意见，与其重复别人的话，不如少说，最好是索性不说，这叫做少说"普通话"。

这位领导的做法值得倡导。实际上，那种一讲老话、套话就没个完的现象真是比比皆是。有些人讲起话来滔滔不绝，可往往是打官腔，说套话，信息量很少，甚至只是起到了留声机、传声筒的作用。这种没有新意的讲话，味同嚼蜡，令人生厌。

要做内容有新意的演讲，当然有许多方法，但首先要有自己的个性和积极的自我意识，要敢于标新立异。一个人如果不能发现和发挥自己的与众不同之处，不敢表现真实的自我，那就不可能用自己的语言表达自己的思想感情，演讲就没有生命力。

（4）选择有幽默感的材料

吸引听众的有趣材料是演讲的调味品，演讲中适当地使用诙谐幽默的材料将对吸引听众起到重要的作用。它可以帮助你消除和听众之间的紧张感，委婉地表达自己的意见，巧妙地解除窘境，甚至可以出奇制胜。

在演讲开始时使用幽默艺术，可以打开沉闷的局面，缩小演讲者和听众之间的距离。

一个美国青年演讲的开场白，运用了幽默艺术："朋友们，我把自己出卖一下，我叫德克，不过我并不是得克萨斯州的人"，这风趣的开场白，一下子使他和听众融合在一起了。爱迪生在向公众讲述他小时候被列车管理员拽聋了耳朵时，不无幽默地说："我真得谢谢那位先生，他终于使我清静了下来，不必堵着耳朵搞实验了。"

使用给听众设悬念的办法，也能增加演说的趣味性。演说者可根据听众的心理，在演说中提出问题，然后解答问题，使听众的思路和注意力自始至终跟着演说者的思路走。

除了对材料有以上的要求外，还需要树立吸引意识，讲求语言有魅力，内容有新意，说话方式巧妙。如果在语言上难以做到妙语如珠，内容上也不够新颖，那么只要在表达方式上比较巧妙，也会具有吸引力，就像

"新瓶装旧酒"，使人精神一振，从而获得成功。如：

古代有位士人外出游山，来到一个寺院，引发诗兴，吟诵唐朝诗人李涉的诗《登山》："终日昏昏醉梦间，忽闻春尽强登山。因过竹院逢僧话，又得浮生半日闲。"不曾想这位士子和住寺和尚才说了几句话，就发觉他不像个出家人，俗气得很。因话不投机，心中烦闷，这士人将诗句顺序颠倒，念成："又得浮生半日闲，忽闻春尽强登山。因过竹院逢僧话，终日昏昏醉梦间。"本来是一首表现春天游山快意的诗，经这一改变诗句顺序，变成讽刺出家人谈吐枯燥，令人昏昏欲睡了。

同样的词句，只是改变了一下顺序，就显得别出心裁。

（5）选材要紧紧围绕主题

主题是选材的依据。选择材料必须紧紧围绕主题，选择材料时必须考虑能否有力地支持主题或为主题服务，否则，再生动的材料也不能用。能够有力支持主题的材料一般包括：演讲者自己受感动的材料；演讲者亲身实践证明了的材料；听众感兴趣的材料等。

公元前44年，古罗马的布鲁图斯等人说恺撒大帝是暴君、有野心。恺撒的重臣安东尼为了驳斥他们的诡辩，在恺撒的葬礼上为恺撒做了辩护，在辩护词中，选择了这样三个材料：

"他从前曾获胜边疆，所得的财帛都归入国库……"（这不是私心，而是公心）

"他听到穷人的呼唤，也曾经流下泪来。"（这不是暴君，应是富有同情心的好君主）

"那天过节时，你们眼睁睁地看着，我三次以皇冠劝他登基，他三次拒绝。"（这不是野心，而是虚心）

这些材料都紧扣主题，直接支持和证明了自己的观点，从而产生了无可辩驳的说服力。

(6) 选择典型的材料

典型材料是指那些最鲜明、最有代表性、最能反映事物本质、体现演讲主题的材料。只有这样的材料才能以一当十、以小见大。

(7) 语言形象生动

语言大师老舍先生说过："我们最好的思想，最深厚的感情，只能被最美妙的语言表达出来。若是表达不出，谁能知道那思想与感情怎样好呢？这是无可分离的、统一的东西。"这里所说的"最美妙的语言"，就是指形象生动的语言。可以把抽象的、深奥的理论具体化、浅显化，变得绘声绘色，使听众容易接受并得到启示；可以给听众逼真的印象，从而感染和打动听众；形象生动的语言可以直接作用于听众的视觉、听觉，可以代替颜色、声音、形状和气味而作用于听众的第一信号系统。只有使用形象生动的语言，才能使演讲产生强大的说服力，才能准确形象地阐述真理，栩栩如生地描述事物，才能激发起听众投身实践的热情。

这是林肯《在葛底斯堡国家烈士公墓落成典礼上的演说》中的一段话：

……双方念同一本《圣经》，向同一上帝祈祷，每一方都祈求上帝反对另一方，有人竟敢要求公正的上帝帮助他自己从别人脸上的汗水中榨取面包，这可能会使人觉得不可思议……但是，如果上帝的旨意是要战争下去，直到奴隶们用二百五十年来无报酬的劳苦所积累起来的一切财富都化为灰烬，直到鞭子抽出来的每一滴血都要用刀砍出来的另一滴血来偿还，那么三千年前人们说过的一句话，我们也还必须重说一遍："上帝的裁判总是正确和正义的。"

(8) 横向挖掘

美国国庆日，反奴隶制运动中的宣传家道格拉斯被邀发表演讲。接到这个邀请，他开始思考讲什么的问题。走在街上，看到白人正兴高采烈地为庆祝国庆节张灯结彩做着准备工作，作为美国人的一员他却一点也兴奋不起来，联想到国家信奉的自由、独立、平等、人权原则与现实的反差，他脑子里立刻浮现出一幅颇带讽刺性的滑稽画面：自由女神右手高擎着"人生而平等"的标牌，左手却死掐着黑人的脖子，欲将其踩到脚下。这个画面越来越清晰和真实，使他挥之不去。

他想象了一下，这种感受到底有多大的普遍性，他认定，所有的黑人和那些有理智的白人都会产生他的这种感受。于是，他决定抓住这幅讽刺性的滑稽画面做文章，说出这份真实的感受并拓展到对现存奴隶制度的抨击上面去。他斟酌选择了提问式开头，他发问道："为什么今天邀请我在这里发言？我和我所代表的奴隶们，同你们的国庆节有什么相干？"接着，他说他自己在这样一个本该是举国同庆的节日里感到的却是凄凉。他设想，听众听到这里肯定会大惑不解：为什么国庆节与你不相干，在此喜庆的日子里何以会有凄凉的感觉，这种疑惑是他所需要的，但无需急于破题。说完国庆意义，蓄足"能量"后，方施破题之策。

到这里，他用一个转折语过渡到后面要说的最主要的话题——鞭挞奴隶制上。

这个转折语是："但是，情况并非如此，我是怀着一种与你们截然不同的凄凉心情来谈论国庆的。我并不置身于欢庆的行列，你们昂首挺胸，只是更显露出我们之间难以度量的差距。"通过这句话，道格拉斯逐渐把演讲引入高潮。

从一点真实的感受出发，让思维呈扇面形式深入展开联想，也是一种不错的挖掘话题的方法。

(9) 向纵深挖掘

李安娜的《人才在哪里》的演讲，就是通过深度思维得到超出常人的结论，从而开发自己的主题的。

估计这位演讲者首先读到了一则报道，该报道记述了这样一件事：20世纪80年代初，中国邀请国外学者来华讲学，被邀外籍学者很惊讶，声称他所讲的专题本就是中国一个叫陆加曦的人发现并建立的，而"陆加曦博士"肯定还活着。按照这个外国学者提供的线索，中国政府在内蒙古找到了陆加曦的工作单位——一所偏僻的中学。然而，此人已在穷困潦倒中去世多年了。可他在世之时，谁也没把他看成是个人才，他未得到当时国内任何人的支持和赏识。根据这则报道，演讲者进行了深思，得出结论：中国大地十亿多人口中不是没有人才，而是缺少发现人才的伯乐，是中国的伯乐们评价人才的标准观念系统出了大差错。

想到这里，他思绪飞扬，立刻找到了要说的丰富话题：第一，伯乐当年的识才观；第二，当今识才标准的差错和造成的悲哀（举陆加曦的例子说明）；第三，人才特点及其辨识。

有些演讲者所做的演讲很有思想深度，其思想深度往往来源于他们不停留于事物的表面而善做寻根性的联想。

（10）从源头挖掘

一位有名望的理想主义学者被邀请为青年学生做一场以"博爱"为话题的演讲。

拿到这个话题后，他开始思考。"博爱"这个话题是他所喜欢谈论的话题，但眼下真要有深度、有启发性地面对公众来谈这个话题，似乎并不是平日里随便说说那么简单容易。因为听众对博爱一词的内涵和关于博爱的理论并不生疏，一般地谈论博爱，近乎陈词滥调，体现不了自己被仰视的卓识和水平。于是，他调动自己的历史知识，从"博爱"这个词的原始含义，联想到人类博爱行为的历史及其理论的发展。在这种联想中，他发现了几种对博爱的不同理解，比较了它们各自的特点，选取认可了一种他所欣赏的"博爱观"，并指出这种博爱论恰恰是有待于在人们心中予以扶正并能纠正人们通常所做的那种肤浅理解。有了这种联想，"涌泉"便源源不断。

事例中所用的方法就是把讲题或讲题的核心概念放到历史进程中去联

想。通过这种联想找到自己要展开的话题内容。

(11) 从自身感受出发挖掘

一位从事监狱工作30多年的老同志应邀为青少年做法制演讲。构思演讲主题内容时，他脑子里浮现最多的东西就是在监狱工作时看到的害人害己的罪恶结果和痛苦忏悔的眼泪。多年的工作经历使他有了一种认识：犯法犯罪的事千万做不得。于是，他决定围绕这个主题讲三点：一是引用典型事例展现罪恶、痛苦和眼泪的狱中情景；二是以犯罪的手段绝对谋取不到幸福；三是一切罪恶终将有报，并告诫青年牢记这些用鲜血和眼泪写成的真理。

话题挖掘方式当然不局限于上面所述，留心一些优秀的演讲词，我们还会得到其他一些启示。

(12) 逆向思考挖掘

古希腊有一个名叫高尔吉亚的"智者"，对演讲术和雄辩术有相当精深的研究，最擅长发表雄辩式演讲，而且自信自己能够对任何话题发表长篇大论。为了演示这种能力，他曾做过两次非常著名的演讲，其中一篇被后人追加题为《为海伦辩》。

高尔吉亚是意大利西西里东部林地尼城邦政治家。他作为使者来到雅典，完成使命后，因雅典人惊美其口才，曾一度逗留雅典，成了教授口才的"智者"。在教学中，他夸下海口，声称能把任何"死话"说活。学生选择"海伦有罪"的反面话题——"海伦无罪"让他示范。于是，他拟就了一篇为海伦辩护的演讲词。

对于这种要逆公众意见而动的讲题，他被迫做逆向思考并联想到了一个计策。

高尔吉亚首先提出一个大前提："人之有非凡之举，多为迫不得已而为之。"然后，他认定，作为女流之辈的海伦，其私奔的"非凡之举"背后肯定有"迫不得已"的原因。最后，他围绕"迫不得已"大做文章，穷尽所有"迫不得已"的原因，只有下面几条：

一是神意的安排或命运的驱使；二是为暴力所劫；三是为甜言蜜语所惑（他称其是比"硬暴力"还厉害的"软暴力"）；四是由情爱促逼（他说女子一旦落入爱河，神力都奈何不了）。

高尔吉亚逐一说明这些都是海伦无法抗拒的原因后，以"海伦无罪"之结论圆满结束了演讲，成功地为海伦"翻了案"。

高尔吉亚这篇演讲词的主体内容构成，用的是逻辑演绎法来搭建的。大前提中的"迫不得已"是关键词，然后说出四个可能存在的"迫不得已"作为理由的小前提，并顺利地推出了结论。以今天的眼光看，这篇演讲词中的论证当然经不起推敲，但其挖掘话题的技术却是值得学习的。

从事物的反面来思考，会有不同的内容。按照这种方法挖掘内容也是一种挖掘演讲内容的方法。

（13）对事物进行对比引发思考

上海的石亚男于20世纪80年代曾有一篇呼唤改革的演讲。他的这篇演讲不是泛泛论述改革的必要性，而是抓住一件事情，把西方人的做法和中国人的做法进行一番对照，反映出我们的落后性，从而表明中国的现行体制——尤其是用人制度——实在有改革的必要。

这篇演讲稿从这样一件事出发。

西德德马克公司与我国某研究机构洽谈一种设备的引进时，我方派出一个庞大的出国团体，而对方只派出两名精通业务的人员与我方接洽，"一名是开发部的硕士经理，另一名是代理商"。我方人员由于大部分是不懂业务的行政要员，因此真正能派上用场的人不多，而实际发挥作用的人又没有拍板实权，结果导致重复引进或以次充好。石亚男在演讲中运用正反事例对比，夹叙夹议，给人以深深的震动。

通过对事物进行对比挖掘主题内容，也是演讲内容的一种有效挖掘方法。

（14） 破旧立新

破旧立新，就是在否定、破除旧的观点之后，提出与旧观点相反或相对的新观点，虽然破旧立新的难度和风险较大，但能收到语出惊人、震撼人心的特殊效果。

一位演讲者在《我们不愿做睡狮》的演讲中说："有人曾预言，中国是一头睡狮，就这样我们被人家当了一百年睡狮，我们也把自己当睡狮自我陶醉了百年。狮子是百兽之王，但一头酣睡的狮子能称得上是百兽之王吗？一只睡而不醒的狮子，一个名义上的百兽之王，并不值得我们为之骄傲。如果我们为这样一个预言而陶醉，就好比陶醉于人家说我们祖上也曾阔过一样，真是脆弱而又可怜。我们不要伟大的预言，我们只要强大的实力，我们不要做睡狮，只要我们觉醒着、前进着，就比做睡着的什么都强。"

人家的预言曾是我们骄傲的资本，但仔细分析起来，为一个过去的预言而陶醉或昏睡，于实际又有何益处呢？所以演讲者鲜明地提出"我们不愿做睡狮"的观点，犹如当头棒喝，既促人清醒，又激人奋发。

（15） 由此及彼

深圳华为公司总裁任正非在演讲中曾提出一个重要的新观点"要提倡思想上的艰苦奋斗"，他说："生活上和工作上的艰苦奋斗，比较容易引起人们的关注，而思想上的艰苦奋斗，看不见，摸不着，难以引起人们足够的重视，正因为如此，有些人就越来越淡化了思想上的艰苦奋斗精神，其突出表现就是身勤脑懒，整天东跑西颠，显得忙忙碌碌，可一旦遇到费脑筋的事，却不肯或不善于下一番工夫去深入思索，因而这些人跑得再勤，也跑不出多大所以然来……唐代韩愈有句名言'行成于思毁于随'，这句话是很有哲理的，所以我们要提倡思想上的艰苦奋斗，本质的要求就是要在思想上吃得起苦，深入进行理论思维。以往我们对艰苦奋斗的理解普遍停留在能吃苦、不怕累、出大力、流大汗的层次上，关注点主要集中在生活和工作方面，提倡这一点无疑是应该的，但在知识经济背景下的高科技企业的竞争当中，光讲生活上和工作上的艰苦奋斗是不够的，还应该突出强调思想上的艰苦奋斗。"

演讲者提出的这一新观点，对市场竞争中的高科技企业来说，其深意和新意是不言而喻的。

（16）由浅入深

索尼公司的创始人井深大曾于1971年出版过一本极为畅销的书《始于幼儿园为时过晚》。当时人们普遍认定的是：大学教育的基础在中学，中学教育的基础在小学，而井深大则把问题再深入挖掘一层，认为还要重视幼儿园的教育，最后的结论是：不！始于幼儿园也已经太迟。从大脑生理学的角度来看，生下来的婴儿具有100亿以上的脑细胞，同没有"接线"的计算机一样，在这样的头脑还没有成熟时，是否给予刺激，将决定"接线"即组成头脑的形状的好坏，所谓"接线"在四岁时要完成60%，八九岁时要完成95%，十七岁时要全部完成，所以，在幼儿时，如果缺乏良好的刺激是不行的。

有时关于某一问题已形成结论并被人们当做定论广为接受，似乎再也没有思考下去的必要了，但实际情形远非如此，只要我们再往前走一步，就会发现"风景那边更好"。

（17）选择切入点

讲老话题不像新话题那样有吸引力，如果开头的两三分钟抓不住听众的心，听众便会走神。其实，不管多么老的话题，当演讲者刚走上讲台时，听众总会有瞬间的新鲜感，你就应当设法抓住这种稍纵即逝的契机，找到一个妙趣横生的开头，以避免或延缓听众厌倦情绪的出现，为成功奠定基础。

要讲"学习雷锋精神"这个题目，你在准备讲稿时，不妨这样来入题：先不做评价，只对雷锋的具体事例做一些白描式叙述，然后再似贬实褒地写到："雷锋的所作所为，不像陈景润摘取数学皇冠上的明珠那样，需要渊博的知识和超人的智慧，也不像董存瑞炸碉堡、黄继光堵枪眼那样需要献出生命，谁愿做，谁想做，都可以做到。不过……"这样的思路，就会使人觉得比较新鲜。

一般来说，演讲稿的撰写一定要选择好切入主题的视角。特别是讲老话题或同题演讲时，更要避免按人们所熟知的套路去行文，而要善于找到新的切入角度，以便使人在习以为常的讲法中听出与众不同的味道。

情景 *46* 演讲开始，新颖诱人

演讲词开头应该短小精巧，新颖诱人。出手不凡的开头，能唤起听众的兴趣和求知欲，产生巨大的吸引力，紧紧抓住听众的兴头，使听众非听下去不可。精巧的开头，画龙点睛，勾勒提要，能自然顺畅地引领下文，把听众带进声情并茂的演讲情景中去，造成有利于接受演讲观点的心理定势。

(1) 激发听众的兴趣

在美国会计协会罗切斯特分会的一次演讲中，演讲者唐纳德·罗杰斯通过表达他对听众需要的关心而激发起了他们的兴趣：

"我今晚要演说的题目是《信息的透露》。确定这个题目之前，我先是查阅了本地的会计年鉴分册和全国会计协会的学术专刊，然后又询问了我的同事亚历克斯·莱文斯顿和戴夫·汉森：'今晚来听演说的人都有哪些？他们希望我讲什么？'他们告诉我在座的各位都是些很热心的人，希望我的演说有趣而富有启发性。因此，我将告诉大家一些有用的知识，我也同时希望我的演说简明扼要，并留给大家一定的提问时间。"

从本质上说，听众是很"自私"的，他们只是在感到能从演说中有所收获时才专心去听演说。演说的开头应正面回答听众心中的"我为什么要听"这一问题。

有一次，冯玉祥将军率军来到抗日前线地区的河南鲁山县，受到当地民众的热烈欢迎，并开了一个"军民联欢大会"，会上他发表了抗日鼓动演讲。冯将军在百姓心中的威望是很高的，但正因其高，让人易生敬畏。由于冯将军入场时搞得极其庄严，更增加了几分畏意。然而，冯将军正式演讲一开场，老百姓顿时没了畏惧感，只有亲切，因为冯将军的开场白是这样说的：

"各位老先生、老太太；兄弟姐妹们！各位青年学生们！全体官兵兄弟们！你们不是常听说'老冯老冯'的吗？我就是冯玉祥。咱们耳朵里是熟人，眼睛里是生人（他用手指了指自己的眼睛），从今以后咱们眼睛里也是熟人啦！我代表国民政府，代表蒋委员长，向抗战前线的河南军民致以亲切的慰问和崇高的敬礼！"

多么亲切的称呼，多么朴实的语言！一句"从今以后咱们眼睛里也是熟人啦"，把自己与百姓听众的心理距离拉近了。

（2）说明演说目的

美国快递公司主席詹姆斯·鲁滨孙三世在短短的15秒钟内便把他的演说目的陈述给听众：

女士们，先生们，早上好。谢谢大家给予我这个露面机会。美国广告联盟是美国传播工业的一个重要组成部分。当前，美国传播工业还面临许多问题，而重担则落在大家的肩上。我今天演说的目的便是就这些问题及它们呈现出的挑战谈谈我的看法。

在大多数情况下，演说的开头应揭示出演说的目的。如果做不到这一点，听众要么会对演说失去兴趣，要么会误解演说的目的，或者甚至于会怀疑演说者的动机。

闻一多《最后一次演讲》就是用事例开的头："这几天，大家晓得，在昆明出现了历史上最卑劣、最无耻的事情！李先生究竟犯了什么罪？竟遭此毒手？"

这样的开场白能一下子就进入正题，既生动又具体，使听众易于接受，抓住听众的心。

（3）为听众阐述演说结构

汉诺威信托公司的主席及总裁约翰·F·麦克基里卡迪在一次演说的开头中就很明了地陈述了他演说的结构及范围：

女士们，先生们，晚上好。我很荣幸应科里曼主任之邀来参加这个在我国很有权威的商业论坛——在见解上它可以与底特律和纽约的经济俱乐部相提并论。

首先，我将对最近的国内经济形势加以展望。我认为它并非人们有时所想象得那样严峻。

其次，谈谈近期欧佩克的经济增长对国际经济增长的影响——对包括我们自己在内的许多国家来说是件痛苦的事，但又是完全有办法应付的。

再次，对总统的能源建议做几点评论，我认为它既令人鼓舞，又令人失望。

最后，我将就演说逐渐成为一种时尚和必要的现象以及美国的现状谈一点个人看法。

演说时，应当利用开头部分对演说内容加以概述，让听众了解演说的中心思想和结构。特别是当演说的主题很复杂，或是专业性较强，或是需要论证几个观点时，这样做就能使演说显得清楚而易于理解。

（4）提供背景知识

背景知识演说时，如果听众对演说的主题不熟悉或是知之甚少，那么很有必要在开头部分对听众讲述与主题有关的背景知识。

鲁迅先生曾在《未有天才之前》的演讲中有这么一段：

有一回，拿破仑过阿尔卑斯山，说："我比阿尔卑斯山还要高！"这是何等英伟，然而不要忘记他后面跟着许多兵；倘若没有兵，那只有被山那面的敌人捉住或者赶回，他的举动、言语，若离了英雄的界线，要归入疯子一类了。所以，我想，在要求天才的产生之前，应该先要求可以命名天才生长的民众。

借用了一个比喻，不仅从正面说明了民众是天才产生的基础，面且从反面说明天才离开了民众，就要"归入疯子一类"，这种背景式的介绍很有说服力。

（5）吸引听众的注意

麦克米兰石油公司副总裁迈克斯·艾萨克松在一次演讲的开头中便运用了反诘的方法来吸引听众：

我们都知道，演说是件很难的事。但是请听听丹尼尔·韦伯斯特是怎么说的吧："如果有人要拿走我所有的财富而只剩下一样，那么我会选择口才，因为有了它我不久便可以拥有其他一切财富。"那么为什么许多有才华的人偏偏害怕演说呢？

演讲开头成败的关键在于能否吸引并集中听众的注意力。演讲时获取听众注意力的方式要随题材、听众和场景的不同而改变，一般可以运用事例、轶闻、经历、反诘、引言、幽默等手段达到此目的。

每位想在公众面前演说的人，应该能够在开头就勾起听众的好奇心。

下面是一篇演说开头的一段话，请你读下去，看看你对这开头是否喜欢，是否有兴趣。

在 82 年前，也正是这个时候，伦敦出了一本被公认为不朽的小说杰作，很多人都称它是"环球最伟大的一本小说"。当该书出版之初，伦敦市民在街头巷尾，朋友相遇时，都要彼此问一声："你读过这本书吗？"答案一定是："是的，我已经读过了。"这本书出版的第一天，便销出 1000 册，两星期内共销去 15000 册；自然，以后又再版了许多次，世界各国都有了译本。在几年前，大银行家摩根以一个巨大的代价，买到了这本书的原稿。现在这本原稿和摩跟其他的无价宝物，一并陈列在纽约市的美术馆中。这一部世界名著是什么呢？就是狄更斯著的《圣诞节的欢歌》。

你认为这篇演说的开始的确很成功吗？为什么它一开始就能引起你的注意，并且使你的兴趣逐步增高呢？这就是它勾起了你的好奇心，使你的心情仿佛悬在半空中一样。

（6）开门见山式开场

用精练的语言交代演讲意图或主题，然后在主体部分展开论证和阐述，这种开门见山的开场白方式非常常见。

1883 年，马克思逝世，恩格斯发表了著名的题为《在马克思墓前的讲话》的演讲：

3 月 14 日下午两点三刻，当代最伟大的思想家停止思想了。让他一个人留在房里总共不过两分钟，等我们再进去的时候，便发现他在安乐椅上静静地睡着了——但已经是永远地睡着了。

这个人的逝世对于欧美战斗着的无产阶级，对于历史科学，都是不可估量的损失。这位巨人逝世以后所形成的空白，在不久的将来就会使人感觉到。

恩格斯的开场白以简洁的语言交代了演讲的中心论点：马克思的逝世是无产阶级不可估量的损失。

开门见山式的开场白适合运用于较为正规、庄重的应用性演讲场合，它要求演讲者具有较好的概括能力。

（7）从演讲题目谈起

这种开头不仅交代了题目及演讲的缘由，吸引了听众的注意，而且还便于引出下文，使听众觉得自然流畅。

鲁迅先生的演讲《少读中国书，做好事之徒》是这样开头的：

今天我的讲题是：《少读中国书，做好事之徒》。我来本校是搞国学研究工作的，是担任中国文学史课的，论理应当劝大家埋首古籍，多读中国书。但我在北京，就看到有人在主张读经，提倡复古。来这里后，又看到有些人老抱着《古文观止》不放，它使我想到：与其多读中国书不如少读中国书好。

鲁迅先生是教中国文学史的，竟然要大家少读中国书，为什么？听众带着这个疑问，就非听下去弄个明白不可。

（8）从演讲的缘由谈起

这种开头一开始便三言两语向听众说明演讲的起因，然后顺水推舟导入下文。

1987年美国航天飞机"挑战者"号，在升空后突然爆炸，当时的美国总统里根在遇难机组人员悼念仪式上，发表了一篇激动人心的演说，开头是这样的：

今天，我们聚集在一起，哀悼我们所失去的7位勇敢的公民，共同分担内心的悲痛。

这种从缘由讲起的方法，不仅能使听众概括地知道演讲的来龙去脉，引起听众的兴趣和注意，而且和正文的衔接也较为自然流畅。

（9）以问题作开端

有时在演讲中，一上台就向听众提出问题，让听众和演讲者一起思索，使听众从头至尾集中精力听讲，以印证自己的想法和演讲者的看法是否相同，是否正确。只要提出的问题是群众关切的，是听众迫切想知道而又感困惑的，这种方式一定能像一把钥匙一样，开启听众的心门，使讲演者进入他们心中。

被誉为中国第一演讲家的马相伯，在一次广播演讲中，一开头就是："请看，今日的中国，是谁家的天下？"发人深省，催人奋进，有振聋发聩的威力。

人们都有好奇的天性，一旦有了疑虑，非得探明究竟不可。为了激发起听众的强烈兴趣，可以使用悬念手法。制造悬念不是故弄玄虚，既不能频频使用，也不能悬而不解。在适当的时候应解开悬念，使听众的好奇心得到满足，而且也使前后内容互相照应，结构浑然一体。

2001年复旦大学举办的《青年与祖国》的演讲比赛，当时由于种种原因，会场嘈杂难静。当时有位同学上台，他刚讲个开头，就立即扭转了混乱局面，紧紧抓住了听众的心。他说："我想提个问题。"台下听众立即被他这种新奇的开头形式所吸引。他停顿了一下，继续说："谁能用一个字来概括青年和祖国的关系呢？"这时，台下听众议论纷纷，情绪活跃。他立即引导说："可以用'根'字来概括这种关系。"接着，他讲述上海男人名字喜欢用"根"字的原因，并归纳说："我们青年有一个共同的姓，就是'中华'；有一个共同的名，就是'根'。'中华根'应该是中国青年最自豪、最光荣的名字！"

话音刚落，全场顿时掌声雷动。

以这样的提问作为演讲的开始，新颖别致，出人意料，让人耳目一新，激起听众浓厚的兴趣。

采用设问开头的方式，关键在于问题要提得好，提得恰当。提问的信息要与对象、场合相适应，同时讲究内容的合理性和确定性，要使听众感到新鲜、出乎意料，能激发听众积极思考，而且与后面阐述的问题联系紧密，能巧妙而自然地引发出演讲的主体内容。否则，泛泛地为提问而提问，或者故弄玄虚，反会弄巧成拙，不仅不能使人感到新颖别致，反而让

人觉得浅陋俗套。

（10）以幽默为开场白

幽默式开场白往往亦庄亦谐，妙趣横生，既语带双关，又不失犀利。演讲时用幽默法导入，不仅能够较好地表现演讲者的智慧和才华，而且使听众能在轻松愉快的气氛中自觉不自觉地进入角色，接受演讲的内容。同时，在幽默趣味的开场中，不时发出一种与导入语语感、语意十分和谐的笑声。这轻松的一笑，不仅给听众以美的感受，而且能沟通演讲者与听众之间的感情。

当你走上讲台或站在人群中面对一张张面孔将要开始演讲时，面临的第一个问题，就是如何使听众对你或你即将阐述的观点、问题感兴趣，使在场的人都能在你一开口时就不由自主地注视着你。这就需要运用幽默的语言。尤其在听众比较倦怠或情绪不够稳定的情况下，以幽默的语言去振作听众的精神，稳定听众的情绪，就显得非常必要。

有一次，某单位召开了一个关于安全生产的职工大会。轮到最后一个车间主任做表态发言时，职工有的看表，有的交头接耳，会场秩序有些不安定。这位车间主任见此情景，开口就说了一句："劳驾诸位——请大家对一下表。"

说着，他也伸出胳膊，注视着自己的手表，情态极为认真。在场的所有职工几乎都愣了一下，然后真的就去看自己戴的手表。

"现在是……9 点 12 分。"他说，"不准的请拨正。我的发言只需要 15 分钟。到 9 点 27 分我要讲不完，请前排的同志把我从窗口扔到外面去！"

会场内先是爆发一阵欢笑，笑得都很开心。接着便鸦雀无声，开始听他的 15 分钟发言。

以幽默、诙谐的语言或事例作为演讲的开场白，能使听众在轻松愉快之中很快进入演讲接受者的角色。

（11）以名人名言开场

演讲开场白也可以直接引用别人的话语，为展开自己的演讲主题做必要的铺垫和烘托。名人说过的格言，永远具有引人注意的力量。所以，你能适当地引用一句名人说过的话，实在是演说开端的好方法。

例如，演讲题为《让生命在追求中闪光》的开场白是：

美国黑人教育家本杰明·梅斯有句耐人寻味的名言："生活的悲剧不在于没有达到目标，而在于没有想要达到的目标。"这话是极有道理的。

随着生活节奏的逐步加快，时间以分秒来计算，因而，当今社会的演讲也要适应时代的这一特点。

在一定的场合演讲某些种类的问题时，一开始，就恰当地引用名人名言，是最巧妙的方法。因为既称"名人名言"，就意味着它在群众中有影响，有权威，受信赖，易接受；也表明在名人论述那个问题时，其理论深度已达到相当水准，在这个基础上再阐述发展，会更有吸引人的力量。

(12) 以故事开场

用形象的语言讲述一个故事作为开场白会引起听众的莫大兴趣。选择故事要遵循这样几个原则：要短小，不然成了故事会；要有意味，促人深思；要与演讲内容有关。

1962 年，82 岁高龄的麦克阿瑟回到母校——西点军校。一草一木，令他眷恋不已，浮想联翩，仿佛又回到了青春时光。在授勋仪式上，他即席发表演讲，他这样开的头：

"今天早上，我走出旅馆的时候，看门人问道：'将军，你上哪儿去？'一听说我到西点时，他说：'那可是个好地方，您从前去过吗？'"

这个故事情节极为简单，叙述也朴实无华，但饱含的感情却是深沉的、丰富的。既说明了西点军校在人们心中非同寻常的地位，从而唤起听众强烈的自豪感，也表达了麦克阿瑟深深的眷恋之情。接着，麦克阿瑟不露痕迹地过渡到"责任——荣誉——国家"这个主题上来，水到渠成，自然妥帖。

人们大都是爱听故事的，一般人尤其爱听演说者述说有关他自己亲身经历的故事。

（13） 以实物悬念开场

一位日本教授在给大学生做演讲前，面对台下叽叽喳喳、谈论不休的大学生们，他没有急于宣布他的演讲主题，而是从口袋里摸出一块黑糊糊的石头扬了扬："请各位同学注意看，这是一块非常难得的石头，在日本，只有我才有这一块。"当同学们都伸长脖子想看个究竟的时候，这位教授才说明，这块石头是他从南极探险带回来的，并开始了他的南极探险演讲。

情景 47 开场败笔，需要警惕

演讲的开头不可忽视，要求简短切题，有魅力，力求一开始就给听众造成一种良好的心理定势，切忌套话和陈词滥调；要有真挚感情，切不可故作谦虚，或耳提面命。

有一些演讲开始的败笔需要值得注意，在自己以后的演讲中要引以为戒。否则，不当的开场白可能直接影响到整个演讲的效果。

（1） 远离主题的废话

呃……早上好呀……女士们……呃……先生们。你们得多多包涵，我夜里……呃……着了一点凉……所以我呢……呃……要是我讲的声音……

呃……有点鼻塞语浊，那还请多加见谅了。

这也许能赢得一些听众的些许同情（如果你在足球俱乐部年宴上做餐后讲演，那可别指望会有这样的回应），但是很难建立你的可信度，也很难抓住听众的注意力。

（2）老生常谈的话

不要用老生常谈的话语，如"我很不习惯当众讲话"或过分雕琢的虚假故事。

还有一种就是套话。

在国内外一派大好形势下，我们迎来了……年的春天。

在……正确的领导下，在……亲切关怀下，在……共同努力下，我们单位取得了一个又一个的胜利。

当……节来临的时候，我们举行了……盛会。这个会议开得非常及时，非常重要，将会发生深刻的影响。

（3）陈词滥调

值此春光明媚之际，本人来此参加大会，感到无比荣幸。
东风浩荡，红旗漫卷，国内外形势大好，而且越来越好。

第一个开头文白夹杂，显得演讲者有些迂腐。第二个开头是空话套话的堆砌，丝毫引不起听众的注意，这都是由于演讲者语言和思想贫乏所造成的。这与套话并没有十分严格的区别，只是大多表现为语言的陈腐和平庸低俗，表达不出真切的思想内容。

（4）故作玄虚

诚挚的谦虚精神是美德。演讲者的谦虚是赢得听众合作的重要条件，但关键是态度要诚恳。有一些演讲开头尽管说得很客气，但是明显地透着一丝虚假。

明明是要指导别人，却故意说成是"我向大家汇报来了"。

明明是很欣赏自己的做法，很想当众介绍自己的经验，却要说成"大家让我讲几句，本来我不想讲，一定要讲就讲吧。"（不想讲还讲，岂不是废话）

明明是苦心经营，却要说成"同志们，我没什么准备，实在说不出什么。既然让我讲，只好随便讲点，说错了请大家原谅。"（虽是谦词，但都是没用的废话）

"同志们，这几天实在太忙，始终抽不出时间，加上身体欠安，恐怕讲不好，请大家原谅。"（既然那么多客观原因，何必要来讲呢）

这种讲坛弊端，令人厌恶，必须加以克服。

（5）不尊重听众

有的演讲者喜欢摆架子，把听众当成"阿斗"。由于缺乏平等的态度和民主精神，往往一开头就口气很粗，甚至板着面孔训人。

"今天我要讲的这个问题，是你们从来没有听说过的。你们要注意听。"和"最近我了解了一下情况，你们许多人对XX的理解很成问题，很不像话。这个问题不能那样认识，应该这样看……"

这类开场白最容易引起听众的不满甚至愤慨。

情景 *48* 演讲途中，吸引听众

怎样才能让听众实实在在的参与到演讲情境中来，从而更好地激发起听众听演讲的欲望呢？

我们可以给听众一定的心理暗示，也可以唤起听众的想象，从听众感兴趣的事情出发，用幽默的方法表达出来……这些都是把听众引入情境的有效方法。

（1）说出演讲的要点。

卡耐基有一次就人际关系问题应邀发表演讲。他直截了当地这么说道："今晚，我被选来讲述'人际关系的挑战'，其理由有二。第一……"然后，他又接着说，"第二……"在整个谈话过程中，他都极其注意地让听众逐一了解他的论点，然后才步入结论。

"因此，我们千万不要对人类行善的潜在力量失去信心。"

要想让整个演讲在听众中留下鲜明简洁的印象，最简单的方法就是，在你说明的过程当中，把要点一个个地列举出来。这样的演讲自然条理清楚，听众也就能乐意倾听接受了。

（2）用熟悉的方式解说陌生的话题。

当你向听众谈论他们所不熟悉的话题时，最好用你所能想象的最简单、最自然的方法加以解决，把人们不知道的事物和他们早已知道的事物联结在一起。

天国……那是什么样子呢？要怎么说才能让那些未受过教育的农民知道呢？因此，耶稣用他们所熟悉的名词和动作来描述天国：

"天国就像酵母，妇人拿了它，放入相当数量的玉米粉，直到全部发酵完毕。还有，天堂就像寻求美好珍珠的商人……还有，天堂就像抛入海中的网……"

这种比喻明白易懂，大家都能明了。用听众最熟悉的事物来阐述演讲主题，使天堂的形象深深印在听众的脑海中。

（3）用大家熟悉的观念阐述新的观念。

演讲中常碰到这种情况，有时候你会觉得自己很难向听众解释某些观点。而这些观念对你来说，毫无疑问是相当清楚的。但对听众来说，却需要花费一番口舌才能使他们弄明白，甚至有的怎么也弄不明白。这该怎么办呢？最好的方法是用大部分听众熟悉的东西来作参照，这样听众就更加容易接受、也更加清楚了。

有些传教士在异地传教的时候，就常发现很难把圣经上的某些词句妥切地用当地语言讲述出来。比如在赤道非洲地区，以下的句子若仅照字面解释，就很难让当地土著人完全明了："虽然你们的罪孽如血一般般红，仍可以将它洗得如雪一般洁白。"

那些传教士是否照着字面来翻译呢？那些生长在热带丛林的土著，怎么可能知道雪是怎样得白呢？但是，那些土著却常攀上椰子树去摘取椰子果，因此传教士便把上面的句子改成这样：

"虽然你们的罪孽如血一般红般，仍可以将它洗得如椰肉一样白。"做了这样的改变以后，其说服力不是更强吗？

（4）尊重并热爱你的听众

著名心理学家诺曼·文森特·皮尔曾说：人的性格当中，都有一个共性：需要得到他人的爱和尊重。每个人的内心深处都有一份价值意识，他们希望被看重，希望维护自己的尊严。如果你忽略了这些，你同样无法得到他人的尊重。

有一次，范小东和一位娱乐界人士参加一个节目。他对这位娱乐界人士认识并不深，但自从参加那次节目之后，范小东感觉他颇难相处，也知道原因何在。

那天，范小东一直安静地坐在他旁边，等候演讲的时刻来临。"你很紧张，是吧？"他问道。

"是啊！"范小东回答，"每次我要站起来演讲的前几分钟，都会有点紧张。我一向尊重每位听众，也尽量不让他们失望，因此不免就会紧张。难道你不会吗？"

"没什么好紧张的。"他回答，"听众很容易爱上各种东西，他们只不过是一群笨蛋！"

"我不这么认为。"范小东说，"他们是你至高无上的裁判，我还是尊重他们每个人。"

后来，这个人的名气逐渐衰退，无疑，那是由于此人的态度所致。

这对一个准备开始演讲的人来说，是个很好的警示。

（5）体验自身经历

在演讲中，往往需要引述一些典型事例。倘若这些事例是有关他人的，演讲者不妨联系实际，从亲身经历中去体验和讲述那些曾经感动过自己的人和事。这对于情感的自然投入，无疑能够起到积极的作用。

（6）注重现场交流

在座的同学们，听了这个故事，你们是否想到，那两位老人辛苦了一生，很可能没见过什么冰箱、彩电，但他们却拿出自己积攒的钱修路，让国家把钱花在更有用的地方。也许，他们省下的钱就在供养着你和我，供养着我们这些大学生——时代的宠儿！当我们按月领取奖学金的时候，我们是否想到这样的老人？想到他们期望的目光和那淳朴的心愿呢？

这是一个大学生在题为《生我是这块土地》的演讲中说的一段话。演讲者在转述一个同学告诉他的关于两位老人卖开水攒钱捐助修路的事迹之后，一下子把视点投放到演讲的现场中来，通过运用设问的方式同听众直接交流，表现了当代大学生的社会责任意识和时代奉献精神。这种现场交流的意向，无疑促进了演讲者的情感投入，并取得了强烈的演讲效果。

演讲是一种交流，只有把演讲当做向听众倾诉自己思想感情的现场交流，演讲者的情感才会自然投入到演讲中去。

（7）恭维听众

在向一个教师工作小组发表演讲时，其中一位演讲者采用了这个办法：

你们放弃了星期六上午的闲暇时间来到这里，这可不是普通老师的典型做法。很多研究表明，志愿参加教师技能培养工作小组的老师是最出色的教师。那些最需要改进技能的教师不是在座的各位，不对吗？但是稍微再温习一下总是有好处的。一流的教师希望精益求精做得更好。也许我们可以共同想办法，帮助那些水平一般却没有来参加学习的老师。

每个人都愿意受人恭维，只要这种恭维是针对个人的，并且不太拙劣。如果听众觉得你喜欢和佩服他们的某些特点，就可能会更加积极地做出反应。

（8）提及某位听众

与一群人建立关系的一个好办法是表明你和他们当中一位受人欢迎的成员关系密切。

张教授，谢谢你在介绍中讲了我很多好话。你们知道，提到某些发言人，人们会说"这个人不需要介绍"。我不是这样的人，我需要别人的介绍。张教授知道这一点，所以他很体贴地提到我，在我们相交十五年的过程中，曾经有许多次他不得不帮助我脱离困境。

(9) 讲幽默故事

在企业沟通课上，一位学员这样开始比较历史成本会计与重置成本会计：

一名法国气球飞行家曾经飞越了英吉利海峡，在一片麦田里降落下来。他看到一个英国人，问道，"对不起，您能告诉我现在在什么地方吗？"英国人回答说，"当然可以，你站在一块麦地中间。""你一定是一位会计师。"气球飞行家说道。"太奇怪了，"英国人说，"你怎样知道的呢？""很容易，"气球飞行家说，"你的回答非常典型，完全正确而毫无用处。"

相似的幽默感可以成为建立良好关系的基础，不管是人际交往还是与一群人的接触。

(10) 给听众心理暗示

"心理暗示法"也可称为"含蓄法"或"曲说法"，即演讲者不直说或不明说自己的意识，而是采取"曲线救国"或"歪打正着"的方式来说话。最典型的实例也许要算冯玉祥将军的一次演讲。

冯玉祥当旅长时，有一次驻防四川顺庆，恰巧另外一支"友军部队"也在附近驻扎。"友军"将骄兵惰，官长上街都穿着黑花缎子马褂，蓝花缎子袍子，青缎的刺花云子靴，在街上摇摇摆摆，像当地的富家公子一样。这同朴素而纪律严明的冯部军队形成了鲜明对照。有一天，冯将军听到这样的报告："我们的士兵在街上买东西，第四混成旅的兵到了，就讥骂我们，说我们穿得不好，骂我们是孙子兵。"冯闻之，只是淡淡一笑，说："由他们骂去，有什么可气的，不要理它。"但见官兵余怒未消，他感到有可能出乱子，便立即集合全体官兵，做队前讲话：

"刚才你们来报告，说第四混成旅的兵骂我们是孙子兵，听说大家很生气，可是我倒觉得他们骂得很对。按历史的关系说，他们的旅长曾做过二十镇的协统，我是二十镇里出来的，你们又是我的学生，算起来你们不正是差两辈吗？他们说你们是孙子兵，不是说对了吗？再拿衣服来说，缎子的儿子是绸子，绸子的儿子是棉布，现在他们穿缎子，我们穿布衣，因此他们说我们是孙子兵，不也是应当的么？不过，（语调提高）话虽这么说，若有朝一日开上战场，那时就能看出谁是爷爷，谁是真的孙子来了。"

几句话把官兵们讲得大笑起来，而且怒气全消。

这篇演说词通篇不见驳，却句句是驳；通篇不见斥，却句句是斥；没有说教，却令人深受教育。寓刚于绵，寓蔑视于诙谐，寓教于趣，欲抑先扬，层次分明，语言通俗，疏通了士兵郁闷的心结。演讲者虽不直言叙意，然而听者个个明其理。判断性的结论演讲者不说，听者却个个都明白：是否是孙子兵不取决于穿着，而在于能否打胜仗或是否能征善战。

（11）唤起人们的想象

人的想象远比逻辑推理活跃，也是极易调动的方面，因为想象是"内在感官"的看、听、触等活动。说理要作形象的论证，叙事要有传神的细节，造句要用生动的修辞，这都是为了让听众"感觉"到什么而浮想联翩。即使最抽象最深奥最精微的道理，也可以借助事例或比喻或富于"蒙太奇效应"的类比，活灵活现地让人有所"感"。

美国的亚伦·亚达在康涅狄克大学毕业典礼上，向青年学生纵谈人生哲理，虽然充满"玄机"但十分鲜活可人，使人乐于接受、回味。因为同学们用形象思维饶有趣味地"看到"了在抽象思维里没有形状的、费人思量的真理。他说：

"这是一个错综复杂的世界。我希望你们学会明辨的功夫。不要只看到桃子皮上的毛，不要只看到蛤蟆身上的疙瘩，不要只看到一个人古怪的脾气。如果我们能明辨，我们就知道容忍。我们就可以抓住问题的核心，而不至于老是在一些枝节问题上纠缠不清。当你养成明辨的习惯后，你就会开始怀疑你的假设。你的假设是对世界敞开的窗户，这扇窗户有时也需要洗一洗，否则光线进不来。"

（12）使用幽默让听众进入情境

绝大部分人都接纳妙趣，几乎所有的人（尤其是青年）都不喜欢说教，明白这一点，许多演讲者都想到用幽默风趣的表达来缩短说、听双方的心理距离。

浩云的《论男子汉》就运用了这一手段。

在讲到鲁迅请客时，小海婴吐掉了肉丸子，说是变味了，鲁迅并未责怪孩子，而是夹起来亲口尝了尝，感慨地说"小孩总有小孩的道理。"讲到这里，演讲者适时地幽了一默：

"倘若那时，他老先生不分青红皂白……或是横眉冷对，吓得海婴有苦难言，或是斥声呵责，要保姆把这小小的'不法分子'押到一边去隔离审查……（笑声）那我可真要对不起了，要把他老人家在我心目中男子汉的座位，从第一把交椅往后挪一挪，挪多挪少，那就得视情节轻重而定了（笑声）。"

这种轻松愉快的"双向交流"，使得原来陌生的双方都有一种妙不可言的亲近感。

（13）从听众感兴趣的事情出发

"得人心者得配合"。如果能触嗅到听众心中感兴趣的或困惑的或苦恼的或忧虑的东西，就能引起极大的关注。这时就抓住了听众的心，使大家出于自我关切而全身心地投入演讲所蕴涵的理与情之中。

马丁·路德·金在林肯纪念堂前，面对"我的朋友们"，特别是那些来自禁锢自由的牢房或兽行肆虐的地区的同胞，号召黑人兄弟奋起反抗，从今天的"巨大的痛苦和磨难"中走向"梦想"。他口中所吐出的"五个梦想"，都是饱经苦难的黑人们痛切和渴求的心声，对听众发生了无法抗拒的牵引力、感染力和鼓动力。

（14）打动听众的情感

李莹洁《我愿做一支燃烧的蜡烛》的演讲中就有一段充满感情的话：

有位郭老师在上课时经常跑厕所，直到医院通知学校，大家才得知他患膀胱癌已到晚期。临死时他说："我不能请假啊！大家都忙，我落下的课，什么时候补上啊！"

听了这段话，听众心灵受到极大震撼，心悦诚服地听演讲人说下去，并把情绪体验投射到下面的议论里：

没有一句豪言壮语，死后没有也不可能追授任何称号，然而他却尽到了一个教师的责任，为了自己的追求，他作出了最大的奉献。

听众的情感世界包含着亲情、爱情、故乡之情，对丑恶的愤怒之情……人们都有喜怒哀乐的情感经历，甚至备尝大喜大悲、生离死别的情味。在某种社会背景下或在某些事件上，大众会有情感上的共同性。只要触动听众的情感，就能引起共鸣，加强气氛，并使听众在投入感情之后，其理智也随之积极参与。

（15）从听众的经验入手

演讲求新但并不避"熟"。提起听众最熟悉的东西他们会感到很亲切。暗合和激活听众的情绪经验、生活经验、知识经验，他们就会视演讲人为"知音"，并且主动地开掘自己的经验宝库，在心里丰富演讲的内容。

约翰·罗克在要求解放黑人奴隶的演讲中就是运用这一手段来描述蓄奴主与黑人奴隶的关系的。他在演讲中说道：

你们知道，如果没有这些人为他们做工，他们就必须离开他们的金碧辉煌的沙龙，脱去外衣，卷起袖子，到世间去撞运气了……以致他们发誓，只要他们能够依靠掠夺为生，就决不工作。

在听众看来，"金碧辉煌的沙龙"和"脱去外衣，卷起袖子"，是他们再熟悉不过的。尤其是经验上升为振聋发聩的见解，更具启示力。这段话贴近人心、发人深省，使人联想到所见所经历的一切，更深更广更具体地印证和扩展了演讲内容。

（16）把枯燥的数字换成生动的实例

在演讲中，经常会列举一些数字。但光念一些数字，听起来很枯燥，它绝不可能给人留下深刻印象，使人感动，所以，需把数字化为实例。运用得好，可以产生打动人心的效果。

人寿保险公司的经理讲保险的好处，他说每天节省一点点，又如少请人刮一次脸，少抽几根烟，就会在 30 年内筹措一大笔保险费，使人人受益，这不比说一大堆数字更打动人心吗？再如，一个电话公司的职员，要说服市民及时接电话，不要浪费时间，他就把看来很短的时间，通过简单运算加在一起，使之显得巨大，他说：台北每 10077 接上的电话之中，总有 7 个人在听见铃声之后要过 1 分多钟才拿起话筒听话，每天如此耗损了 2877 分钟。

通过这种类比的方法，能非常有力地说服听众。

下面是一件事的两种说法，哪一种较为有力？

世界上最大的宫殿有屋子 15000 间。

有那么多的屋子，可以使一个人每天换一间屋住，而 40 年也住不完。

英国在欧战中耗费约达 7000 万英镑或 34077 万美元。

你会不会吃惊，英国在欧战中所耗费的金钱数额，为自哥伦布发现美洲以来，日夜不停地每分钟平均花 34 美元。总共达 34077 美元。

（17）把握好和听众的空间距离

演讲是一种社会交往，因此演讲一般在社交空间中进行。演讲者根据演讲内容、演讲感情、演讲环境灵活调节与听众的距离。听众多、内容明朗、感情激烈、场景大，可离听众远些；听众少、内容含蓄、感情平稳、场景小，可离听众近些。演讲者演讲时要充分利用空间因素，以便更好地发挥自己。

印度尼西亚总统苏加诺一次应邀到北京大学演讲，言语不通、年龄悬殊、地位差异、阅历不同以及民族、信仰、生活习惯诸多方面的不同决定了他与听众之间心理距离的遥远。因此缩短与听众的心理距离，取得听众的情感认同是演讲成功的根本点。

苏加诺不愧为经验丰富的社会活动家与演讲家，他是这样开始他的演讲的：

"同学们，请大家往前挪几步，我想挨大家近点，好吗？"

亲切的话语，含笑的表情得到了学生的认可，学生心里为之一热，向前走了几步。

"请大家脸带微笑，因为我们面对的是一个光辉灿烂的明天。"

带有哲理的调侃不仅缩短了与听众的交往距离，更是拉近了心理距离，学生报以热烈的掌声。

（18）把对话引入演讲中

虽然演讲不一定都要插入对话，但具有某些情节和冲突的事例，直接引用对话，会产生生动的效果。如果演讲者有模仿的能力，改变一下腔调，会更有情感。使用对话来增加亲切感和真实性，听众仿佛是和演讲者同在一桌上用餐一样，不会让人感到枯燥乏味。

"刚才有一个人来办公室找我，商谈上周替他安装电器一事，因为电器显然不佳，他很生气。我告诉他，我们一定负责维修好，他的怒气才稍稍缓和下来，因为他了解了我们公司会尽力帮助他。"

同样的一件事情我们也可以选择下面这种叙述方式：上周，我办公室的大门忽然被人一脚踢开，我吃惊地抬头一看，原来是顾客杰克，他怒气冲冲地向我走来。我还来不及请他坐下来喝茶，他就咆哮如雷地吼道：

"汤姆,我警告你,这是最后通牒,请你赶快派车拉回那台洗衣机。"

我问他,"到底是怎么回事?"

"太不像话,你们的破机器",他又开始大声吼叫。"衣服一放进去就被绞在一起,我的太太也总觉得倒霉,直唠叨我不会买东西。"他愤怒地敲着桌子,水杯被震落到地上。

如此叙述顾客的神态、心理,真是入木三分。而第一种叙述方式相比之下是何等的抽象,原因就在于人名的有无,细节的描述是否具体,采没采用对话这一手法。

(19) 给出正确诚恳的评价

伟大的演讲家琼斯德比认为:"你说的应该是听众想不到的,而你居然知道的事。"

听众是由一群个体组成的,他们会从各自的立场出发对演说产生反应,如果你不尊重他们,听众就会愤怒。所以,如果听众有值得称赞的表现,就应不失时机地予以肯定,这样一来,就等于拿到了自由出入听众心理的通行证了。当然,赞扬有赞扬的技巧,否则弄巧成拙,过分奉承也会使人产生逆反心理。

有一位演说者发现听众是俱乐部的会员,其中有曾担任过国际总会会长的,有担任国际总会经理的,于是他针对一般会员不甚知道的特殊之点,这样说道:"贵俱乐部分会,是此会的十万零一千八百九十八分之一……"听众顿时坠入云里雾中。

"为什么我会说出如此肯定而精确的数字呢?这是因为,你们的俱乐部曾出现过担任国际总会会长和经理的人……这是霍布斯博士详细推算出来的。"

但是,若改说:"在座的都是有教养的""尊敬的女士们、先生们""今天我十分荣幸见到你们,因为你们一向给我好感……"如此露骨的曲意奉承只会倒人胃口。

情景 *49* 出现问题，巧妙解决

演讲时，听众不了解演讲内容，或者不同意自己的观点的情况经常出现。有的听众对演讲心不在焉，或者听众对演讲的内容非常了解以至于对你的演讲不以为然……听众的素质、水平不同，对演讲的反应也就千差万别。怎样对待听众的这些反应呢？

（1）顺水推舟

作家谌容有一次应邀到美国一所大学演讲，她刚登上讲台，就有人给她提了一个难堪的问题："听说您至今还不是中国共产党党员，请问您对中国共产党的私人感情如何？"谌容顺水推舟地答道："你的情报很准确，我确实还不是中国共产党党员。但是，我的丈夫是个老共产党员，而我同他共同生活了几十年，尚无离婚的迹象，可见，我同中国共产党的感情有多深。"谌容巧妙得体的回答博得了台下听众的称赞。

（2）针锋相对

当达尔文的进化论学说传播开来时，英国教会曾召开过一次辩论演讲会。会上，一位大主教突然对赫胥黎教授进行人身攻击，他说："赫胥黎教授就坐在我旁边，他是想等我一坐下来就把我撕成碎片的。因为照他的信仰，他本来是猴子变的嘛！不过，我倒要问问，这个猴子子孙的资格，到底是从祖父那里得来的呢，还是从祖母那里得来的呢？"赫胥黎针锋相对地回答："我断言——我重复断言：要说我是起源于弯着腰走路和智力不发达的可怜的动物，我并不觉得羞耻；相反，要说我起源于那些自称很有才华，社会地位很高，却胡乱干涉自己所茫然无知的事物，任意抹杀真理的人，那才真正可耻！"雄辩的哲理使大主教瞪着大眼，无言以对。

（3）反戈一击

有位演讲家在演讲快要结束时，台下有一名学生突然连珠炮似的向他发问：

学生：先生，您今天是第一次演讲失败吗？

演讲家：那当然是第一次啦。噢，你们当学生的怎么总爱问这个问题？

学生：演讲时，您觉得什么样的字音最容易说错？

演讲家：错。

学生：您演讲开始时，从来不说的是什么？

演讲家：结尾。

回答了学生的问题后，演讲家也来个出其不意，反戈一击：

演讲家：我方才讲的冷缩热胀的道理你懂了吗？

学生：懂了，先生。冬天白天短——冷缩；夏天白天长——热胀。

这时，台下出现了哄堂大笑，这位发问的学生才知道说错和失败的是自己，不禁羞红了脸。

（4）运用逻辑

著名诗人马雅可夫斯基是一位善于应对的演讲家，请看他在一次演讲大会上是如何应对的吧：

反对者："您讲的笑话我不懂！"

马："您莫非是长颈鹿？只有长颈鹿才可能星期一浸湿的脚，到星期六才能感觉到呢!"

反对者:"我应当提醒你,马雅可夫斯基,从伟大到可笑,只有一步之差!"

马(用手指着自己和那个人):"不错,从伟大到可笑,只有一步之差。"

反对者递上一张条子,上面写道:"马雅可夫斯基,您今天晚上得了多少钱啊?"

马:"这与您有何干?您反正是分文不掏的,我还不打算与任何人分哪。"

反对者:"您的诗太骇人听闻了,这些诗是短命的,明天就会完蛋,您本人也会被忘却,您不会成为不朽的人。"

马:"请您过一百年再来,到那时我们再谈吧!"

反对者:"马雅可夫斯基,您为什么喜欢自夸?"

马:"我的一个中学同学舍科斯皮尔经常劝我说:'你要只讲自己的优点,缺点留给你的朋友去讲'。"

反对者:"这句话您在哈尔科夫已经讲过了!"

马:"看来,这个同志是来作证的,我真不知道,您到处在陪伴着我。"

反对者又递上一张条子,上面写到:"您说,有时应当把沾满'尘土'的传统和习惯从自己身上洗掉,那么您既然需要洗脸,这就是说,您也是肮脏的了。"

马:"那么您不洗脸,您就自以为是干净的人吗?"

反对者:"马雅可夫斯基,您为什么手上戴戒指?这对您很不合适。"

马:"照您说,我不应该戴在手上,而应该戴在鼻子上喽!"

反对者:"马雅可夫斯基,您的诗不能使人沸腾,不能使人燃烧,不能感染人。"

马:"我的诗不是大海,不是火炉,不是鼠疫。"

上述应对实在是棒极了,不仅极具幽默,且具有高妙的逻辑战术。例如反对者由"您说，有时应当把沾满'尘土'的传统和习惯从自己身上洗掉"推出"既然需要洗脸，这就是说，您也是肮脏的了"的结论，这明明是偷梁换柱（即偷换概念）的伎俩，马雅可夫斯基将错就错，用反问给予辛辣的讽刺。当反对者指责他戴戒指并攻击他的诗不能使人沸腾、燃烧和不能感染人时，马雅可夫斯基便以其人之道，还治其人之身，用同样的战术——偷梁换柱予以回击，使反对者一个个败下阵来。

（5）运用幽默

以幽默著称的英国前首相丘吉尔有一次正准备做即席演讲，一位媚态十足的女士对他说："丘吉尔，你有两点我不喜欢。""哪两点？"丘吉尔问。那女士说："你执行的新政策和你嘴上的胡须。"丘吉尔听后，彬彬有礼地答道："哎呀，真的，夫人，请不要在意，您没有机会接触到其中的任何一点。"

丘吉尔有一回访问美国，刚做了几分钟的演讲，一位反对他的美国女议员就站起来对他说："如果我是您的妻子，我会在您的咖啡里下毒药的。"丘吉尔狡黠地笑了一笑，说："如果我是您的丈夫，我会喝下那杯咖啡的。"丘吉尔的幽默令反对者悻悻而去。

（6）采取不同的方式回击

对于敌对分子故意捣乱会场的情况，演讲者应该沉着镇定，机智灵活，在不同的条件下，采取不同的方式，予以回击。

《列宁在十月》这部电影中有一个场面，对演讲者很有启发。列宁在米赫利松工厂发表演讲期间，有个歹徒递上一张纸条，列宁审视片刻，高声向听众宣读。

同志们，我收到了一张纸条，请大家听一听，上面写了些什么："你们的政权反正是维持不住的，你们的皮将被我们剥下来做鼓面！"（群情激昂）请安静，同志们，我看这张纸条绝不是工人的手写的。恐怕写这张纸条的人，未必有胆量敢站到这儿来！同志们，我想他是不敢站出来的！

同志们，须加上三倍的警惕、小心和忍耐。你们要坚守岗位！对于人民认为是罪大恶极的叛徒，必须无情地加以消灭！不镇压剥削者的反抗，革命就不能胜利！（雷鸣般的热烈掌声）

在这里，列宁巧妙地借宣读反动分子恫吓性的纸条，因势利导地启发工人阶级要保持高度革命警惕，用铁的手腕镇压反革命分子，来巩固苏维埃政权。这就进一步深刻地阐明了演讲的主旨，扩大了演讲的影响。

俄国早期著名革命家普列汉诺夫有一次在日内瓦做《无产阶级与农民》的演讲时，当时在场的社会革命党人和无政府主义者企图破坏演讲。会场的口哨声和吵闹声响成一片，搅得演讲无法进行。面对这个混乱不堪的演讲环境，普列汉诺夫胸有成竹，镇定自若，他采用了特定的演讲语言和演讲结构。他双手交叉在胸前，大声说道："如果我们也想用这种武器同你们斗争的话，我们来时就会……（他顿了一下，听众不得不猜测他的下文，但结果完全出乎意料）我们来时就会带着冷若冰霜的美女。"

这一番话既有讽刺嘲笑意味又不失风趣幽默，在表达上把关键的一句话留在停顿片刻之后说，创造出一种钳制力量，使演讲的环境归于平静，演讲得以顺畅进行。

（7）不露痕迹地改错

著名相声演员马季有一次到湖北黄石市演出。在他表演前，有位演员错把"黄石市"说成了"黄石县"，引起了观众的哄笑。到马季登台表演时，他张口就说："今天，我们有幸来到黄石省演出……"这回听众不笑了，而是窃窃私语，怎么回事，连你也错吗？这时，马季解释道："方才，我们的一位演员把黄石市说成县，降了一级。我在这里当然要说成省，给提上一级。这样一降一提，哈！就平啦！"几句话博得全场观众热烈的掌声和笑声。马季机智巧妙地圆了场，使演出得以顺利进行。

弹唱家马如飞在一次表演时，不慎将"丫环移步出了房"唱成了"丫环移步出了窗"。听众听后哄堂大笑。马如飞知道唱错了，但他不慌不忙，镇定自如地补上了一句："到阳台去晒衣裳。"听众一听这巧妙的补白，报以热烈的掌声。谁知一疏忽，他又把"六扇长窗开四扇"唱成了"六扇长窗开八扇"，这时观众不再喧哗了，静静听着他如何补漏。马如飞依然不慌不忙，他以丰富的舞台经验继续唱道："还有两扇未曾装。"台下顿时掌声满堂。

演讲时如果出现遗漏或念错词、讲错话的失误，演讲者最好能够悄悄改过，不露痕迹。比如，发现自己漏讲了某一点、某一段，可以随后补上，不必声张；念错某个字词，或讲错某句话，也可以及时纠正，或在第二次出现时纠正。万一听众发现了你的错误，也不要紧，演讲者不妨将错就错，自圆其说。在这方面，表演艺术家有许多成功的经验可以借鉴。

演讲者如果出现类似失误，完全可以借鉴这种补救的做法。例如：

某同学做演讲时，想用一段诗作为开场白："浓浓的酒，醇醇的……"但他一上台就念成了酒——将浓浓的漏掉了。他灵机一动，将错就错，干脆将诗改成："酒——浓浓的、醇醇的……"听众对他的妙改报以热烈的掌声。

（8）在笑声中化解尴尬

有一位演讲者走上讲台时不慎被话筒线绊倒了。当时台下听众发出了一片欷嘘声和倒掌声，气氛降到了零点。这位演讲者爬起来后，不慌不忙地走到话筒前，微笑着对听众说："同志们，我确实为大家的热情倾倒了！谢谢！"顿时，全场响起了热烈的掌声，大家都为他这绝妙的应变和开场白喝彩。

又如，获得1952年奥斯卡最佳女主角奖的雪莉·布丝莱上台领奖，由于跑得太急，上台阶时绊了一下，差点摔倒。她在致辞时说道："我经历了漫长的艰苦跋涉，才到达这事业的高峰。"这句应变的开场白简直妙不可言。她将上台领奖遇到的挫折与拍电影历经的艰辛巧妙地结合在一起，既揭示了达到事业顶峰的真谛，同时又化解了摔跤的尴尬，可谓一举两得。

上台演讲时不小心跌倒了，或听众发笑时才发现自己衣服扣子扣错了，或拉链没拉好，或帽子戴歪了……遇到这种情形，演讲者多半会感到尴尬。笨拙的化解方法是，演讲者可以跟着听众笑到一块，在笑声中恢复常态，对此听众一般是不会介意你的失误的。高明的化解方法，当然是演讲者能够借事发挥，说几句巧妙的开场白。

（9）缩短演讲时间

艾森豪威尔任哥伦比亚大学校长时，常常出席宴会并发表演说。在一次宴会上，他排在最后一个发言。由于前面的人演讲都是长篇大论，轮到他发言时，时间已经不早了，听众早就迫不及待地等着就餐了。艾森豪威尔急听众所急，他放弃了原来准备的讲稿，对听众说了以下两句话："每篇演讲不管它写成书面的或其他形式，都应该有标点符号。今天晚上，我就是标点符号中的句号。"说完，他就回到座位上了。当听众明白他已经演讲完时，对他简短的演讲报以热烈的掌声。

遇到会议时间过长，以致听众疲倦或出现不耐烦情绪时，演讲者不妨精简演讲内容，尽量缩短演讲时间。

（10）借景发挥排除外界干扰

有位老师走上讲台，刚要向同学们做《人不能失掉自尊心和自信》的演讲，这时外面隐约传来音乐系的练歌声，同学们一下被吸引过去了，很多人伸长了脖子，支起了耳朵，甚至有人小声议论。面对这种情况，这位老师马上调整了自己的开场白，她大声问："谁是张明敏的崇拜者？"这意想不到的提问，一下子把同学们的注意力吸引过来了，很多人大声回答道："我！"有的甚至举起了手。这位老师接着又问道："最喜欢他的哪首歌？"很多人回答："《我的中国心》！"（当时正流行这首歌）这位老师微笑着说："那我和你们是同党！（同学们情绪热烈，笑声）我最喜欢'洋装虽然穿在身，我心依然是中国心'这两句。可是前几天，我在我的同学家里却看到了他穿着一套日本和服照的照片，谈话间还流露出，只要能出国，让他做什么都行。我真不知道，我这位同学的中国心哪里去了，他的自尊心、自信心哪里去了，所以，我今天演讲的题目是《人不能失掉自尊心和自信》。"话音刚落，同学们便报以热烈的掌声。

这位老师之所以能成功地将同学们的注意力重新吸引过来，关键在于她善于将眼前意外发生之景与讲题有机地结合起来，且结合得天衣无缝，巧妙无比，难怪听众为她喝彩。

听众受到外界干扰时，演讲者不妨借景发挥，即景说话，将意外发生之景与演讲内容有机地结合起来。

(11) 适当活动防止听众困倦

炎热的夏天，人们很容易困倦和瞌睡。曾经有位演讲者遇到过这种情景，他是这样处理的：当时，他正在台上侃侃而谈，只见一缕初春的阳光从会场后侧的玻璃窗照射进来，照在少数人的背上。这些人的脊背立刻觉得一阵暖和，就不知不觉地沉沉入睡了。最后，这种气氛还传染给前面的人。看到这一情景，演讲者暂停了演讲，对听众说：

"请诸位抬起头看看天花板。"

大家以为天花板上真有什么可看的，个个都抬起头来看着天花板。

"现在再看一看左边。"大家果然又向左边张望。

"那么诸位不妨看一看右边……好了，这就是头部运动。疲倦时，不妨做头部运动。如果仍觉疲倦，也可以做体操活动。现在，请诸位举起手来。"大家便跟着他举起了手……

除了上述方法，要消除听众的困倦和烦躁，打开窗门透气，有条件的话，开开风扇或空调，都是必要的措施。不过，演讲者自身的精神状态是最关键的。因为困倦可以传染人，精神抖擞也可以传染人。要使听众有良好的精神状态，演讲者自己首先要保持良好的精神状态，这是至关重要的。

（12）运用幽默制止捣乱行为

演讲者正讲得兴致勃勃，听众也正听得津津有味时，突然有人学鸡叫，学狗叫，吹口哨等，引得听众哈哈大笑，打断了演讲者的思路，分散了听众的注意力，对此，演讲者必须予以批评与制止。由于发出怪声者多是调皮捣蛋之人，这种人喜欢挑衅他人，如果严厉批评，他可能会跟你对着干，多叫几声给你听，结果更糟。因此，不妨用幽默去批评，让笑声挫败他的锐气和顽气，效果会更好。例如：

英国文学家查尔斯·兰姆有一次正在做演讲，忽然有人故意发出"嘘嘘"的怪声捣乱。兰姆说："据我所知，只有三种东西会发出嘘嘘声——蛇、鹦鹉和傻子。你们几位能到台前来，让我认识一下吗？"他的批评幽默而礼貌，几个捣乱分子乖乖地低下头来，不敢再作声了。

又如：

亨利·比彻尔在一次演讲会上正滔滔不绝地讲着，突然，一个喝得醉醺醺的人在下面学公鸡叫，引得听众大笑，搅断了比彻尔的演讲。比彻尔有意看了一下表，然后说道："怎么回事？难道天要亮了吗？我简直不敢相信。然而低级动物的本能是不会错的。"比彻尔的串默也逗得听众哄堂大笑起来。在笑声中，那个学鸡叫的人似乎清醒了一些，不好意思叫了。

可见，用幽默批评捣乱分子效果蛮好的。

（13）找到问题的关键点

演讲者如果要说服听众，首先需对听众可能有的错误思想观点有充分的了解，并想出能够产生有说服力的思想观点和恰当的说服方式以对付之，做到有的放矢。

一个大学班主任老师为说服大学生不要把精力过多投放到谈情说爱方面时，就事先分析了这个主题讲出之后，学生可以接受的程度。他知道，班里有相当数量想谈和正在谈恋爱的学生，他们都有不少"坚强的理由"作支撑。在逐一分析了那些所谓的理由之后，他发现只要说服男生一方，此风就可煞住。于是，他以《男人的魅力在于成功》为题设想了一篇演讲词。利用班会做了演讲后，效果相当好。

（14）欲进先退

仍以上面班主任的演讲为例。他一开始是这样说的："有人问我，大学生谈恋爱究竟对不对。要叫我说，这事无所谓对与错。俗话说，'男大当婚，女大当嫁'，进入高校的男女青年都是生理上的成熟之人，婚嫁问题已近眼前，何错之有呢？马克思17岁就追求美丽的燕妮，不也没有影响他成为伟人吗？不过，话得说回来……"后面是循序渐进地抛出自己的正面观点，阐明男子的魅力在于奋斗、上进、有责任心和取得成功。

从这段演讲词中，我们可以看到，这位班主任首先是顺着学生的思想走的，后用了一个转折语，才驶向自己的观点。

（15）激发听众的共鸣

上面例子中班主任的演讲词里就有这样一段话：

作为人到中年的男人，我想特别对在座的男性青年"同胞"说几句。我不知道在座的男同学是否想过做一个男人今后肩上的负重到底有多大的问题。国外有一谚语说："骂男人最恶毒的语言莫过于骂他无能。"从这句话里，我们可以领悟到，"无能"的男人最丑陋、最不值得爱，因为他的双肩挑不起任何他应该挑起的重担。反过来说，奋发有为、上进成功的男人才最有魅力。我以为，男子在择偶问题上不必操之过急（从18岁到40

岁都是择偶佳期，上帝宽限我们男子20多年时间），急的倒应该是如何快速成才的问题。俗语说得好：树大何愁不招风……

从自己是男人的角度对男学生讲几句话，这是利用了"角色"之势，引出"男人无能（才学）便是丑"的话题，完全可以激发出共鸣。

（16）使用具体的事例

"嘴上无毛"就一定"办事不牢"吗？古今中外许许多多军事活动家，恰恰都是在风华正茂时，建立起了了不起的功业的。民族英雄岳飞20多岁带兵抗金，当节度使时才31岁；其子岳云12岁从军，14岁打随州率先登城，成为军中骁将，20岁时就当了将军。曾经统率大军席卷欧洲大陆的拿破仑，从巴黎军事学院毕业时不过是炮兵少尉；法国大革命时参加革命军，1973年率部在土伦战役中击溃保皇复辟势力被晋升为少将时才24岁；统兵攻打意大利，不到30岁即当了东线和南线的指挥官，独当一面，任国防部长时才40岁。在我国军队里，许多老帅，多数不也是在二三十岁时就当了师长、军长、军团长以至方面军总指挥了吗？可见"嘴上无毛"与"办事不牢"之间没有必然联系，关键是有才与无才。套用一句古话来说："有才不在年高，无知空活百岁。"

在这篇演讲中，演讲者为了论证"嘴上无毛未必办事不牢"这样一个观点，先后引用了岳飞、岳云、拿破仑等多个少年有为者的事例，以确凿而充分的事实证明了年龄与才能之间没有必然的联系，对听众很有说服力。

（17）引用权威人士的话

如何培养沉默性与坚定性呢？我以为必须"知道限制自己"（黑格尔），"哪怕对自己的一次小小的克制，也会使人变得强而有力"（高尔基）。前苏联著名教育家马卡连柯说："假如你的孩子仅仅受到实现自己愿望的训练，而没有受到放弃和克制自己某种愿望的训练，他是不会有巨大的意志的。没有制动器就不会有汽车。"我是十分欣赏这句名言的。没有制动器，汽车就会像脱缰的野马，随时都会堕入死亡的深渊。马卡连柯正是从这个意义上来阐述"克制"的重要性的。人若没有"制动器"，后果也一样。学校是育人成才的地方，学校也必须安装"制动器"。《中学生日常行为规范》《渤海造船厂一中学生规矩50条》多是以否定词"不"的形式出现的，它们是在场各位同学成才的"制动器"，你们要熟悉它们，遵守它们，不能走样。只有得心应手地使用这些"制动器"，自觉接受限制，你们才会获得真正成才的自由。

陈志雄在这篇论述《青少年要有扎实的心理素质》的演讲中，先后引用了黑格尔、高尔基、马卡连柯三位名家的言论，用来阐述培养沉默性与坚定性的方法。演讲者的观点就是从这三位名家的言论中提取出来的，既对已有的理论做了进一步的阐发，又使自己的观点因为名家的言论而增加了说服的力量。

(18) 用自己的经历现身说法

我是北京人，在北京长大。抗战期间我是北京的亡国奴。1942年我在男二中上学，每天放学后走到灯市口，听到日本洋行的喇叭筒里放的就是《何日君再来》！听到这支曲子，亲眼目睹日本军国主义者打我们中国人，一个巴掌一句"八格牙鲁"，整个国家处于沦亡状态。当时我才11岁，父母还是比较高级的知识分子，经常半夜三更催我起床排队买豆渣，冬天冻得够呛，跑到马路边上蹲着去，蹲几个小时才能买到一斤豆渣。偌大的北京城，处在日本军国主义者的铁蹄之下，老百姓成天吃混合面，还是配给的，可以说每天挣扎在饥饿线上。每次我走到路上，可以看到马路边老有死尸。用垃圾车拉死尸。北京人还起了个名，美其名曰"倒卧"。这就使人想到杜甫的名句："朱门酒肉臭，路有冻死骨。"现在大学生念起来像个顺口溜，可在那个时代就是生活的现实。今天，竟然还有人陶醉《何日君再来》，想想"商女不知亡国恨，隔江犹唱后庭花"吧……

这是演讲家李燕杰对自己在旧社会度过的少年时代的追溯，旨在劝导听众珍惜今天来之不易的幸福生活。李燕杰比较详细地描述了当时劳苦大众的悲惨生活，并加入了自己发自肺腑的感触与慨叹，增强了演讲的说服力和感染力。

（19）巧妙使用兴奋语言

美国总统杜鲁门在日本投降时发表的广播演说中，首先把人们的注意力集中到了日本签署无条件投降的美军军舰"密苏里"号上，接着又回顾了四年前的珍珠港事件，让所有美国人的心都为之跳动，在缅怀亲人的同时，阐明这是自由对暴政的胜利，并认定"胜利后的明天将是全世界和平与繁荣的希望"。整篇演讲起伏有致，既肯定了民族的精神与意志，又让人民对明天充满必胜的信心。

上面的事例就是兴奋点设置的范畴。兴奋点的范畴包括所有能够引起听众兴趣和热切关注的事例、名言、佳句和精辟独到的见解等。在演讲稿中，按照演讲内容需要，有计划、有目的地选取一些兴奋语言，绵延不断地"埋设"在演讲稿中，让它们像星星一样闪烁，像眼睛一样放射出睿智的光芒，会拉近演讲者和听众的心理距离，满足听众的心理需要，但要讲求顺理成章、水到渠成，千万不能不顾对象，故弄玄虚，刻意求工。

（20）提高演讲刺激强度

泰戈尔在清华大学的一次演讲开头就说："我的年轻的朋友．我眼看着你们年轻的面目，闪亮着聪明与诚恳的志趣，但是我们的中间却是隔着年岁的距离。我已经到了黄昏的海边，你们远远地站在那日出的家乡。"

相对陌生而又清新雅致的诗句从诗人的口中缓缓流出，哪一个青年能不为之动情动容，继而为他的妙语连珠所吸引，他由此升华上去的保持纯净灵魂和自由精神的演讲自然就异常深入人心。

(21) 敢于标新立异

外交场合的演讲大多平稳有度，但1972年尼克松来华时，在一次演讲中却说："长城已不再是一道把中国和世界其他地区隔开的城墙。但是，它使人们想起，世界上仍然存在着许多把各个国家和人民隔开的城墙。长城还使人们想起，在几乎一代人的岁月里，中国和美国之间存在着一道城墙"。听到这里人们不知来意是善是恶，自然细心聆听下文："四天以来，我们已经开始了拆除我们之间这座城墙的长期过程。"一句话让人轻轻放下提起来的心。

(22) 给听众留下掌声空间

掌声能够活跃会场气氛，给演讲者以"感情回报"，使之心情更加愉快，思维更加敏捷，也能使之更加认真投入。掌声的调剂会使演讲产生强烈的现场感染力。因此起草演讲稿时应有意识地给掌声留出一定的空间。这就需要在演讲稿中主动运用那些带有浓厚感情色彩、充满激情的语言，那些立场鲜明、见解独到、能够给听众以深刻启迪的语言和那些热情歌颂真善美、无情鞭挞假恶丑的语言。这些语言能让听众受到激励、鼓舞和启发，从而自发地鼓掌。

闻一多《最后一次讲演》中的："这是某集团的无耻，恰是李先生的光荣！李先生在昆明被暗杀，是李先生留给昆明的光荣！也是昆明人的光荣！"就是寓情感于情理之中，发掌声于妙语之外。

(23) 用心去演讲

把你的情感投入到你的演讲中，你所表现出来的诚实、热情和真挚会使你的演讲动人心弦、感人肺腑。那么怎样表现自己的诚实、热情、真挚呢？

首先要讲实话。演讲者若能开诚布公、实话实说，演讲的效果就会格外好。一位当代作家在谈及自己执笔从文的最初动机时，说：

母亲年纪越来越大，日日劳作在风吹日晒下，为贴补我们的生活叫卖冰棍，让我非常痛心。而我这个顶门立户的人，却没有能力给她们一个比较安定、更不要说有质量的生活，还让她跟我一起在贫困线上挣扎。我开始想出路。我没有钱做生意，也不会走上层路线。我面前只有一支笔和一张纸，还有我自己的智力。而我又不是学文学的，起步又晚，相当艰难。

这样坦诚真挚，推心置腹的演讲，演讲者与听众怎么能不心心相通呢？

还有一个方面，就是展示自己的个性风采。任何一个有思想有头脑的演讲者，决不会随波逐流、人云亦云，他们的话总是富有个性而且充满魅力。

（24）条理分明地表达你的想法

清楚明了地表达自己的意见，让观众听清楚你的演讲内容，是让听众留下深刻印象的有效手段。

教育家陶行知有一次演讲的题目就是《每天四问》，整篇演讲围绕以下四个问题展开："第一问：我的身体有没有进步？第二问：我的学问有没有进步？第三问：我的工作有没有进步？第四问：我的道德有没有进步？"

在演讲中，演讲者先摆总问题，再分四大层次论证，最后以一小段总结，这样就使得观点集中而明晰，内容安排有条不紊，结构开合有度，所提的四个问题不仅给听众留下鲜明印象，且引人深思，至今读来还有现实意义。

情景 *50* 演讲高潮，制造机巧

要想感动别人首先要感动自己。演讲离不开感情的抒发，强烈真挚的感情是赢得听众的重要原因。一般来说，感情的抒发包括叙事抒情、寓理抒情和直接抒情三种。

（1）叙事抒情

叙事抒情就是把情感融于讲述、叙述、议论之中，让听众自己慢慢地咀嚼演讲者的情感。

一天，姐姐给我来了一封信。信上说，妈妈因劳累过度而患了肩周炎，一只胳膊疼得不能动，可还得咬牙挺着喂猪、做饭、干农活，整天吃玉米面、豆面、大咸菜……并且让姐姐不要告诉我，免得我分心影响学习……读到这里，我的泪水已经把信打湿了。我的母亲是没有文化的，可是，她有一颗慈爱和善的伟大的心，这是一切文化的根。她用自己的勤劳与汗水写着世界上所有伟大女性共有的爱的巨著。她爱的仅仅是我这个儿子吗？不，她爱的是我及属于我的新的生活和前景！尽管现实生活仍然是这么艰苦与困难，可是，她以顽强的力量在拼搏，在争取，为了自己的下一代！这是多么可贵的品质，多么高尚的精神啊！

这是一篇题为《拳拳父母心》的演讲中间的一段。这段演讲语言的特点是朴素、平易、亲切，字里行间倾注着感情，所以非常有感染力，能使听众受到强烈的感染。

可敬的老师，请原谅我不辞而别，我知道你爱我，爱得很深。可是，我们却恨你！知道吗，恨你！你为了我们的升学，付出了多么惨痛的代价，我们理解，但不能谅解，因为你在牺牲家庭、牺牲自己的同时，也牺牲了我们！在你废寝忘食的教育下，我们没有节假日，没有星期天，没有看电影、电视、欣赏音乐的时间，同时也没有了个性，没有了感情，没有了思想。我们只是一群受你操纵的机器人！

这是一篇题为《为了悲剧不再重演》的演讲词，引述一个离校出走的学生留给老师的信中的一段感人肺腑的话语。老师赋予学生深挚的爱，却并未得到爱的回应，反而引起了他们的怨恨，这是为什么？一种爱与恨对立的矛盾冲突，强烈地触动了听众的心理情感，并激发他们在深刻的反思中认识片面追求升学率、扼杀学生个性的严重失误，从而呼吁全社会真正关心和爱护少年儿童，使他们成为全面发展的一代新人。

（2）寓理抒情

请允许我沉溺于幻想——我这样做，是因为我深信，没有什么幻想是人类的意志和才智不能改造为现实的。我幻想着建设一座"科学城"……在这里，科学家天天用自己的睿智、无畏的眼光探索着我们星球周围的奥秘；在这里，科学家像石匠和宝石匠般锻炼、雕刻着世界的全部经验，并把这些经验变成行之有效的学说，变成进一步探求真理的武器。在这座科学城里，科学家将沐浴在自由和独立的阳光中，沐浴在激发创造力的阳光之中，而他们的工作则将在这个国家造成热爱知识的空气，将在人民中间唤起对知识和美的热烈感情。

这是高尔基所做的《科学万岁》演讲中的一段话。这里，高尔基的演讲充满想象，他描绘出一幅幅令人向往的图画，目的是说明科学的巨大作用，但语言却非常富于感情，是寓理抒情的典范。

（3）提问

提问在演讲中运用的很多，它不同于一般交谈中自问自答的提问，演讲中的提问是演讲者发出问题由听众回答。根据提问在演讲中的作用，可以有开讲之前引起听众注意的提问，还有激起猜测的提问等。

①开讲之前引起听众注意的提问

开讲之前的提问，其作用是引起听众对下面要讲的内容的重视。

印度尼西亚著名政治家苏加诺在印度尼西亚独立准备调查会上有一段讲话：

兄弟们！什么叫独立？1933 年我写过一本书，书名为《争取印度尼西亚的独立》。在这本书里，我说独立，政治上的独立无非是一座桥，一座金桥。我还说，在这座金桥的对岸，我们能够改善我们的社会。

苏加诺的提问是解释前的提问。苏加诺对问题只做了间接的（去看书）和比喻性（金桥）的回答。这属于无疑而问，目的全在于引起听众的注意。

②引发听众思考的提问

同学们，你们见过青年画家罗中立的油画《我的父亲》吗？如果见过，还记得那位动人的中国老年农民的形象吗？让我们再看看这幅油画，再看一看我们的父亲吧！

这是一篇题为《为了我们的父亲》演讲中的一段话。见过那张油画吗？还记得那个形象吗？听众可能见过可能没见过，可能记得可能不记得，但演讲者没有等听众回答，接着就按没有见过的情况讲下去。那么，为什么先要问呢？其目的：对见过的人来说，是唤起回忆；对没有见过的人来说，是引起注意和想象。这样讲下去，整个的演讲就有了坚实的基础。

③激起猜测的提问

在《热爱内蒙古，把青春献给内蒙古》的演讲赛中，有一位男同学一上场就举着一张纸条，说："在我即将登台演讲时，接到这样一个条子：'你连这儿的姑娘都不爱，还谈什么热爱内蒙古？'"条子读完，场下一片哗然，紧接着便响起了一阵富有刺激和挑战意味的掌声。掌声过后，听众等待他的下文，又是一阵沉默。待这沉默到了令人难以忍受的时候，他突然高声讲道："好吧，现在我来回答这个问题。告诉你吧，我爱的是全自治区的姑娘！难道还有比这更能说明我对内蒙古的热爱吗？"顿时，场下掌声经久不息。

这个突如其来的、自设障碍的提问，就是能激起猜测、引发兴趣的提问，收到了很好的效果。

④激发听众反思的提问

请看苏加诺的一段演讲：

当列宁建立独立的苏俄时，就有了第聂伯河的大水闸了吗？就有了矗立高空的广播电台了吗？就有了普及全国的足够的火车了吗？当列宁建立独立的苏俄时，每个俄国人是否都已经会阅读、会写字了呢？没有。尊敬的先生们！在列宁所搭的金桥的对岸，列宁才建立了广播电台，创办了学校，建立了托儿所，建造了第聂伯河大水闸。

这里，苏加诺的问话是反问，答案是很清楚的，因为事实俱在，不需要回答。这种提问在批驳性的、揭发性的、斥责性的演讲中，是用得很多、很成功的。

这种提问也是引发式的提问，但它多采用反问句，有时还是连续反问，反问句式的特点是答案在问话之中。为什么又要问呢？意图是为了加强语气，激起听众思考，共同判断问题的正误，比不问而讲效果要强得多。

（4）层层推进

层层推进就是用三个或三个以上结构大体相似、字数大致相等的语句，把事理层层推进地表现出来的造势技巧。它可以使语言一环扣一环、一步紧一步，形成一种"层次美"。在演讲中，运用这种造势技巧，可以使听众的认识逐步深化，感情逐步激昂，印象逐步加深。

何伟的演讲《山之精魂》中的一段演讲词：

是啊，这就是我们的彭老总，一个没有儿女的慈祥父亲，一个共和国的将军！他用自己戎马一生、忠诚一生、坎坷一生，铸就了如山的精魂。在井冈山，他是井冈之魂！在宝塔山，他是宝塔之魂！那么，在他的家乡湘潭乌石山峰下，他就是那乌石之魂！——他把自己与大山一起铸就了中华民族的伟大精魂！

在这段演讲词中，演讲者用三个"一生"层层推进，再用"井冈之魂""宝塔之魂""乌石之魂"步步递升，讴歌了彭老总身上体现出的中华民族的伟大精魂，感情充沛，语势强烈，给听众以极大的精神感召力。

（5）提前做铺垫

美国一位女官员在某高校做演讲，她先得介绍自己。按常理，她一上台直说自己姓甚名谁和从事什么职业就可以了。但她并没有这么做，而是把树立起自己的"权威"以吸引听众的问题考虑进去了。她想到了造势技术，于是，这样设计她的开场语：

我的生母是个聋哑人，因此没有办法说话，我至今不知道自己的生父是谁，也不知道他是否还在人间，我这辈子找到的第一份工作，就是到棉花地里去做事。水往低处流，人往高处走，如果情况不如意，我们总可以想办法加以改变。一个人的未来怎么样，不是因为运气，不是因为环境，也不是因为生下来的状况。一个人若想改变眼前充满不幸或无法尽如人意的境况，只要回答这个简单的问题："我希望情况变成什么样？"然后，全身心地投入，采取行动，朝理想目标前进即可。

我的名字是阿济·泰勒·摩尔顿，今天我以美国财政部长的身份，站在这里。

这段开场语，可谓绝了。它让听众惊讶："一个女性，出身低微，现任国家财政部长，简直让人难以置信！此人可不简单！"进而在潜意识里会认为："听这种人的演讲很可能大有收获。"巧妙的蓄势，收到掷地有声的效果。

(6) 语意转折

陈典福的演讲《我们也是伟人》中的一段精彩演讲词：

什么人伟大，上至古帝尧舜，下至文豪鲁迅、孙文，外国的马克思、居里夫人，中国的毛泽东、钱学森，这些没有人说他们不伟大。是的，他们都是人类的精华，历史的骄子，亘古的伟人！但今天，伟大与平凡只有一步之遥，真正的平凡也是一种伟大。

在这里，"但今天……"一句是构筑演讲气势的关键，有了这一语意上的转折，才使前面的压蓄与后面激越坦诚的表白产生了强烈的震撼效果，从而达到了提示演讲主题的目的，引起听众心灵的共鸣。

在演讲中，运用语意转折的方法，可以造成某种内容和情感上的"水位落差"，使演讲形成飞流直下的磅礴气势，产生动人心魄、感人肺腑的艺术魄力。

(7) 表达疑问

反诘的特点是只问不答，用疑问的形式表达确定的思想内容。在演讲中，使用连珠炮似的反诘，能够加强演讲的语势，把原来确定的意思表达得更加鲜明和不容置疑，比正面表态更富有鼓动力量。同时，由于反诘语句带有强烈的感情，它更容易唤起听众的激情和想象。运用"连珠反诘"的造势技巧，可以使演讲者与听众的感情产生强烈的共鸣，把演讲推向高潮。

亨利《在弗吉尼亚州议会上的演讲》中的一段演讲词：

回避现实是毫无用处的。先生们会高喊：和平！和平！！但和平安在？实际上，战争已经开始，从北方刮来的大风都会将武器的铿锵回响送进我们的耳鼓。我们的同胞已身在疆场了，我们为什么还要站在这里袖手旁观呢？先生们希望的是什么？想要达到什么目的？生命就那么可贵？和平就那么甜美？甚至不惜以戴锁链、受奴役的代价来换取吗？

这一连串的反诘句如连珠炮般轰鸣，使演讲显得更加激情飞扬，气势更加雄劲，听众精神为之大振。紧接着演讲者呼吁："不自由，毋宁死！"，戛然而止，结束了演讲，如同战鼓擂动，号角长鸣，使全场沸腾，煽起了听众的激愤之情。

（8）卖关解扣

在演讲中，通过先设置悬念"卖关子"，后揭开谜底"解扣子"的方法，也可以营造一种曲径通幽、引人入胜的演讲气势，使演讲收到更好的效果。

任士奎的演讲《让爱永驻人间》中的一段演讲词：

世界上有这么一种东西：它能使你在浩瀚无垠的戈壁沙漠中看见希望的绿洲；它能使你在千年不化的冰山雪岭中领略温暖的春意；它能使你在雾海苍茫的人生旅途中拨正偏离的航向；它能使你在荒凉凄冷的孤寂心灵里收获快乐的果实……它是无形的，却有着巨大而有形的力量；它是无声地鸣着神奇如春雷一般的回响！也许有人会问：是什么这么伟大？这么神奇？我要说，它就是——爱，是人类对美好生活、对自己同胞的真诚爱心！

在这里，演讲者就较好地运用了"卖关解扣"的造势技巧，为演讲的主题营造出一种生动诱人、充满神奇色彩的氛围，这就有助于引导听众进入演讲的艺术境界。

（9）使用有感情色彩的语言

美国著名演讲家马丁·路德·金在《林肯纪念堂前的演讲》中说出的"五个梦想"就是用的典型的这种语言。这五个梦想是：

我梦想着，有那么一天，我们这个民族将会奋起反抗，并且一直坚持实现它的信条的真谛——"我们认为所有的人生来平等是不言自明的真理"。

我梦想着，有那么一天，甚至现在仍为不平等的灼热和压迫的高温所炙烤着的密西西比，也能变为自由与平等的绿洲。

我梦想着，有那么一天，我的四个孩子，能够生活在一个不是以他们的肤色，而是以他们的品性来判断他们的价值的国度里。

我梦想着，有那么一天，就在邪恶的种族主义者仍然对黑人活动横加干涉的阿拉巴马州，就在其统治者拒不取消种族歧视政策的阿拉巴马州，黑人儿童将能够与白人儿童如兄弟姊妹一般携起手来。

我梦想着，有那么一天，沟壑填满，山岭削平，崎岖地带铲为平川，坎坷地段夷为平地，上帝的灵光大放光彩，芸芸众生共睹光华！

有浓烈的感情色彩的语言打动人的力量不可小估。

五个"梦想"道出了所有被压迫的美国黑人的强烈愿望，喊出了所有正义者内心的呼声，无论在当时，还是对后世都产生了巨大的影响，而"梦想"本身也已成为演讲中的经典名句。

情景 **51** 结束演讲，余音绕梁

演讲结束语最常用的方式，就是用极其精练的语言，总结收拢全篇的主要内容，概括和强化主题思想。这种结尾，扼要地总结演讲内容，能起到提醒、强调的作用，给听众留下完整的总体印象。除非演讲非常简短，否则建议你在结尾中清晰陈述你的主题和主要思想。

(1) 概括式结尾

演讲者在演讲中，为了阐述自己的观点和主张，往往利用一切手段，从正面、反面和侧面等各个方面来进行分析和论证。到了结尾处，就应总结全篇，突出重点，深化主题。这不仅帮助听众回忆了前面所讲的内容，而且也能画龙点睛，给听众留下完整而深刻的印象，使整个演讲显得结构严谨，首尾呼应，通篇浑然一体。

莎士比亚的名著《恺撒大帝》一剧里，伯鲁特司对市民演讲他刺死好友恺撒是为国为民的结尾，就用了总结全篇的方法。

临了，我要告诉诸君一声：因为罗马帝国，我不得不刺杀我的好友恺撒，刺死恺撒的便是我，便是这把短剑。假使他日我的行动和恺撒一般，请诸君就用这把短剑来刺我吧！要是大家的行为，也有和恺撒一样的，那么这把短剑，终是不肯饶过你的。请诸君认清这把短剑，请诸君认清卖国贼，认清爱国的好汉。

伯鲁特司的结尾不过短短十几句话，却完全包括了他整个演讲的意思，而且表现出他的热情。

《世界也有我们的一半》的结尾：

……听听我这个没当成的女者的心声吧：

"我相信，女性是伟大的！

我也相信，男性是伟大的！

我更希望我们都相信，伟大的男性和伟大的女性加起来才是伟大的人民！

他们的自信、自尊、自爱焕发出来的巨大活力才是伟大的文明！"

这个结尾恳切、热情、概括，点化主旨，给听众留下了清晰、完整而又深刻的印象。这类结尾，虽然基本上是在重复已讲过的话，但因强调和突出了中心、重点和主旨，强化了印象，因此，演讲所发出的信息最大限度地进入了听众的心灵。

（2）抒情式结尾

一个充满激情的演讲者，总是试图让听众的情绪激动起伏，结尾时运用一些情感激昂，富有鼓动性、号召性的语言，注重以巨大的情感力量，把听众的情绪推到最高的浪峰上，使他们振奋起来，跃跃欲试，进一步激起听众的情绪、信念，鼓起干劲，促进行动。古今中外的演讲家大都善于运用这种方法收场。

周恩来的《在亚非会议全体会议上的补充发言》："十六万万亚非人民期待着我们的会议的成功。全世界愿意和平的国家和人民期待着我们的会议能为扩大和平区域和建立集体和平有所贡献。让我们亚非国家团结起来，为亚非会议的成功而努力吧。"

这种结尾多是提希望，发号召，表决心，立誓言，祝喜庆，贺成就，以激起听众感情的波涛，给人以心志的激励。

古希腊著名演说家德摩西尼发表的《斥腓力演说》这样结尾：

敌人正在对我们铺罗设网，四面合围，而我们却还呆坐着不求应付。同胞们，我们究竟要到什么时候才能采取行动？当雅典的航船尚未覆灭之时，船上的人无论大小都应该动手救亡。一旦巨浪翻上船舷，那就一切都会同归于尽……即使所有民族同意忍受奴役，就在那个时候我们也要为自己而战斗。演讲的灵魂就是行动！行动！再行动！

这个结尾慷慨陈词，号召人们拔剑奋起，反抗马其顿王腓力二世的入侵。

抒情式结尾常常是演讲者在叙述典型事例和生动事理后，油然而生的激情。以抒情方式结尾，言尽而意未尽，留有余韵，给人启迪。

郭沫若的《科学的春天》的结尾：

春分刚刚过去，清明即将到来。"日出江花红胜火，春来江水绿如蓝"，这是革命的春天，这是人民的春天，这是科学的春天！让我们张开双臂，热烈地拥抱这个春天吧！

这样结尾，热情奔放，以诗一般的抒情语言激励人们向科学进军，拥抱科学的春天，具有很强的鼓动力。

(3) 幽默式结尾

一次，"戴维斯杯"网球赛结束后，云南省体委在昆明滇池湖畔的国家体育训练基地为印度尼西亚队钱行。印度尼西亚队输给了中国队，队员们的情绪都不高。该队领队在致辞时说：

尽管我们尽了最大的努力，但由于气候不适应等原因，我们队伍的技术没有很好地发挥，遗憾地输了球。但这对东道主中国队来说，我们无疑是最好的客人。今天我在这里祝贺贵队取得优良成绩，就是最好的证明。

不过，来日方长。如果我们下次再来做客时，不能成为你们最好的客人，也请尊敬的主人不要见怪。

不卑不亢，礼貌而幽默，领队的答词尤其是那绝妙的结尾堪称珠圆玉润，称为"豹尾"，一点也不过分。

幽默风趣的结束，是整个演讲幽默的升华，也是你全部玩笑机智的总爆发，它能将演讲人徐徐道来的真理印章般打在听众心坎上，使隽永的意蕴久久回荡。

(4) 幽默动作式结尾

演讲的幽默式结尾方法是不胜枚举的。关键是演讲者要具有幽默感，并能在演讲中恰如其分地把握住演讲的气氛和听众的心态，才能使演讲结束语收到"余音绕梁，三日不绝"的效应。

《谁来保卫 2000 年的中国》是这样结尾的：

各位朋友，当我结束自己的演讲，走下这小小的讲台时，如果能听到您热烈的掌声，这无疑是对我莫大的鼓励，无疑将成为我前进路上的动力。但是，如果您走出会场，回到家里，仍然用"好儿不当兵，好铁不打钉"的陈旧观念，去责怪您要参军的儿子，责怪您要找军人做丈夫的女儿，那么，我宁愿不要这掌声，宁愿悄悄地、悄悄地走下这讲台……

（5）诗文名句式结尾

通过引用谚语、成语、格言、警句、诗词等方式结尾，言简意明，多有韵律，使内容显得充实丰满，具有哲理性和启发性。

如果你能引用适当的诗文名句来结尾，既可使演说优美、动听，又可获得所希望的气氛。

英国扶轮社的哈利罗德爵士，在爱丁堡大会上，是这样结束演讲的：

当你们回家之后，有些人会寄一张明信片来给我，就是你们不寄给我，我也要寄给你们每位一张，而且你们会很容易知道是我寄的，因为上面未贴邮票（众笑）。在上面，我要写一些字，是这样写着的：

季节自己来，季节又自己去。

你知道，世间一切都依时而凋谢。

但有一件却永远像露水一般绽放鲜艳，

那就是我对你们的仁慈和热爱。

这段诗正适合他全篇演讲的旨意，因此这段诗就用得非常恰当。

马丁·路德·金在历史性的《我有一个梦想》的演讲中，用一位年老的精神领袖的祈祷来作为收尾：

终于自由了，终于自由了，感谢万能的主，我们终于自由了。

借用名人名言作结束语，能产生"权威效应"和"名人效应"。一般来讲，人们对名人权威有一种崇拜心理，借用他们的话可以给演讲的内容提供有力的证明，还可以把演讲推向一个高潮。

心理学家曾做过这样的测试：在演讲的结束语中引用权威人物的名言警句激励听众，比一般性的结尾对人心理撞击度可提高 21.34%—

37.06%。可见恰当地结合演讲内容及其要求，运用名人的警句、告诫结尾，可以发挥名人效应，使通篇演讲得以升华，而且给听众留下深刻的启迪和印象。

（6）照应开篇式结尾

与开头意愿重合但又在意境上高出开头的结尾形式，称为照应开篇式。这种结尾与开头呼应，使整篇演讲首尾圆合，结构完整。

《井下工有颗金子般的心》的开头是这样的：

你了解井下工吗？井下工，顾名思义，是在矿井下作业的工人。这是当前最危险的工种……他们不仅承受了人们的种种误解，还以自己有力的臂膀擎起了整座矿山！可以自豪地说：在我们招远金矿，有多少井下工，就有多少颗金子般的心！

接着，讲述了三个生动感人的事例，歌颂了矿工无私无畏的奉献精神。最后，是这样结尾的：

朋友们，黄金是宝贵的，比黄金更宝贵的是井下工那颗颗金子般的心！如果我们的整个社会、行行业业的每个人都能在自己的岗位上竭诚尽力，无私奉献，那么四化何愁不成……

最后，用一句既是祝福也是希望的话作为结尾：

愿我们都有一颗金子般的心！

这篇叙事性演讲，题目很"实"很"俏"，开头、结尾，处处照应，首尾圆合，增强了演讲的鼓动力和激奋力。

（7）层层升高式结尾

这种方法是一层高过一层，一句比一句有力量。

议论升华这种演讲类型的结尾，形式比较多样。它们最大的特点是顺着演讲主体内容的逻辑，在更高点上着力，发出最精辟的议论，或号召，或展望，或激励，或抒情，抑或还有提议，带有明显的推进升华感，颇具感召力。

产生于 20 世纪 80 年代中期的一篇题为《我们要做中华的脊梁》的演讲稿，其结尾也颇有典型的升华特征。演讲者将青年对于祖国的责任这一主题内容给予生动地说明后，在结尾中说道：

历史是漫长的，人生是短暂的，我等诸君，生逢良时，年遇妙龄，应该挑起历史的重担。天下兴亡，匹夫有责。中华民族的振兴，祖国的繁荣昌盛，我们有着义不容辞的责任……伸出我们的双手吧，拿出我们的才智吧，献出我们的青春热血吧，我们是中华儿女，我们要做中华的脊梁！

这个结尾有议论、有号召、有激励、有期望，既是自勉，又是共勉，它将演讲升至最高点后，戛然而止，既给自己的演讲画上了一个完满的句号，又在听众中产生了"撞钟"的效果。

【辩论情景口才】

所向披靡的舌枪唇剑

辩时是辩，不辩时也是辩。辩时，舌战群雄，惊心动魄；不辩时，大直若屈，大巧若拙，大辩若讷。此间方显辩才本色。

情景 *52* 辩论准备，成功加码

辩论犹如战争。先期的准备，如分析辩题、查找资料、设计问题等可称为战前准备。兵家有云："知己知彼，百战不殆"；"三军未动，粮草先行"，等古训无一不在此体现。

（1）严密的逻辑思维

论辩必须有严密的逻辑思维。在进行逻辑思维时，人们的思想前后必须保持同一。保持同一，是指在论辩中，论辩者的思想必须具有确定性和首尾一贯性。否则就会上犯偷换概念和偷换论题的当。

偷换概念是一种常用的诡辩技巧，在论辩中我们要心存戒备，以防上当。

有位青年到智者欧底姆斯那里去请教。欧底姆斯向他发出一连串的提问。

"你学习的是已经知道的东西，还是不知道的东西？"

"我学习的当然是我不知道的东西。"

"你认识字母吗？"

"我认识。"

"所有的字母都认识吗？"

"是的。"

"教师教你时，是不是教你认识字母？"

"是的。"

"如果你认识字母，那么教师教你的不就是你已经知道了的东西吗？"

"是的。"

"那么，是不是你并不在学，而只是那些不识字的人在学？"

"不，我也在学。"

"那么，你认识字母，而你又在学字母，就是你学你已经知道的东西了。"

"是的。"

"那么，你最初的回答就不对了。"

这位青年被问得晕头转向，无言以答。无疑，这位智者是玩弄偷换概念的高手，他将"不知道的东西"和"已经知道的东西"这两个概念混淆一起，乘机制造混乱。其实，只要多加思忖，牢牢把握住这两个概念的内涵，反驳他是很容易的。

以上是偷换概念的实例，下面我们再举一个偷换论题的例子。

明代有位姓靳的内阁大学士，他的父亲不太出名，儿子很大才成才。为此，他经常责骂儿子，骂他是不孝之子。后来，这个不孝子实在忍受不了责骂，就和父亲顶了起来："你的父亲不如我的父亲，你的儿子不如我的儿子，我有什么不成才的呢？"

内阁大学士听了，一时哑口无言。

这位不孝子为了掩饰理屈，回避矛盾，故意转移论题，使父亲一时摸不清头脑，这是典型的诡辩。

偷换概念和偷换论题是违反同一律的表现，是诡辩者常用的伎俩，对此要仔细分析，稳住立场，无情反驳。

（2）巧释辩题

赛场论辩，论辩双方是临场抽签的。一旦确定辩题，就要作出有利于己方的解释。立定己方论点，论辩时才可展开攻击，先发制人，攻守得体，游刃有余。

对辩题做出巧妙的诠释，方法有两种。

第一，限制法。所谓限制法是指在形势对己方不利的情况下对辩题巧妙恰当地提出一些限制的技法。使用这种方法往往能够收到起死回生的效果。

在一次大学生辩论会上，双方就"中学生异性交往利大于弊"展开了论辩。显然，这个辩题不利于反方。面对被动，反方在战略上对辩题进行了巧妙的限制，把原来的辩题改变成了"中学生异性交往任其发展必定弊大于利"。这样，就大大加固了己方的论辩基石，拓展了论辩领域。运用限制法，关键在于其限制要恰当巧妙，既要在辩题限制后，使己方从原来的无话可说变得口若悬河，游刃有余，又要限制得天衣无缝，让人感觉没有篡改辩题之嫌。否则，留给对方把柄，必败无疑。

第二，定义法。就是给辩题中某些关键字眼做出有利于自己的定义，从而先发制人，占据主动。我们看下面一则实例。

在1986年亚洲大专辩论会上双方抽到了"外来投资能够确保发展中国家经济高速增长"这一辩题。无疑，从命题上看，正方处于不利地位。对此，正方巧释题眼，别开新意，开场就提出"确保"并不是指"百分之一百地保证"。并通过例证说明，为己方论点开辟了广阔的活动舞台，牢牢把握了辩论场上的主动权，并最终获胜。

定义法是论辩中最常用的一种策略，在辩题对己方明显不利的情况下尤其适用。比如辩题"金钱万能"，正方明显处于被动地位。如果正方把"万能"理解成全称名题，几乎是无理可辩，无话可说。只能对"万能"做出符合于己方的巧妙的定义，并通过一些事例佐证，才能站稳脚跟，出奇制胜。

（3）引用材料

引用材料是引用名人名言、历史典故，科学理论中的公理、定理或其他有关的事实和材料，以说明道理和论证观点，从而达到反驳和说服对方的目的。适当引用可以更好地点明主题，佐证观点。

引用材料的关键，是要能博古通今，这就需要我们平时多掌握一些典故、名言和历史知识，在论辩时随手引用，出口成章。

在1993年首届国际华语大专辩论会上，反方复旦大学队与正方剑桥大学队就辩题"温饱是谈道德的必要条件"唇枪舌剑，势均力敌。后来，反方多处引经据典，佐证观点，增加可信度，显示了势不可挡的雄辩威力。

辩论一开始，正方气势不凡，一口气向反方提出了10个问题，反方一辩姜丰在攻势面前，不为所乱，娓娓道来：

"我方认为，温饱不是谈道德的必要条件。有理性的人类存在，才是谈道德的必要条件。只要有理性的人类存在，在任何情况下都能谈道德。走向温饱的过程中，尤其应该谈道德。

第一，温饱绝不是谈道德的先决条件。古往今来，没有解决衣食之困的社会比比皆是，都不谈道德了吗？今天，在衣不蔽体、食不果腹的埃塞俄比亚就不要谈道德了吗？在国困民乏、战火连绵的索马里就不要谈道德了吗？古语说：'人无好恶之心，非人也。'人有理性，能够谈道德，这正是人和动物的区别所在。无论是饥寒交迫还是丰衣足食，无论是金玉满堂还是家徒四壁，人都能够而且应该谈道德。

第二，道德是调节人们行为的规范，由社会舆论和良知加以支持。众所周知，谈道德实际包括个人修养、社会弘扬和政府倡导三层含义。我们从个人看，有衣食之困但仍然坚持其品德修养的例子，实在是不胜枚举。孔夫子的学生颜回，他只有一箪食，一瓢饮，不仍然'言忠信、行笃敬'吗？杜甫的茅屋为秋风所破的时候，他不还是想着'安得广厦千万间，大庇天下寒士俱欢颜'吗？说到政府，新加坡也曾经筚路蓝缕。李光耀先生就告诫国人：我们一无所有，除了我们自己。他强调道德是使竞争力胜人一等的重要因素。试想，如果没有政府倡导美德，新加坡哪有今天的繁荣昌盛、国富民强呢？

第三，所谓必要条件，从逻辑上看，也就是'有之不必然，无之必不然'的意思，因此，对于今天的辩题，我方只需论证没有温饱也能谈道德。而对方要论证的是，没有温饱，就绝对不能谈道德。而这一点，对方一辩恰恰没有自圆其说。

雨果说过善良的道德是社会的基础。道德是石，敲出希望的火；道德是火，点燃生命的灯；道德是灯，照亮人类之路；道德是路，引我们走向灿烂的明天。"

这段辩词既有明引，又有暗引；既引名言，又引故事；既引观点，又引典故，根据主旨，随口道来，既展示出辩者的口才，又增添了雄辩的威力。

（4）捕捉住对方的破绽

论辩场上，唇枪舌剑，你来我往，难免会犯一些错误，存在一些纰漏，产生一些破绽，机智者常常可及时捕捉住对方的破绽，给以有力的回击，这是展示言辩者知识水平、理论功底、逻辑能力与语言技巧的最佳时机。例如：

1993 年 8 月的新加坡国际大专辩论赛中，复旦大学与悉尼大学对垒，辩题是"艾滋病是医学问题，不是社会问题"。悉尼大学队是正方，复旦大学队是反方。开始，双方你来我往，势均力敌，难分胜负。这时，复旦大学队的二辩问了对方一个问题："请问对方，今年世界艾滋病日的口号是什么？"对方四位辩手面面相觑，瞎猜一气，错误应答。复旦大学队立即纠正，并巧妙引开："错了，今年艾滋病的口号是'行动起来，时不我待'，对方辩友连这都不知道，难怪谈起艾滋病来这么不紧不慢的啊！"这一招，在对方的阵地上打开了一个缺口，从而瓦解了对方的阵线。

在辩论中，一方面要守住阵地，稳扎稳打，不能贪图一时之利口不择言，言语出错，给对方以可乘之机；另一方面又要洗耳恭听，捕捉对方的言语、逻辑错误，一有机会，立即盯住，穷追猛打。

在北大首届辩论赛中，国政系与历史系就"仓廪实而知礼节"展开辩论。正方历史系在论证物质与文化的关系时提出："在德国这样经济发达的国家，产生了巴赫、贝多芬、门德尔松等伟大的音乐家……"

反方国政系立即抓住正方论据中出现的"贝多芬"发出反击："正方错了，贝多芬恰恰是在贫困交迫的情况下才写出《命运交响曲》这样辉煌的作品的！"

正方错上加错："那他也必须在吃饱饭的情况下才能进行创作呀！"

反方步步紧迫："那么请问贝多芬是在哪一顿吃饱了之后才写出《命运交响曲》的？"

上例中，反方抓住正方口误，及时予以回击，赢得了观众的掌声，直逼对手落荒而走。

（5）有意违反常识、常规、常理

有意违反常识、常规、常理，利用语音、词汇、语法，临时赋予一个词语或句子原来不曾有的新义而做出奇特新颖甚至是怪诞的解释，这种方法可以嘲讽对手，顺势发挥，增强表达效果。

一天，沙皇下令召见乌克兰革命诗人谢甫琴科。召见时，宫殿上的文武百官都向沙皇鞠躬屈腰，只有谢甫琴科一个人凛然站立一旁，冷眼打量着沙皇。

沙皇大怒，问道："你是什么人？"

诗人回答："谢甫琴科。"

"我是皇帝，你怎么不鞠躬？举国上下，谁敢见我不低头。"

谢甫琴科沉着说："不是我要见你，而是你要见我。如果我也像周围人一样立在你面前深弯腰，请问，你怎么能看得见我？"

这里，诗人抛开"召见"的一般含义——"应邀前来"，而是赋予它一个特殊的意思——"看见"，表现了他不畏强权、大义凛然的气概。

别解语义可以分为别解词义与别解句义。在论辩中具有很大的作用。

首先，可以化守为攻，变被动为主动。

有一次，一位美国记者问周恩来总理："你们走的路为什么叫马路？"周总理诙谐地说："因为我们走的是马列主义的道路，简称叫马路。"这个记者又问："我们美国人总爱仰着头走路，你们中国人为什么总是低着头走路？"周总理略加思索，回答说："走下坡路的人总是仰着头走路，走上坡路的人自然是低着头了。"

这个记者的问话，看似简单，实则别有用心，周总理巧妙回敬，既讥讽了对方，又维护了尊严。

情景 **53** 辩论场上，无懈可击

辩论是智慧和语言的双向体操，是对人的语言、智慧反应的一种检验。脑筋指导智慧，语言熟能生巧。一个辩论高手除了要有深厚的知识积累，同时也要掌握思辨的智慧和辩论的技巧。由于受时间限制，辩手在赛场上无法细心咀嚼考虑再三才出口，故必须机智应变。

（1）巧设条件

巧设条件就是通过设定某种条件，然后对事物情况做出断定，以取得论辩胜利。

传说，有这样一个故事。

有一天，国王指着一条河问阿凡提："阿凡提，这条河的水有多少桶？"

阿凡提答："如果桶有河那么大，那就只有一桶水；如果这个桶有河的一半大，就有两桶水……"

阿凡提的回答十分巧妙。面对刁问，他先设了一个条件，后说结果，条件不同，结果当然不一样。

设定条件是一种独辟蹊径的方法，主要是针对对方的一些模糊、荒

诞、刁诈，甚至是愚蠢的问题而施展的。例如：

在一次联欢晚会上，主持人问一位参与者："二加三在什么情况下不等于五？"参与者略加思忖，回答说："如果一加二不等于三，那么二加三不等于五。"主持人肯定了这个巧妙的答案，全场爆发出热烈的掌声。

巧设条件是一种强有力的雄辩绝招，要灵活自如地运用它，就必须善于把握事物之间的必然条件联系，并且根据这种条件联系巧妙地设定条件。

（2）因果论证

在论辩中，因果论证能显示事物之间的本质关系，使人知其然，也知其所以然，可以加强论点的说服力，使论点固若金汤。

下面这段辩论很典型。

一位生物学教授通过试验发现蝙蝠具有"以耳代目"的"活雷达"特性，另一位学者持有不同意见，两人展开了一场辩论。

教授："蝙蝠能在阴暗的岩洞里准确无误地飞行，这是为什么？"

学者："因为它的眼睛特别敏锐，能在微弱的光线下看清周围的障碍物。"

教授："为什么蝙蝠能在黑夜穿过茂密森林？"

学者："也许他有异常的夜视能力。"

教授："当我们把它的双眼遮住，或让它失明，它仍能正常的飞行，这又是为什么？我们若去掉它双眼的蒙罩，将它的双耳遮住，它飞行时就会到处碰壁，这又该如何解释？"

学者无言以对，只好认输。

这里教授应用了因果论证来探求原因，得出了不可辩驳的结论。

在表情达意时，原因和结果是不可分的，通常原因和结果之间有必然的联系。但在论辩时，有时又一反正常的因果关系，故意将风马牛不相及的两回事作为因果关系连在一起；或回答难题怪问，或借机劝诫，这种方法叫因果谬连法，也是一种独特的因果论证方法。

南唐时候，官方在交通要道和市场上征收名目繁多的税赋，而且税额很大，商人都为苛捐杂税吃够了苦头，同时也严重地影响了货物的市场流通。

有一年适逢大旱，南唐后主李煜在国都金陵北苑宴请群臣。席上李煜对群臣说："京城之外都下雨了，这雨单单到不了都城，为什么呢？"

当时有位叫申渐高的大臣在座，回答说："雨不到都城来，是害怕抽税。"

后主李煜听后大笑起来，不久就宣布免除了不合理的赋税。

面对后主提出的一个平常问题，申渐高把"害怕抽税"作为"因"，把"雨不入城"作为"果"，使根本无联系的事连在一起。乍一听荒唐不经，实则饶有意味，使后主在轻松、幽默的气氛中接受了劝谏。

（3）利用顺口溜

顺口溜因顺口、押韵显得饶有谐趣。它们寓意深刻、韵味隽永、结构固定、朗朗上口，用它们来形容、描绘事物会收到形象生动、诙谐幽默的效果。

在论辩中，顺口溜被广泛运用，我们看两段辩词。

①在当今这个物欲横流的时代，有些人认为前途前途，有钱就图；理想理想，有利就想。他们坚守着"世上只有钞票好，没有钞票不得了"的信念，一心钻在钱眼里，为了钱六亲不认，为了钱我行我素，为了钱昧着良心，为了钱以身试法，请问这样的人即使有一万个经济头脑又怎能扛起建设祖国大厦的重任呢？

②时下流行这样一首顺口溜不知对方辩友听到过没有："春眠不觉晓，麻将声声了；夜来风雨声，输赢知多少。"这些人整天沉湎于麻将之中，美其名曰苦修长城，他们不事工作，不思进取，钻研赌博，请问如此的不予节制的娱乐于身心又有何益？

这两段辩词中均运用了顺口溜，借以评述时弊，表述新款奇绝，淋漓尽致。

（4）仿照反驳

仿照反驳是指论辩者根据对方的论点，通过想象、联想、对比思维，仿造出与论敌观点或相近或相反的论点，又向论敌投掷过去，使论敌猝不及防的一种论辩方法。

仿照反驳的方法有两种：顺仿法和逆仿法。

所谓顺仿法，是完全顺着对方的思路产生联想，仿照出与对方相同的观点公之于众，使对方的错误更加明显扩张。比如：

诡辩家欧布里德向邻居借了一笔钱，过了很长时间仍不肯归还，邻人只好前去讨账。欧布里德洋洋自得地说："不错，我是向您借过一笔钱，但是您要知道，一切皆流，一切皆变，借钱的我乃是过去的我，而过去的我不是现在的我，你应当去找过去的我要钱呀。"邻人一听，火冒三丈，抄起棍子把他狠狠地打了一顿。欧布里德恼羞成怒，拉着邻人要去告官。邻人笑道："不错，我是打了你。不过，正如你刚才所说，一切皆流，一切皆变，打你的我乃是彼时的我，而彼时的我不是此时的我，你应当去找彼时的我告官呀！"

对于欧布里德的诡辩，聪明的邻居顺着其言行仿拟出一个相似方式的言行结果，暴露其错误，从而惩治了谬误。

逆仿法，是从反面仿照对方的观点，使两种观点形成对比，使对方的错误得以暴露。例如：

抗战时期，沈钧儒等"七君子"积极宣传救国主张，国民党政府逮捕了他们，并开庭审讯他们。在法庭上检察官诬蔑"七君子"宣传了"与三民主义不相容之主义"，沈钧儒反驳道："如果我们宣传抗日救国就是宣传了与三民主义不相容之主义，那么与三民主义相容之主义是卖国投降吗？"

这里，沈钧儒根据检察官的提问逆仿出一种与其相反的观点，一正一反，相互矛盾，对照鲜明，从而驳倒对方。

运用仿照的目的，主要在于"破"，而不在于"立"，因此，运用此法时，可以不去考虑所使用的表述结构是否正确，是否有效，只要与论敌的表述结构相同，便可以收到反击对方的效果。这是仿照反驳成功的关键所在。

（5）运用两难推理

两难法，是指通过事物是非两面，令对手无论承认哪一种都必然失败的论辩方法。运用两难法，常常令对手进退不得。两难法在日常论辩实践中使用的频率很高，但很多人在运用此法时没有达到自觉的程度，故而不严密、不规范，易遭反驳。正确地运用这种方法要尽可能多地把握介入论辩中的各种信息以及对方较为全面的思想观点，凭借高强快速的综合能力，抓住要害布置好严密的埋伏圈。

从前有个皇帝向全国宣布说："如果有人能说出一件十分荒唐的事，使我说出这是谎话，那我就把我的一半江山分给他。"人们闻讯，纷纷来到王宫，说了各种弥天大谎，结果都被皇帝一一驳回。这天，一个农民挟着一个斗，来到皇帝眼前，说："万岁欠我一斗金子，我是来拿金子的。"皇帝很恼怒，说："一斗金子？我什么时候欠的？撒谎！"农民不慌不忙地说："既然是谎话，那就给我一半江山吧！"皇帝急忙改口说："不！不！这不是谎话。"农民笑着说："那就给我一斗金子吧！"

这个农民巧用两难，各路设卡，皇帝说是谎话或不是谎话都感到为难，终于使得皇帝进退两难。

两难制敌术是一种神奇的雄辩绝招，有些诡辩者往往用错误的两难来发难，对此要巧妙破解。

古希腊著名律师普洛塔哥拉斯有个学生叫爱瓦梯尔，师生商定学费分两期交付，第二期学费规定在爱瓦梯尔出庭第一次胜诉之后交付。爱瓦梯尔毕业后改行没当律师，也就没有机会出庭，所以普洛塔哥拉斯第二期学费始终收不回来。普洛塔哥拉斯只好向法院起诉，要求爱瓦梯尔付款。对此爱瓦梯尔很生气地说："如果我胜诉，按法庭判决不应付款；如果我败诉，那么依我们商定条件不应付款，所以我或胜诉或败诉，总之，我都不应当付款。"

对此，普洛塔哥拉斯用相反的两难回答把对方的两难式破除了。他说："如果你胜诉，就应当按照商定条件付款；如果你败诉，则必须按法院判决付款。你或胜诉或败诉，总之都应当付款。"

两难法实际上是以两个条件命题和一个析取命题为前提进行推演的论辩方法。

(6) 类比推论

古希腊哲学家苏格拉底的妻子是个有名的悍妇，动辄对丈夫大骂不已。有一次妻子大发雷霆，当头泼了苏格拉底一盆脏水。苏格拉底无可奈何，诙谐地说："雷鸣之后免不了一场大雨。"别人嘲笑他说："你不是最有智慧的哲学家么？怎么连老婆都挑不好？"他回答："善于驯马的人宁肯挑选悍马、烈马作为自己的训练对象。若能控制悍马、烈马，其他的马也就不在话下了。你们想，如果我能忍受她，还有什么人不能忍受的呢？"

面对嘲笑者的刁钻，苏格拉底机敏地应用类比手法，十分精彩地为自己作了辩白，展示了自己的语言技巧与智慧。

在客观世界中，任何事物都有着与其他事物不同的独特的个性特征，也有着与其他事物相同或相似的属性。类比推论就是在考察两类事物某些相同或相似属性的基础上，推断出它的另外的属性也相同或相似的论辩方法。这种方法灵活机动、变幻无穷。

在一次国际笔会上，西方人士问我国作家陆文夫："陆先生，你们东方人对性文学怎么看？"陆文夫没有直接回答，清了清嗓子说："西方朋友接受客人礼盒时，往往当着客人的面就打开看，而我们东方人则相反，一般要等到客人离开后才打开盒子。"对东西方性文学态度的不同，作家巧用类比，含蓄幽默。

在使用类比法时要注意，类比推论的结果并不是必然的，而是或然的。这就难免导致一些虚假的结论。有些论辩者往往利用这种现象进行机械类比式诡辩。我们看下面一段对话。

售货员："买点笋吧！"

女顾客："不要，笋没有营养。"

售货员："谁说笋没有营养？动物园里的熊猫吃竹子还长那么胖哩！"

人的营养和动物的营养是不能简单类比的，显然售货员的话语中充满了诡辩。

在论辩中，类比是针对对方存在的问题，采取与之相似或相对的事物向对方发难的方法。可以说，类比是"鉴别剂"，世间万物都有对比物，这样才能显示出各自的特性，长短相形，高下相倾，正义与邪恶，英勇与怯懦，泾渭分明；同时，类比又是"催化剂"，通过类比，找出差距，寻找改进的方法与道路。

情景 **54** 辩论中途，唇枪舌剑

辩论中的技巧和内涵应该是并重的，缺乏内涵支撑的辩论，技巧会显得空洞无物，让人觉得花哨，而不能让人信服；只有思想内涵，却不懂得应用技巧，则显得过分僵硬，有时会让观众难以接受，而且缺乏技巧，道理不可能面面俱到，会让对手有可乘之机，较容易处于被动的局面。

（1）在论辩中层层递进

层层递进是指论辩要有层次性。不论论或辩、攻或防，都要像剥竹笋一样，一层又一层，由浅入深，由表及里，层层递进，步步深入。

孟子在批评齐宣王不会治国时，有这么一段对话。

孟子问："假如你有一个臣子把妻子、儿女托付给朋友照顾，自己到楚国去了。等他回来时，他的妻子、儿女却在挨饿、受冻，对这样的朋友该怎么办呢？"

王答："和他绝交！"

孟子问："假若管刑罚的长官不能管理他的部下，那该怎么办？"

王答："撤掉他！"

孟子又问："假如一个国家里政治搞得不好，那又该怎么办呢？"

王这时只好"顾左右而言他"了。

对国王进谏，直来直去效果不会太好，孟子由小至大、由远至近、由轻至重，逐渐触及论题本质，结果使得齐王无言以对，只好岔开话题。

层层递进必须准确掌握对方心理，主动出击，从对方比较容易接受的观点着手，因势利导，层层深入展开论辩。

在使用层层递进法时，要注意"层层"，即一定要循序渐进，不要省去中间环节，不要跳跃式递进。其次，还要注意"递进"，所谈之事，虽可谓漫无边际，但要由小到大，由浅入深，始终向实质性问题这个方向靠近，不可偏离。

战国时期，齐威王有个怪癖——长夜喝酒放歌。每当夜幕降临，星月争辉的时候，他都喝得酩酊大醉。这样混混沌沌地过日子，朝政一片昏乱。淳于髡总想找个机会，劝说国王彻底转过弯来。

这天，齐威王大摆宴席，席间邀淳于髡陪酒。淳于髡认为机会来了。

席间，齐威王端起酒杯问他："先生能喝多少酒才醉？"

淳于髡说："臣喝一斗也醉，喝一石也醉。"

齐威王不解地问："喝一斗就醉的酒量，怎能喝上一石？"

淳于髡说:"您在前面赐我佳肴美酒,却命法官紧紧盯住我。我哆哆嗦嗦地在那里趴着喝酒,顶多喝一斗就成烂泥了。可是如果碰上尊敬的客人,我挽起袖子,笑吟吟地给客人敬酒,我能喝上它二斗;如果老友重逢,话题如丝,我能喝五六斗;如果乡里乡亲地聚集在一席,男女倾谈,喝酒行令,我即使喝上八斗,可能也不过醉个二三分,如果喝到傍晚,酒快喝光了,大家又把剩余的酒聚到一起,助兴让我喝,我那时就会喝得酩酊大醉,也就会失礼了——搞得杯盘狼藉,语言混乱,甚至男女互相踩着对方的脚,这就叫做酒极生乱,乐极生悲啊……而世间的万事万物,也都是一样的道理啊!"

淳于髡从小到大,由物及人,层层比喻,步步进逼,最终破题,使齐威王很受教益。

使用层层递进法应根据论辩的需要而定。若开门见山难以奏效,可考虑采用此法,若单刀直入可以取胜,就不必使用此术,免得绕来绕去,使人半天不得要领。

(2) 运用小中见大技巧取胜

小中见大,是指论辩者善于从高层次上,以其敏感性和细致入微的观察力,从要说的事理中抓住某一个最能反映事物本质的点,触类旁通,引申扩张,从而达到论证自己观点正确,反驳对方论点荒谬之目的的一种论辩方法。

运用小中见大法,关键是要注意选的"小"须有代表性、典型性,要小而实,短而精,细而宏,博而深,片言以居要,一目能传神。只有选中有代表性的"小",才能"见一叶落而知岁将暮"。

春秋时期,管仲辅佐齐桓公完成霸业。管仲病危时,齐桓公前往看望。齐桓公说:"你的病看来已经很严重了,你有什么话要嘱咐我吗?"

管仲说:"我希望你能疏远易牙、竖刁、公子开方、堂巫四人,他们将来对您对国家都很不利。"

桓公说:"易牙是我的厨师。有一次我信口说,什么山珍海味你都给我尝过了，就是还没有吃过蒸婴儿的味道，结果易牙就把他刚出生不久的第一个儿子蒸给我吃了。他对我这么好，我怎么还要疏远他呢？"

管仲反驳说："从人的感情来说，没有哪个人不爱自己的亲生骨肉，而易牙连自己的亲生骨肉都不爱，蒸给别人吃，他对你有什么用呢？"

桓公又说："竖刁身为贵族，知道我喜爱宫中生活，他就自己阉割自己来侍奉我。他如此爱我，我怎么还要疏远他呢？"

管仲反驳道："人没有哪个不爱惜自己身体的，他竟然自己毁坏自己的身体，他对自己的身体都不爱，他怎能真的对你好呢？"

桓公又说："公子开方是卫国人。卫国并不远，可他侍奉我有15年没回去看望自己的双亲，他还不好吗？"

管仲反驳说："公子开方连自己的父母都不爱，怎能真正对你好呢？他们都是包藏着不可告人的狼子野心啊！"

桓公终于有所悔悟，答曰："善！"

管仲以其忠臣贤相的敏锐洞察力，通过对易牙、竖刁、公子开方等人的几个生活片断的精辟分析，剥开了他们的伪装，识破了他们的真面目，具有一定的说服力量。

（3）激将法

论辩中的激将法，是指通过一定的言语刺激对方，引起对方的情绪波动、心态变化，并且这种波动和变化都是朝着自己所期望的目标发展的一种心理战术。

激将法在实际运用中，有多种多样的形式，下面介绍三种：第一，自尊激将法：直接贬抑对方，故意刺伤对方的自尊心，使对方产生一种被人歧视、侮辱的心理，使之以勃然奋起，做出有利于己方的行为。

《三国演义》第四十四回写道：诸葛亮奉命首次下江东，劝说孙权联合刘备抗曹。诸葛亮深知孙权是一位"内事不决问张昭，外事不决问周瑜"的人。是战是和，周瑜是个关键人物。

面对这样一位年轻气盛，血气方刚，心欲战而言欲和的周瑜，诸葛亮闭口不谈时局，却背诵了曹操写的《铜雀台赋》。

当周瑜听到曹赋中的"揽'二乔'于东南兮，乐朝夕与之共"时，不禁勃然大怒，离座指北而骂："与老贼势不两立！"至此，终于表示了抗击曹魏的决心。

为什么周瑜会勃然大怒，终下抗曹的决心呢？原来曹操诗中所提到的"二乔"，周瑜认为其中大乔是孙权亡兄孙策之妻，小乔则是周瑜之妻。被人夺妻，对于一个堂堂的东吴主帅来说，最大的耻辱莫过于此，自尊心受到了极大的伤害，岂有不发怒之情，哪有不决心抗曹之理。

第二，赞美激将法：通过恰如其分的颂扬、赞赏或给予充分信任的方式，对特定的对象做出肯定性的评估，以此打动对方，使事情向利于自己的方向发展，以达到催人向上、激人奋发的论辩目的。

第二次世界大战期间，有一次，盟军总司令德怀特·艾森豪威尔对挤满了房间的新闻记者说："先生们，我知道你们都在猜测，我们下一次的攻击目标在哪里。好吧，我就把这项军事秘密向你们公开吧，我们将于七月初进攻意大利，巴顿将军进攻南部海滩，蒙哥马利将军进攻东部海滩。"

记者意想不到这个绝密的消息会对他们公开，都感到十分突然，面面相觑，其中一名记者问道："将军，如果我们当中有人把这个绝密消息泄漏出去的话，会不会造成严重后果？"艾森豪威尔点了点头，不慌不忙地说："当然了，那就要看你们的了。只要你们在报道中稍微露出一点口风，德国情报机关是非常敏感的。但是，我们不打算审查你们的稿件，完全凭你们每个人的责任感来对待吧。"

"哇"的一声，一位记者蓦地大声地惊叹说："好厉害的手段哪！"

结果这次军事行动没有走漏风声。

军事情报实属绝密，艾森豪威尔能在记者面前公布机密并不打算审查记者们的稿件，表现出了超凡的信任，从而激发了记者们高度的荣誉感与责任心，使这次军事行动没有走漏风声。

第三，设愚激将法：当正面攻击或软硬兼施不能奏效时，巧妙地表现自己的无知，以刺激对方的自尊，使对方的言行朝着自己预期的目标发展。

英国陆军反间谍部队的高级军官伯尼·费德曼不幸被德军抓获。德军为了从他身上获取情报软硬兼施，威逼利诱，毫无结果。于是他们想出了一个办法。

德军把费德曼送到德国的一所初级间谍学校去，让一个错误百出的人当教官，这位高级军官当学生，坐在下面听讲，在一窍不通的"老师"面前，费德曼开始是忍俊不禁，尔后是忍无可忍，他一再站出来纠正"老师"的错误。结果让德军巧妙地掌握了美英的谍报情况。

德军对伯尼·费德曼的正面防御无计可施，狡诈地开展心理攻势，刺激其自尊，结果，将军解除了自身戒备，开始"自炫"，泄漏了谍报机密。

激将法是一种很有力的论辩技法，在使用时要看清对象、环境及条件，不能滥用。同时，运用时要掌握分寸，不能过急，也不能过缓。过急，欲速则不达，效果适得其反；过缓，对方无动于衷，无法激起对方的自尊心，也就达不到目的。

（4）针锋相对法

针锋相对法，顾名思义，是指针对论辩对方的辩略辩术，组织强有力的直接反攻，使之无从闪避，无所遁形。作为一种论辩方法，其使用的关键是要抓住对方的要害，摸清对方立论的根据加以驳斥，这样才能"针尖对麦芒"，"对"得起来，辩得有理。

某城汽车站候车室内，有个男青年把痰吐在洁白的墙壁上，车站管理员对他说：

"青年同志，'不准随地吐痰'的标语你看到了吗？"

"看到了，我是吐在墙上，不是吐在地上。"

"如果依你这种说法，那么我有痰就可以吐到你的衣服上，因为衣服上也不是地上。"

男青年哑口无言。

这位男青年的回答很荒谬，对此，管理人员用同样荒谬的推理加以攻击，攻击性大，震撼力强。

（5）论辩时巧变语境

论辩时，有些内容不适合在一定的时间和环境里表达，这时，必须改变语境，营造出一个新的言语氛围，方可收到绝妙的表达效果。

生活当中，语言的表达含义一般是比较明朗的，倘若对方不"配合"，巧变语境，那结果就很难说了。我们看下例：

两个人到餐馆吃饭。侍者端来一碟鱼，里面有两条，一大一小。其中一个人先下手为强，吃了那条大的。另一个人骂他没修养，不会礼让，并说："如果是我先吃，我会先吃小的。"那人答道："你有什么可埋怨的，小的正在呀！"

这位吃大鱼者可以说是诡辩，但我们不能否认他的表达是机敏的。

情景 **55** 击败对手，全凭技巧

辩论是语言的角逐，是智慧的较量。机敏善辩者之所以能在风起云涌的辩论场上纵横捭阖，除了拥有缜密的思维，良好的语言素养，丰富的文化底蕴，很重要的一点，还得掌握必备的辩论技巧。

（1）临场引发话题

论辩时，及时巧妙地抓住现场的一些人或事用作论据反击，因时而辩，因事而辩，因人而辩，因地而辩，触物说理，可令人折服。就地取证是日常交际中一种说理的好方法。

就地取证由于所引证的事物往往都是论辩者在现场或当地的所见所闻，是大家有目共睹的，且生动具体，直观真实，因而这是一种一点就明、一说就透的雄辩方法。这种方法在赛场论辩中使用频率很高。

在一次"大学生可不可以下海经商"的论辩比赛中，正方的一辩是这样开始他的发言的："朋友们，在我们这个'有钱非万能，无钱万不能'的时代里，钱这个身外之物一定令在座的各位男女同学苦苦追求过。也许哪位女同学为缺少一元钱而买不到自己喜爱的'发嘉丽'伤透了脑筋；也许哪位男同学因缺少五角钱而不能吃上一份红烧肉只能吃盘白菜而伤痛了脑筋；也许哪位同学因为缺钱而买不起牙膏刷牙以致口臭，买不起邮票寄信以致难向远方亲人倾吐亲情……也许，无数的也许。看来只有钱才能有风采，才能有魅力，才能让人生存。钱可以给我们带来巨大的物质、精神享受。而下海经商首先做到的是可以开拓生财之道。这样来说，何乐而不为呢？这是其一。其二……"

这位论辩者抓住现场观众感兴趣、联系紧的日常琐事临场切入，就地取证，讲出了大家的心里话，深得观众认同。

在论辩中要用好就地取证的方法，就必须熟悉现场的情况，并且善于洞察事态的发展，抓住机遇，随机应变，适时出击。

下面，我们看"长虹杯"全国电视辩论赛关于"提倡购买国货利于经济发展"的论辩中的一段辩词。

正方：想问对方朋友这样一个问题，世界上哪一种名牌，它不需要对自己进行宣传，不需要消费者对它的支持呢？（掌声）

反方：哦，对方同学的意思，宣传了就是提倡，那么不久前我们北京

电视台还作了几个外国商品的广告，那么请问，北京电视台就是在提倡购买洋货了？（掌声）

正方：对方恰恰搞错了，那是外国人利用我们的电视台在宣传他们的产品。正是在这种情况下，我们要提倡国货呀！（掌声）

反方：原来北京电视台成了外国殖民者的宣传工具啦！我请问对方辩友，今天，在我们上场之前，用的化妆品是进口货，难道，你们为了提倡国货要我们现在去洗把脸再来辩论吗？（掌声）

这里，反方两次就地取证，生动具体，直观可感，一点就明，一说就透，其机敏的程度和高超的应变能力不时赢得观众的阵阵掌声。

运用这一雄辩技巧的关键在于及时地把握契机。这就要求论辩者要由始至终地保持昂扬的斗志，精神集中，思维敏捷，随机应变，机遇一露端倪，立刻摄入大脑之中。否则，机遇稍纵即逝，把握不住，悔之晚矣。

（2）论辩时正面进攻

正面进攻是指运用真实判断直接确定对方论证的虚假，或以论据的真实性直接推出论题的真实性。正面进攻以事实说话，直截了当，一针见血，可以收到立竿见影的作用。

1860年6月，在牛津大学的讲坛上，自称为达尔文的"斗犬"的赫胥黎为了捍卫进化论，与大主教威尔伯福斯展开了针锋相对的舌战。

威尔伯福斯首先用一副流氓的腔调发难："究竟是通过你的祖父，还是通过你的祖母，你才从猿猴变过来的呢？"

赫胥黎面对这种侮辱性的挑衅，从容镇定，奋起反击："人类没有理由因为他的祖先是猴子而感到羞耻，与真理背道而驰才是真正的羞耻。只有那些游手好闲，不学无术而又一心要靠祖先名位的人，才会为祖先野蛮而感到羞耻。"

威尔伯福斯大主教目瞪口呆，无言以辩。

在上例中，面对论敌挑衅，侮辱性的发难，赫胥黎居高临下，理直气壮，抓住要害，揭露实质，使之目瞪口呆，无以言辩。

正面进攻，焦点在于不拐弯抹角，不借用语言艺术，往往以痛快淋漓的情感、干净利落的语言解决矛盾，驳倒对方。

（3）引用对方表达的言语句式

为了反击对方的无礼和傲慢，可引用对方表达的言语句式，然后按相同的格式反击过去，所需要的只是把意思反过来。

某年某地闹灾情，当地人选派一老者到县衙门报告灾情请求减免当年的税收。到了县衙，县官问老者："小麦收了几成？"

"五成。"

"棉花呢？"

"三成。"

"玉米呢？"

"大约两成吧。"

县官听了勃然大怒，厉声说道："有了十成收获还来报灾，岂不是想蒙骗本官？"

老者一听，心中暗骂："真是个混账糊涂官！"但嘴上却赶紧回答说："哪敢，小民活了180岁，也没见过这么严重的灾年啊。"

"胡说！你怎么会有180岁？"县官不知是计，问道。

长者说："县老太爷，你怎么就不明白，我大儿子50岁，二儿子30岁，三儿子20岁，我今年80岁，加在一起一共不是180岁吗？"

县官听罢笑得前仰后合，嘴中说道："哪有你如此算法，你是不是老糊涂了？"

老者说："可你刚才是这样算收成的啊！"县官闻此最后一句，突然止笑，终于明白原来是自己先错了。

反唇相讥需要有深厚的阅历、快捷的思维、灵活的表达，运用得当可推对方于窘境。

俄国学者罗蒙诺索夫生活俭朴。有一次，一位衣冠楚楚的德国公子想嘲弄一下他的穷酸，指着他的后肘衣袖上的破洞对他说："从这衣服的破洞里，我看到了你的博学。"罗蒙诺索夫立刻反击道："我也正是从这个破洞里看到了某些人的愚蠢！"

这里，罗蒙诺索夫的回答足以使那位公子尴尬不已，无地自容。

反唇相讥，是受到恶意攻击或挑衅而反过来讥讽对方。在日常生活和交往中，难免碰到一些心怀恶意的人，或出言不逊，或挖苦挑衅。如果一味地迁就忍让，反而会助长对方的气焰，使他们自以为是而变本加厉。所以，在必要的时候，为捍卫人格的尊严，以牙还牙，反唇相讥，给对方以有力的回击，使对方陷入被动尴尬的局面。

使用这种方法时，需要注意的是，对对方言论或思路的反驳，一定要直接，旗帜鲜明；其次，无论什么场合要有理、有力、有节，否则会变成毫无意义的争吵，失去了辩说的价值。

（4）顺水推舟，巧妙制敌

我们先看一则实例。

某人牙痛，前去医院拔牙。医生技术娴熟，很快就把牙拔掉了。病人虽然觉得医生手术不错，但又觉得这一会儿工夫，就被他赚了30元有点耿耿于怀，他一边付钱，一边揶揄地对医生说："你们牙医真会赚钱，只用10秒钟就赚了30元。"

医生没有直接反驳对方的意见，只是说："你要是愿意的话，另一只牙，我可以慢慢地给你拔。"病人一听，连连叫道："不、不、还是请快些给我拔吧！"

面对病人的挖苦，医生回答十分巧妙。不正面讲理，顺着对方10秒钟的话茬说下去，答应以慢慢的速度拔另一只牙。无疑，这好好地将了对方一军，使自己处于主动地位。

这位医生运用的就是顺水推舟法。

所谓顺水推舟是指按照对方的思维模式因势顺推，或者以对方的核心论点为前提进行演绎推论，得出一个明显错误或荒谬的结论。其中"顺"是承接，是"推"的前提；"推"是逆转，是结果。顺水推舟的方法有很多，如因果顺推、选择顺推、归谬顺推。

顺水推舟，是借人之口，为己所用，不作正面抗衡，而是在认同、甚至赞美的言语中出其不意、巧妙制敌。

有一次，毛拉和几个人在野外行走，突然传来"哞——哞——"的牛叫声。这几个人不怀好意地对毛拉说："牛在叫你呢，快去听听，看它要对你说点什么？"

毛拉去了一会儿，回来告诉他们："牛问我：为什么要和几头野驴出来溜达？"

对那些人的攻击，毛拉不是直接与之对抗，而是顺水推舟，借牛之口将对方说成是野驴。

顺水推舟推出的结论往往是荒谬的，这主要是建立在对方论点荒谬的前提上。因此，运用此法时，要处理好"顺"与"推"的转换关系，巧妙抓住一些关键性的词语。

（5）巧设圈套

设圈套的技巧主要在于蒙蔽对手，使对手在你所能预期的某种圈子内不明不白地往里陷。

美国第一位总统华盛顿在年轻时曾遇到这么一件趣事。有一次，华盛顿家里丢了一匹马，他获悉是一位邻居偷的，便同一位警官到邻居那里去索讨。但邻居拒绝归还并声称那是他家的马。华盛顿灵机一动，走上前，用双手蒙住马的双眼，运用两难术和那位邻居对话。

华盛顿："如果马是你的，那么请你告诉我们，马的哪只眼睛是瞎的。"

邻居："右眼。"

华盛顿：（放开蒙住右眼的手）"马的右眼并不瞎。"

邻居："我说错了，马的左眼才是瞎的。"

华盛顿：（又放开蒙住左眼的手）"马的左眼也不瞎。"

邻居："我又说错了。"

警官："是的，你错了。错就错在你中了圈套。马还给华盛顿。"

雄辩者运用两难制敌的绝妙之处就在于明明是难，但却能让对方错以为不但不难，而且还带些"赌"的色彩。其实，怎样下赌都会成为圈套中的输家。华盛顿的"掩马术"就充分说明了这一点。

（6）例证对抗

在论辩中，选取与对方所提及的相反的事例来与之对抗，从而构成尖锐对抗。如在《人性本善与人性本恶》中：

正方：对方辩友，请你们不要回避问题，台湾的正严法师救济安徽的大水，按你们的推论不就是泯灭人性吗？

反方：但是对方要注意到，8月28号《联合早报》也告诉我们，这两天新加坡游客要当心，因为台湾出现了千面迷魂大盗。（笑声，掌声）

当台湾大学队列举"正严法师"的例子时，如果复旦大学队就此是不是泯灭人性展开讨论，不仅难度大，而且将陷入被动。反方选取了"千面迷魂大盗"这一相反的实例，将对方的诘问有力地顶了回去，赢得了这一回合的胜利。

（7）名言对抗

当对方引用名言来为其观点作证时，直接对名言进行反驳是不理智的。这时最好的办法是引用与对方相反的名言与之构成尖锐对抗。如：

反方：就义利作用而言，利是基础，是社会发展的原动力，而义呢，只是通过对利益关系的调节，来间接地影响社会发展。正是在对自身利益锲而不舍的追求下，人类从洪荒蛮野走进现代化文明的瑰丽殿堂。法国哲学家爱尔维一语道破这种真谛："利益是我们的唯一动力。"

正方：对方辩友跟我们说了一位法国人的话，那么我也想回赠对方一段法国人卢梭的话，他说："爱人类，首先就要爱正义。"（掌声）

反方队从爱尔维的话来论证重利的主张。同样，正方也找出重义的名言来与之构成尖锐的对抗，使辩论更加激烈。

在论辩中要运用好名言对抗的技巧，平时对名言要有深厚的积累，辩论赛前更应准备好与对方观点相对应的名言卡片，以便运用。

（8）煽情对抗

煽情，就是迎合公众的心理，并凭借公众在情感上的好恶，把某些问题推向极端，以此达到征服对方的目的。应用煽情我们有时可以从另一个角度唤起公众对己方的支持，此谓"煽情对抗"。如在《离婚率上升是社会文明的表现》的论辩中：

反方：我只想请大家设想一个很简单的场景，当越来越多的孩子在他们最需要关怀的时候，偏偏失去了健全的爱，这难道能说是社会文明的表现吗？

正方：君不见，有多少孩子在父母的吵闹声中流着眼泪离家出走；又有多少孩子有家不愿回，流浪在外而误入歧途。他们是有一个家，然而，这样的家带给他们的又是什么呢？

婚姻的破裂使很多孩子不能充分得到双亲的关怀，显然不是社会文明的表现，论证有力，对正方来说，胜利的难度很大。但正方抓住了那些"陷入家庭纷争"的孩子，他们的处境更为不妙这一现象，进行反驳。

（9）移花接木

剔除对方论据中存在缺陷的部分，换上于我方有利的观点或材料，往往可以收到"四两拨千斤"的奇效。

例如在《知难行易》的论辩中曾出现过如下一例：

反方：古人说"蜀遭难，难于上青天"，是说蜀道难走，"走"就是"行"嘛！要是行不难，孙行者为什么不叫孙知者？

正方：孙大圣的小名是叫孙行者，可对方辩友知不知道，他的法名叫孙悟空，"悟"是不是"知"？

这是一个非常漂亮的"移花接木"的辩例。反方的例证看似有板有眼，实际上有些牵强附会：以"孙行者为什么不叫孙知者"虽然近乎强词夺理，但毕竟在气势上占了上风。正方敏锐地发现了对方论据的片面性，果断地从"孙悟空"这一面着手，以"悟"就是"知"反诘对方，使对方提出关于"孙大圣"的引证成为抱薪救火，惹火烧身。

诚然，实际临场上雄辩滔滔，风云变幻，不是随时都有"孙行者""孙悟空"这样现成的材料可供使用的，也就是说，更多的"移花接木"需要辩手对对方当时的观点和己方立场进行精当的归纳或演绎。

（10）顺水推舟

表面上认同对方观点，顺应对方的逻辑进行推导，并在推导中根据己方需要，设置某些符合情理的障碍，使对方观点在所增设的条件下不能成立，或得出与对方观点截然相反的结论。

例如，在《愚公应该移山还是应该搬家》的论辩中：

反方：……我们要请教对方辩友，愚公搬家解决了困难，保护了资源，节省了人力、财力，这究竟有什么不应该？

正方：愚公搬家不失为一种解决问题的好办法，可愚公所处的地方连门都难出去，家又怎么搬？……可见，搬家姑且可以考虑，也得在移完山之后再搬呀！

神话故事都是夸大其事以显其理的，其精要不在本身而在寓意，因而正方绝对不能让反方周旋于就事论事之上，否则，反方符合现代价值取向的"方法论"必占上手。从上面的辩词来看，反方的就事论事，理据充分，根基扎实，正方先顺势肯定"搬家不失为一种解决问题的好办法"，既而根据"愚公所处的地方连门都难出去"这一条件，自然而然地导出"家又怎么搬"的诘问，最后水到渠成，得出"先移山，后搬家"的结论。如此一系列理论环环相扣，节节贯穿，以势不可挡的攻击力把对方的就事论事打得落花流水，真可谓精彩！

(11) 正本清源

所谓正本清源，本文取其比喻义而言，就是指出对方论据与论题的关联不紧或者背道而驰，从根本上驳斥对方论据的立足点，把它拉入我方"势力范围"，使其为我方观点服务。较之正向推理的"顺水推舟"法，这种技法恰是反其思路而行之。

在20世纪80年代末，吉林市的一家皮鞋厂公开面向社会招聘厂长。三位竞职者分别陈述自己的治厂策略，代表们竞相提问，竞职者当场答辩。最后，令人感到意外的是，年仅38岁的孙吉荣竞职成功，荣任厂长。让我们看看她的答辩情况：

"你对鞋业一窍不通，来这里治什么厂，你怎么调动大家的积极性。"一个年轻人问道。

"做皮鞋，我确实是外行，但对管理企业来说，我不认为自己是外行。我们厂还有那么多懂管理的干部和技术高明的老工人和占全厂职工70%以上朝气蓬勃、勇于上进的年轻人。我上任后，把老师傅请回来，把年轻人的工作、学习和生活安排好，让每个人都干得有劲，玩得舒畅，把工厂当成自己的家。"

"咱们厂不景气，去年一整年没有发奖金，如果我要求调走，厂长还卡住不放，你上任后能放我走吗？"一位中年妇女问。

"你要求调走，不就是因为厂子办得不好么，如果把工厂办好了，我相信你就不走了。如果我来当厂长，请你留下看半年再说。"话音刚落，立即在全场爆起了掌声。

"现在正在议论党政分开，机构和人员精简，你来了以后要减多少人?"一位干部代表提问。

"党政分开，调整干部结构是大势所趋，但这首先是党政职能的改变。现在科室的干部显得人多，原因是事少，如果事情多了，人手就不够了。我来以后，第一位的不是减人，而是扩大业务、发展事业?"孙答道。

这时一位女工随即站起来问："我都怀孕7个多月了，还让我在车间里站着干活，你说这合理吗?"

孙答道："我也是女人，也怀孕生过孩子，知道哪个合理，哪个不合理，合理的要坚持，不合理的一定改正。"

女工们立即活跃了起来。一位年纪大的妇女激动地说："我们厂70%~80%是女工，多么需要一位体贴、关心我们疾苦的厂长啊!"

(12) 釜底抽薪

刁钻的选择性提问，是许多辩手惯用的进攻招式之一。通常，这种提问是有预谋的，它能置人于"两难"境地，无论对方作哪种选择都于己不利。对付这种提问的一个具体技法是，从对方的选择性提问中，抽出一个预设选项进行强有力的反诘，从根本上挫败对方的锐气，这种技法就是釜底抽薪。

例如，在《思想道德应该适应（超越）市场经济》的论辩中，有如下一轮交锋：

反方：……我问雷锋精神到底是无私奉献精神还是等价交换精神?

正方：……对方辩友这里错误地理解了等价交换，等价交换就是说，所有的交换都要等价，但并不是说所有的事情都是在交换，雷锋还没有想到交换，当然雷锋精神谈不上等价了。（全场掌声）

反方：那我还要请问对方辩友，我们的思想道德它的核心是为人民服务的精神，还是求利的精神?

正方：为人民服务难道不是市场经济的要求吗?（掌声）

第一回合中，反方有"请君入瓮"之意，有备而来。显然，如果以定势思维被动答问，就难以处理反方预设的"二难"：选择前者，则刚好证明了反方"思想道德应该超越市场经济"的观点；选择后者，则有悖事实，更是谬之千里。但是，正方辩手却跳出了反方"非此即彼"的框框设定，反过来单刀直入，从两个预设选项抽出"等价交换"，以倒树寻根之势彻彻底底地推翻了它作为预设选项的正确性，语气从容，语锋犀利，其应变之灵活、技法之高明，令人叹为观止！

当然，辩场上的实际情况十分复杂，要想在论辩中变被动为主动，掌握一些反客为主的技巧还仅仅是一方面的因素，另一方面，反客为主还需要仰仗于非常到位的即兴发挥，而这一点却是无章可循的。

（13）攻其要害

在辩论中常常会出现这样的情况，双方纠缠在一些细枝末节的问题上，结果，看上去辩得很热闹，实际上已离题万里。这是辩论的大忌。一个重要的技巧就是要在对方一辩、二辩陈词后，迅速地判明对方立论中的要害问题，从而抓住这一问题，一攻到底，以便从理论上彻底地击败对方。如"温饱是谈道德的必要条件"这一辩题的要害是：在不温饱的状况下，是否能谈道德？在辩论中只有始终抓住这个要害问题，才能给对方以致命的打击。在辩论中，人们常常有"避实就虚"的说法，偶尔使用这种技巧是必要的。比如，当对方提出一个我们无法回答的问题时，假如强不知以为知，勉强去回答，不但会失分，甚至可能闹笑话。在这种情况下，就要机智地避开对方的问题，另外找对方的弱点攻过去。然而，在更多的情况下，我们需要的是"避虚就实"，"避轻就重"，即善于在基本的、关键的问题上打硬仗。如果对方一提问题，我方立即回避，势必会给评委和听众留下不好的印象，以为我方不敢正视对方的问题。此外，如果我方对对方提出的基本立论和概念打击不力，也是很失分的。善于敏锐地抓住对方要害，猛攻下去，务求必胜，乃是辩论的重要技巧。

（14）"引蛇出洞"

在辩论中，常常会出现胶着状态，当对方死死守住其立论，不管我方如何进攻，对方只用几句话来应付时，如果仍采用正面进攻的方法，必然收效甚微。在这种情况下，要尽快调整进攻手段，采取迂回的方法，从看来并不重要的问题入手，诱使对方离开阵地，从而打击对方，在评委和听众的心目中造成轰动效应。

（15）缓兵之计

在日常生活中，我们可以见到如下情况，当消防队接到求救电话时，常会用慢条斯理的口气来回答，这种和缓的语气，是为了稳定说话者的情绪，以便对方能正确地说明情况。又如，两口子争吵，一方气急败坏，一方不焦不躁，结果后者反而占了上风。再如，政治思想工作者常常采用"冷处理"的方法，缓慢地处理棘手的问题。这些情况都表明，在某些特定的场合，"慢"也是处理问题、解决矛盾的好办法。论辩也是如此，在某些特定的论辩局势下，快攻速战是不利的，缓进慢动反而能制胜。

1940年，丘吉尔在张伯伦内阁中担任海军大臣，由于他力主对德国宣战而受到人们的尊重。当时，舆论欢迎丘吉尔取代张伯伦出任英国首相，丘吉尔也认为自己是最恰当的人选。但丘吉尔并没有急于求成而是采取了"以慢制胜"的策略。他多次公开表示在战争爆发的非常时期，他将准备在任何人领导下为自己的祖国服务。当时，张伯伦和保守党其他领袖决定推举拥护绥靖政策的哈利法克斯勋爵作为首相候选人。然而主战的英国民众公认在政坛上只有丘吉尔才具备领导这场战争的才能。在讨论首相人选的会议上，张伯伦问："丘吉尔先生是否同意参加哈利法克斯领导的政府？"能言善辩的丘吉尔却一言不发，足足沉默了两分钟之久。哈利法克斯和其他人明白，沉默意味着反对。一旦丘吉尔拒绝入阁，新政府就会被愤怒的民众推翻。哈利法克斯只好首先打破沉默，说自己不宜组织政府。丘吉尔的等待终于换来了英国国王授权他组织新政府。

虽然有主战民众的支持，但丘吉尔没有先声夺人，而是用沉默代替以往的能言善辩，有效的沉默让对手知趣地放弃首相的竞选。缓兵之计取得了成功。

在很多时候，缓兵之计可以让情绪激动的对方冷静下来，从而起到消磨对方锐气，使对方重新按自己的意愿的方式解决问题。

在某商店里，一位顾客气势汹汹地找上门来，喋喋不休地说："这双鞋鞋跟太高了，样式也不好……"商店营业员一声不吭，耐心地听他把话说完，一直没打断他。等这位顾客不再说了，营业员才冷静地说："您的意见很直爽，我很欣赏您的个性。这样吧，我到里面去，再另行挑选一双，好让您称心。如果您还不满意的话，我愿再为您服务。"这位顾客的不满情绪发泄完了，也觉得自己有些太过分了，又见营业员是如此耐心地回答自己的问题，也很不好意思。结果他来了个180°的大转弯，称赞营业员给他新换的实际上并无太大差别的鞋，说："嘿，这双鞋好，就像是为我订做的一样。"营业员以慢对快，以冷对热，让顾客把怒气宣泄出来，达到了心理平衡，化解了这一场纠纷。

【即兴情景口才】

生活"现场直播"中的口头发挥

在生活的"现场直播"中，我们一般没有时间未雨绸缪，只有靠谈话技巧和机智风趣的表达才能展示人格魅力并给对方留下深刻的印象。

情景 56 即兴说话，掌握听众

如果有人问你："会说话吗？"你一定觉得很可笑。而实际生活中，确实有不会说话的人，特别是即兴说话。当然，这里指的不是聋哑人，聋哑人还可以用手语来"说话"。这里所说的是说出话来让人不爱听的人。

人与人接触、联系、交往，离不开语言。列宁说过，语言是一种极其重要的人类交际手段。得体的语言在大多数情况下能调节人们的行为，激发美的情绪。常言道："美言一句三冬暖，恶语伤人六月寒"。可见，让人爱听的话能起多么大的作用了。

即兴说话怎样才让人爱听呢？

（1）说出话来要文明、合乎情理和礼仪

我国古代有一个"以礼问路"的故事，说的是有位从开封到苏州去做生意的人，在去苏州的路上迷失了方向，在三岔路口上犹豫不定。忽然，他看见附近水塘旁边有一位放牛的老人，就急忙跑过去问路："喂，老头！从这里到苏州走哪一条路对呀？还有多少路程呀？"老人抬头见问路的是一位三十多岁的人，因为他没有礼貌，心里头很反感，就说："走中间的那条路对，到苏州大约还有六七千丈远的路程。"那人听了奇怪地问："哎！老头，你们这个地方走路怎么论丈而不论里呀？"老人说："这地方一向都是讲礼（里）的，自从这里来了不讲礼（里）的人以后，就不再讲礼（里）了！"

这个故事是对不讲礼貌的人的嘲讽，足以使当今社会中那些说话不合礼仪的人脸红。再说一个例子：

有个班级要到一家商店参加社会实践活动。先派了个同学去联系，遭到商店的拒绝。又派了个同学去联系，人家表示欢迎。这是怎么回事？原来，先去的那个同学说话不礼貌，开口闭口市里有精神，你们应该接待我们。后去的那个同学，在经理办公室外面等经理办完了事，才轻轻敲门，得到允许后进到屋里，拿出介绍信，诚恳地说："叔叔，我们有件事想麻烦您和商店里的叔叔阿姨……请您大力支持……谢谢您啦。"一番话说得经理心里暖呼呼的，他当然欣然同意了。

文明的语言之所以让人爱听，是因为它使听者受到了尊重，也对对方产生信任。

(2) 说话要分时间、地点、场合，讲究方式方法

人家忌讳的话不要说；人家不愿告诉你的事，不要刨根问底；不要揭短；开玩笑也要掌握分寸。

说话要讲究方式方法。就是批评人也要让人家听得进去才行。不要扣帽子，说话不要绝对，不要噎人，要留有余地，过激的话会伤感情，宽容理智的语言则会使天地广阔。这样说不是要去阿谀奉承、搞虚情假意、耍滑头，也不是不要原则。在原则问题上不能让步，但也不要咄咄逼人。

(3) 说话时要认清自己的身份

任何人，在任何场合说话，都有自己的特定身份。这种身份，也就是自己当时的"角色地位"。比如，在自己家庭里，对子女来说你是父亲或母亲，对父母来说你又成了儿子或女儿。如用对小孩子说话的语气对老人或长辈说话就不合适了，因为这是不礼貌的，是有失"分寸"的。

(4) 说话要尽量客观

说话要尊重事实。事实是怎么样就怎么样，应该实事求是地反映客观

实际。有些人喜欢主观臆测，信口开河，这样往往会把事情办糟。当然，客观地反映实际，也应视场合、对象，注意表达方式。

（5）说话要有善意

所谓善意，也就是与人为善。说话的目的，就是要让对方了解自己的思想，增进互相的感情。俗话说："好话一句三冬暖，恶语伤人恨难消。"在人际交往中，要把握好这个"分寸"，善待他人，礼貌待人。例如梁伟在《正视人生》的即兴演说中，就传递了善意。

不要希望人类是完美无缺的，不要希望每一个人都像圣人一样是不自私的，是仁慈的，是肯舍己为人的。不要这样希望！

我们这样承认，可能对人间多存几分原谅，少受一点失望的打击。说人间冷酷的青年朋友！希望你承认人间有它冷酷的地方，停止你的抱怨，想办法坚强起来，使自己有力量生存下去，而且有力量生存得够好，那才是有出息！

假如你为人间冷酷而难过，那么你唯一能做的事就是由你自己发出光和热，使人间减少一分冷酷，增加一分温暖，假如人人都停止抱怨别人，而由自己本身，去发光发热，这人间就温暖得多了！

不要希望人们一点也不虚伪。你只能希望人们在虚伪之中仍不忘善意，并且希望人们能在该诚恳的时候诚恳，这就够了。

不要对人类失望：我们生就是这个样子的。有好处，也有缺点；有可爱的地方，也有令人失望的地方。能承认这些，我们才可以用宽容的态度来对待人生。

（6）少说不说胜冗长

1948年，牛津大学举办了一个题为"成功秘诀"的讲座，邀请到了丘吉尔来演讲。媒体提前三个月就开始炒作，各界人士翘首以盼。

这天终于到来了，会场上济济一堂，水泄不通。世界各大媒体的记者也都到齐了。人们准备洗耳恭听这位伟大的政治家、外交家、文学家的成功秘诀。

丘吉尔用手势止住大家雷动的掌声之后，说："我成功秘诀有三个：第一是，决不放弃；第二是，决不、决不放弃；第三是，决不、决不、决不放弃！我的讲演结束了。"

说完就走下讲台。会场上沉寂了片刻之后，爆发出经久不息的热烈掌声。

一句深思熟虑的话，胜过肤浅的千言万语。

世界上精彩的演讲中，有很多简短但寓意深刻的，这些演讲短而有力，令人深思。

有一次，美国艾森豪威尔将军应社团之邀，担任演讲会的讲演者之一。在他前面已经有五位演讲者，滔滔不绝地发表了长篇大论。

轮到艾森豪威尔将军上台讲演时已将近半夜，不少听众无精打采，有的甚至昏昏欲睡。他环顾四周说："在我前面几位先生的演讲内容，合起来可成为一篇精彩的长篇小说，我实在没有能力增加一个字。可是每篇文章都应该加上标点符号，就让我来为这部长篇小说点上结束的句点吧！"

艾森豪威尔将军说完就回到座位。结果，博得满堂喝彩。

言为心声，语言是个人素质和文明的一种最有说服力的标志。所以，从根本上说，如果说话要让人受听，就要努力提高自己的文化素质，做个文明人。愿人们都做文明的人、掌握说话艺术的人、说话让人爱听的人。

情景 *57* 即兴交谈，加深印象

在与他人交谈中，人们常常希望出现令人愉悦的场面，自己能够营造欢乐的气氛，而受到他人的欢迎。以下方法对你也许有帮助。

（1）夸张般的赞美

老朋友、新同事见面后，不免介绍寒暄一番，如何在陌生人之间营造活跃的气氛，这就需要调动你的智慧，发表一番"外交辞令"，把每个人的才能、成就等用一种夸张式的赞美去介绍引见，这不仅可以使双方加深印象，而且会增加你在朋友心中的分量。

利用这种方式把朋友介绍给第三者，即突出了对方的优点，又没有虚伪、奉承之感，会立即使整个气氛变得异常活跃。

（2）引发共鸣感

朋友、同事相聚，最忌一个人唱独角戏，大家当听众。成功的交流应是众人畅所欲言，各自都表达出自己的观点，有出色的表现。为达到这一目的，就必须寻找能引起大家最广泛共鸣的内容。有共同的感受，彼此间才可各抒己见，仁者见仁，智者见智，气氛才会热烈。因此，在交谈中，充当然一个好的话题的发起者，并有出色的见解，必定会为你在社交场合加分。

三国时期，有一年，蜀国久旱无雨，粮荒四起，朝廷遂下令禁止以粮酿酒，违者处以刑罚，并派官员四处察看。有一百姓，并未酿酒，只是从其家中搜出了一套酿酒器具。不论这一百姓如何解释，刘备还是下令将他关进了大牢。

简雍得知此事，为这位百姓大鸣不平，但一时又想不出什么好招来劝谏刘备，十分苦恼。有一天，简雍陪刘皇叔去郊外散步，忽见前面有一男一女行走，便计上心来，简雍指着那对男女对刘备说："为什么不把他俩抓起来？"刘备莫名其妙，说："都是规矩人家，为什么要把他们抓起来？"简雍便不失时机地一本正经地说："但他俩都已是成熟的男女，都有行淫的器具啊！"刘备听了之后，恍然大悟而放声大笑，于是便下令放了那个虽有酿酒器具，但并未酿酒的百姓。

简雍的巧比喻，引发了刘备的共鸣，其劝说收到了明显成效。

（3）有魅力的恶作剧

朋友之间善意的、有分寸的取笑、调侃对调节气氛、促进感情有很好的作用。双方自由自在的嬉戏，远离规则的界限，享受不受束缚的"自由"和解除规律的"轻松"，是极为惬意的乐事。

恶作剧具有出人意料的效果，它起于幽默，也可给人带来欢笑。

（4）寓庄于谐

社交中需要庄重，但自始至终保持庄重气氛就会显得紧张。寓庄于谐的交谈方式比较自由，在许多场合都可以使用。

（5）提出荒谬的问题并巧妙应答

生活中，一本正经的人总是会给人古板、单调、乏味的感觉。交谈中不时穿插一些别人意想不到的、貌似荒谬，实则极有意义的问题，是一种很好的活跃气氛的方法。

也许时常会有人问你一些荒谬的问题，如果你直斥对方荒谬，或不屑一顾，不仅会破坏交谈气氛，而且会被认为缺乏幽默感。

甘罗的爷爷是战国时期秦国的宰相。

有一天，甘罗看见爷爷在后花园里走来走去，不停地叹气。

"爷爷，您是不是碰到什么难事了？"甘罗便问道。

"唉，孩子，爷爷碰到难题了，不知大王听了谁的挑唆，要吃公鸡下的蛋，命令满朝文武想方设法地去找寻。限期三天，要是在规定的期限内找不到的话，大家都得受罚。"爷爷答道。

甘罗一听，就气呼呼地说："天下哪有这种事，大王也太不讲道理了。"他眨了眨眼睛，不一会儿工夫便想出了一个对策，便对爷爷说："爷爷您别急，我有个办法。明天我替您上朝好啦。"

第二天，甘罗就代替爷爷上朝。他不慌不忙地走进宫里，向秦王施礼。

秦王见是甘罗，心里很不高兴，说："小孩子来凑什么热闹，你爷爷呢？"

"大王，今天我爷爷不能来了。他正在家里生孩子呢，所以就让我来代替他。"甘罗说。

秦王一听，乐了："男人怎么能生孩子呢？你这孩子又在瞎说？"

"大王既然知道男人不能生孩子，那么同样的道理，公鸡也是不能下蛋的。大王叫臣下去找公鸡蛋，岂不是为难他们吗？"甘罗反驳说。

秦王听了觉得有理，连夸甘罗聪明，并且收回了自己的命令。

学会提出引人发笑的荒谬问题并能巧妙应答，有助于建立良好的人际关系。

（6）制造一些无伤大雅的小漏洞

漏洞是悬念，是"包袱"，制造它，会使人格外关注你的所作所为。

毕加索成名以后，模仿他的画的人越来越多，一时弄得真假难辨。

一天，一个专门贩卖艺术品的商人见到了毕加索的壁画《和谐》，他对画面所表现的内容感到不可理解。为了充分了解毕加索的绘画风格，不至于受骗，他专程带了另一幅签有毕加索名字的画来求教于毕加索。

商人见到毕加索后，直切主题："为什么在您的壁画《和谐》中，鸟在鱼缸里，而鱼反而在鸟笼里呢？"

"在和谐中一切都是可能的。"毕加索不假思索地答道。

这时，商人将那幅画取了出来，他想证实一下这幅是不是毕加索的真迹。

毕加索斜着眼睛看了一眼画，轻蔑地说道："冒牌货！"

通过这次会面，商人似乎领悟了毕加索绘画的奥秘，于是，没过多久，商人又高高兴兴地拿着一幅毕加索的画来找毕加索，让他验证这幅画的真假。这回，毕加索看也没看就答道："冒牌货！"

"先生，您怎么能这样说呢。"商人有些着急了，音量加大了一倍："要知道，您画这幅画的时候我可在场啊！"

毕加索耸了耸肩膀，微笑着说："有时候我自己也画冒牌货。"

待你抖开"包袱"之后，人们见是一场虚惊，都会付之一笑，而且还让人更关注和回味你的所作所为。

(7) 自我解嘲

自我贬低、自我解嘲，这是一种聪明的交谈方式。幽默而自信的人往往采取这种方式，收到欲扬先抑、欲擒故纵的效果。

著名影星英格丽·褒曼不仅演技超群，而且说话极富幽默性。

1974年，她获得了奥斯卡最佳女配角奖。在上台领奖时，她发现著名女演员瓦伦蒂娜·科特希也坐在台下，她因《美国之极》一片而名声大噪。于是，英格丽便对观众说道："奥斯卡先生太没眼光，这个奖本来应该发给科特希，但他却错发给了我，对此，我也没有办法。瓦伦蒂娜，你一定要原谅我呀"。

话音刚落，包括瓦伦蒂娜在内的台下所有人都高兴地笑了起来。

(8) 反话正说

运用反话正说的方法，重要一点在于处理好一反一正的关系。在交谈中，准备对对方进行否定时，却先来一个肯定，也就是在表达形式上，好像是肯定的，但在肯定的形式中巧妙地蕴藏着否定的内容。正说时要一本正经，煞有介事，使对方产生听下去的兴趣。然后，再以肯定的形式抖出反话的内容，与原先说的正话形成强烈的对比，从而产生鲜明的讽刺意味，增加谈话的效果。

反话正说能引人入胜，正话反说也颇意味深长。正话反说，就是对某一话题不作直接的回答或阐述，却有意另辟蹊径，从反面来说，使它和正话正说殊途而同归。这样便可以避免正面冲突，含蓄委婉，入情入理，收到一种出奇制胜的劝谕和讽刺效果。有时正话反说的曲折手法，可使人们在轻松的情境中相互沟通，使处于紧张的局面得到缓解。

从前，美国有个香烟商人到法国去做生意。一天，在巴黎一个繁华的集市上他大谈抽烟的好处。突然，从听众中走出一个老人，径直走到台前。商人吃了一惊。

老人在台上站定后，便开始说话了："女士们、先生们，对于抽烟的好处，除了这位先生讲的，另外还有三大好处哩！"

美国商人听了十分高兴，连忙向老人道谢说："谢谢您了，老先生。看您相貌不凡，肯定是位学识渊博的老人，请您给大家讲讲抽烟的三大好处吧。"

老人微微一笑说："第一，狗害怕抽烟的人，一见就逃；第二，小偷不敢去偷抽烟者的东西；第三，抽烟者永远不老。"

台下的人听罢惊作一团，商人则兴奋的眉飞色舞，众人要求老人解释一下。

老人把手一摆，对众人说："请安静，我给大家解释一下。"

美国商人自鸣得意地说："老先生，请您快讲。"

于是老人说起来："抽烟的人容易驼背，狗见了之后还以为是在弯腰捡石头打它哩，它能不害怕吗？第二，抽烟的人夜里爱咳嗽，小偷以为他没睡着，所以不敢上他家偷东西；第三，抽烟人往往不会长命，因此没有机会衰老。"

情景 *58* 即兴逗乐，幽他一默

幽默是人际交流中较高的境界，是一种艺术语言，其特点是用曲折、含蓄方式表达，使人在欢笑中有所领悟。这种经过艺术加工的语言，极富美感。在即兴交谈中，幽默显得极为重要。

（1）反话正说

反话正说，表面是肯定，实际是否定，形褒实贬，形成大起大落的语言变化，诙谐而又机智。

这些方法被广泛运用于相声、小品之中。有一篇名为《挤车的诀窍》的讽刺小品，正儿八经地说着反语。

朋友，你可知北京乘车之难？……上下班乘车都成了一门学问。

先说上车，车来时，上策为"抢位"——犹如球场上的抢点。精确计算位置，让车门正好停在身边，可先据要津之利。当然，必须顶住！此中诀窍是：上身倾向来车方向。稳住下身，千万莫被随车涌来的人流冲走。中策则贴边。外行才正对车门，弄得拥来晃去，上不了车，枉费心力。北京人不同于外地人，哈尔滨人上车是"能者为王"，上海人多少会顾及颜面，但动辄大呼小叫，使你无心恋战。北京人又想讲点风格又想早点上车，但决不会在车门前上车。最好的办法是贴住车厢，装出一副泰然自若的样子，一点一点地把"无根基"者拱开，只要一抓住车门，你就赢了。老北京都精于此道，所以售票员洗车，从来无须擦车门两边——那全是老北京的功劳。下策呢，可称"搭挂"，将足尖嵌入车门（万勿先进脑袋），而后紧靠车门，往里"鼓拥"，只要司机关不上车门，他就得让你上车。

这里反话正说，表面教人不守秩序，实际是讽刺不守秩序之士。这些以肯定语气讲的话是明显是荒谬的。

（2）刻意夸张

有一人去酒店打酒，觉得酒酸，不想要，店主很恼火，就把他吊在梁上。又有一个人来打酒，问吊那人的原因，店主说明之后这个人说："让我先尝尝！"完了，他皱眉对店主说："你把我也吊上吧！"

①有两个人相互吹嘘自己国家的桥高。

甲："在我们国家的那座桥上，一个人如果想自杀，十分钟后才能落水淹死。"

乙："这算什么？在我们国家的那座桥上，一个人想跳下去自杀，你猜他是怎么死的？是饿死的。"

②有两个人相互吹嘘自己国家的机器技术先进。

甲："我们国家发明了一种机器，只要把一头猪推到机器的入口处，然后转动把手，香肠便会从机器的另一端源源不断地出来。"

乙："这种机器早已过时了。我们国家现在发明了一种机器，如果你觉得香肠不合口味，只要将把手倒转一下，猪便会活蹦乱跳地从原入口处退出来。"

如此夸张，突出了事物的特点，增强了语言效果，同时也营造了轻松愉快的氛围。

（3）运用双关

利用词语的多义现象有意使其具有双重含义，达到言在此而意在彼的表达效果，这叫双关法。双关法的最大妙处在于，一句话具有双重含义，从而达到抨击、讽喻的目的。

有一次，鲁迅的侄子问他：

"伯父，你的鼻子怎么又扁又平？"

鲁迅回答说："碰了几次壁，把鼻子碰扁了！"

"碰壁？"

"四周黑洞洞的，还不容易碰壁么？"

鲁迅巧借词语的多义性，一语双关，抨击社会，讥讽时势。

郑板桥年少聪颖。他家乡有个财主十分霸道，人们在路上见到他都得叩头、让路。郑板桥设法要治一治财主。他和给财主喂驴的孩子商量好，每天背着财主，向驴鞠个躬就打一下驴，再鞠个躬又再打一下。后来，只要郑板桥向驴鞠躬，驴就惊跳起来。一天，郑板桥见财主骑驴过来，冲着驴子就鞠躬，驴子乱蹦乱跳，把财主摔倒在地上，磕得鼻青脸肿。过了几天，财主又骑驴出门，郑板桥连忙迎上去鞠躬，驴子又惊得乱蹦乱跳起来。财主急忙下驴，哭笑不得地说："板桥，你小小年纪就这样知礼，实在难得，以后就免了你的礼吧。"小板桥高兴地说："那我还得谢谢你这条蠢驴呢？"财主忙说："不必！不必！"

郑板桥巧用双关，讽骂财主，痛快淋漓，令人忍俊不禁。

(4) 利用停顿

平时我们所说的顿歇即停顿，是指语句或词语之间声音上的间歇。顿歇有区别意义的作用。幽默的顿歇，即故意把一句完整的话拆开，通过停顿给人一个悬念，将其注意力引向某一方向，然后才表达出真实意图。

著名语言学家吕叔湘曾用过这种方法。

有一次，他在会上发言。他说："今天，我要讲很长的话……"全体与会者发出叹息。他接着说："大家是不欢迎的。"听众释然，鼓掌。

这里，发言者运用停顿有意设下圈套，让人感觉到其发言很长，不料停顿之后意义突转，语义前后反差强烈，产生幽默效果。

（5）荒谬答问

生活中，经常碰到一些荒谬古怪的人和事，要么是对方故意为难你，要么是对方无意冒犯你。对此针锋相对、拍案而起，总觉有失观瞻，因此不妨运用以谬还谬的方法，让对方去体会他自己的要求的不妥之处。

19世纪末，有位科学家发现了X射线，有一天，这位叫伦琴的科学家收到一封信，来信者说他胸中残留着一颗子弹，须用X射线治疗。他请科学家寄一些X射线和一份怎样使用X射线的说明书给他。

X射线是绝对不能邮寄的。如果科学家直接指出这个人的无知，也未尝不可，但就没有幽默情趣了。这位科学家采用以谬证谬的手法，提笔回信："请把你的胸腔寄来吧！"

这里，科学家运用荒谬回答了荒谬，避开了正面交锋，产生了幽默效果。

下面这位荒谬者更令人头疼，编辑的幽默当属妙绝。

某刊物的编辑，在读完一位作者的两篇来稿后，发现几行简短的附言："我将在收到退稿的当天夜里，站在本市最高的建筑物上，把退稿撕成碎片，随风飘散，然后，我就双眼一闭——好好地想一想。"

面对这位作者荒谬的来信编辑回复道："大作已拜读，经研究决定，退你一篇，留下一篇。这样你在今夜站在高层建筑物上，好好想想时，只要闭上一只眼睛就够了！"

两人幽来默去，假里藏真，颇有一番嚼头。面对作者的荒谬要求，编辑用心良苦，以荒谬回敬之。

（6）诙谐套用

事物的发展有其内在的逻辑关系，人们要使事物顺利发展，就要认真分析，依照各自的逻辑关系，确定好相应的发展渠道。否则，将违反逻辑规律而导致表达错误。如果巧妙盗用其他事物的逻辑关系，刻意使不同类的事物按同一逻辑关系进行，幽默效果就可以形成。

牛津大学有一位叫做艾尔弗雷特的年轻人，有次在同学面前朗诵了一首新诗。同学查尔斯说："艾尔弗雷特的诗我很感兴趣，不过，我好像在哪本书中见过。"

艾尔弗雷特很恼火，要求查尔斯道歉。

查尔斯说："我说的话，很少收回。不过这一次，我承认我是错了。我本来以为艾尔弗雷特是从我读的那本书上偷来的，但我到房里翻开那本书一看，发现那首诗仍然在那里。对不起！"

诗被抄袭，发表的原印刷物当然还在，查尔斯用偷东西的逻辑推理说明抄袭一事，创造了以上妙趣横生的笑话。

一次，作家林语堂在台北参加某院校的毕业典礼，很多人发表长篇大论，轮到他讲话时，听众已经疲倦难耐，只见林语堂站起来说："演讲要像姑娘的迷你裙，愈短愈好。"话一出口，全场变得鸦雀无声，然后哄堂大笑，演讲者很好地表达了观点，赢得了观众。

林语堂虽不是主持人，但他为观众说话的观点，其实就是主持人要说的话。

此外，当对方行为的逻辑关系本身有错，被别人引申而形成幽默，也属于此类。

约翰夫妇间有了矛盾，一连好几天不讲话，一天晚上，约翰先生从公司回来，感到很疲倦，饭后就上床睡了。他妻子洗好碗具，又干了些零活，上床已经很晚了。她瞥见床头有丈夫的一张纸条："夫人，明晨七点叫醒我。"

第二天早上，约翰先生醒来了，一看表已经八点了，再看床头也有夫人留下的一张纸条："约翰，快起来，现在七点了。"

丈夫用纸条代替自己的请求，妻子也用纸条答应了丈夫的要求。显然，丈夫应首先用语言和妻子沟通才好。聪明的妻子来了一个"以牙还牙"。

（7）曲意嘲讽

生活中，有很多人，心直口快，直来直去，批评别人无所顾忌，火药味很浓，既得罪了人，又达不到目的。其实，人人都有自尊心，只要运用得法，含蓄隐晦的妙语也可达到劝诫的效果。

有一人应友人之邀参加家宴，友人很吝啬，仅仅招待了他几滴白酒。这人临走对友人说："劳驾你，请在我的左右腮帮上各记一记耳光吧。"友人问什么原因，这人说："这样的话，我脸上通红，老婆才知我在你家吃饱喝足了，否则，不好交代啊！"

这位吝啬的友人也觉得不好意思，便拿出一个很大的酒杯，可倒酒时仅盖上杯底。这人便向友人要一把锯子，友人很奇怪，这人回答说："我是想把这杯子无用的上半部锯掉。"

这位先生面对友人的吝啬不好直说，转弯抹角，几句妙语实在值得玩味。既表达了自己的不满，也讥讽了友人的小气。

同样是嘲讽主人吝啬，下面这个幽默似乎技高一筹。

……有一客人见主人招待他没有菜肴，便跟主人要来副眼镜，说视力不好使，带上眼镜后，大谢主人，称赞主人太破费，弄这么多菜，主人道："没什么菜呀？怎么说太破费？"客曰："满桌都是，为何还说没有？"主人曰："菜在哪里？"客指盘内曰："这不是菜，难道是肉不成？"……

此则笑话一波三折，客人嘲讽主人，手段高明，令人叫绝。

（8）运用诡辩

诡辩为人们常用，因为它体现出人巧用周旋、善于开脱的机智，它往往运用迷惑欺骗人的言语外表蛊惑人心从而取胜。诡辩用的不好当然为人们厌恶，如果辩得奇，辩得巧，那就可收到出奇制胜的幽默效果。

诡辩所运用的方法有很多，如歧义法、暧昧法、反语法、谐音法、衍义法等。

一位老师向学生们许诺："谁回答了这个问题有奖，奖的是钢笔一打。"

一位学生答对了，老师拿钢笔在学生头上轻轻一打，说："你答得好，我奖品兑现。"学生们大笑不止。

这里运用的是歧义法。

一老先生有三个儿子，分别取名为"年纪""学问""笑话"。一天，三兄弟上山砍柴回来了。

傍晚，先生问夫人："三兄弟打了多少柴？"老夫人回答说："年纪有一把，学问一点也没有，笑话倒弄了不少。"

这里运用的是暧昧法。

如果将这些方法综合运用，则会产生更奇特的趣味。

（9）运用颠倒

什么事都有一个"理"，"理"的存在为人们司空见惯，如果擅自改变事物的前后关系、因果关系、主次关系、大小关系，"理"就会走向歪道，有时歪得越远，谐趣越浓。

下面的例子是最好的说明。

一位乞丐常常得到一位好心青年的施舍。一天，乞丐对这个青年说："先生，我向你请教一个问题。两年前，你每次都给我十块钱，去年减为五块，现在只给我一块，这是为什么？"

青年回答："两年前我是一个单身汉，去年我结了婚，今年又添了小孩，为了家用，我只好节省自己的开支。"

乞丐严肃地说："你怎么可以拿我的钱去养活你家的人呢？"

乞丐喧宾夺主，对青年的责怪过于离谱、荒谬，令人们在吃惊之余哑然失笑。

有一户人家一贫如洗，一小偷夜入家门，主人虽然清楚，但很坦然，随便小偷去偷。小偷摸到了米缸，脱下身上衣服去包米，主人想这是明天的饭食，不能让他偷走，于是顺手把小偷的衣服拿了过来。小偷找不着衣服，惊醒了主人的妻子，妻子告诉丈夫有小偷。丈夫说："没有贼，睡吧！"小偷抢白道："没有贼，我的衣服怎么不见了?"

这则笑话中的小偷反客为主，斥问主人，令人好笑。

(10) 胡乱释义

生活中，一本正经地从事实出发、从常理出发、从科学出发，是找不到幽默感觉的。如果以一种轻松、调侃的态度，将毫不沾边的东西捏在一起，在这种因果关系的错误与情感和逻辑的矛盾中，才可产生幽默。在人际交往中，我们可以运用这种方法调节关系，制造气氛，采用超常思维来考虑问题，回答问题。

甲与乙打架，甲咬下了乙的鼻子。县官审案，甲说乙的鼻子不是他咬下来的，而是乙自己咬下来的。县官说："鼻子比嘴巴高，怎么能够上去咬?"甲说："他踩着凳子上去咬的。"

这则幽默的可笑之处在于：明明不是原因的原因，被一本正经地说成原因。

平时我们写文章、说话时，要求同一概念的前提要一致，否则会犯偷换概念的逻辑错误。而这点用到幽默当中，则是一种绝妙的技巧，且"偷"得越离谱，幽默味越浓。

我们看下例：

"先生，请问到公安局怎么走?"

"这很容易，你到对门商店拿五条烟，不付钱就走，不下十分钟，你就可到公安局。"

本来，人家问的是如何正常地走到公安局，可回答则扯到了偷东西被人扭送公安局，回答违背了问话的原意，令人发笑。

以上两例都是歪解法，即用似是而非的荒唐道理去解释某种现象的取乐方法。这种方法能产生奇巧怪诞的谐趣。

下面再看几个绝妙的歪解实例：

①甲：盐鸭蛋为什么是咸的？

　　乙：盐鸭蛋是咸鸭子生的。

②甲：鱼为什么生活在水里？

　　乙：因为地上有猫。

③甲：你的狗生跳蚤吗？

　　乙：不，它只生小狗！

以上歪解而产生的幽默，要么得力于幽默者的"智错"，要么得力于幽默者的"奇诡"，均令人哑然失笑，过耳不忘。